中国社会科学院创新工程学术出版资助项目

Les Frances et leur gouvernance

多元法国及其治理

张金岭 著

中国社会科学出版社

图书在版编目（CIP）数据

多元法国及其治理/张金岭著．—北京：中国社会科学出版社，2019.3
ISBN 978-7-5203-4175-2

Ⅰ.①多… Ⅱ.①张… Ⅲ.①政治制度—研究—法国 Ⅳ.①D756.521

中国版本图书馆 CIP 数据核字(2019)第 049388 号

出 版 人	赵剑英
责任编辑	赵　丽
责任校对	杨　林
责任印制	王　超

出　　版	中国社会科学出版社
社　　址	北京鼓楼西大街甲 158 号
邮　　编	100720
网　　址	http://www.csspw.cn
发 行 部	010-84083685
门 市 部	010-84029450
经　　销	新华书店及其他书店
印　　刷	北京明恒达印务有限公司
装　　订	廊坊市广阳区广增装订厂
版　　次	2019 年 3 月第 1 版
印　　次	2019 年 3 月第 1 次印刷
开　　本	710×1000　1/16
印　　张	18
字　　数	286 千字
定　　价	76.00 元

凡购买中国社会科学出版社图书，如有质量问题请与本社营销中心联系调换
电话：010-84083683
版权所有　侵权必究

目 录

绪论　法国作为方法 …………………………………………（1）

社会与治理

第一章　社会治理的结构性困局 ……………………………（13）
第二章　公共文化服务与社会治理 …………………………（39）

思潮与运动

第三章　"黑夜站立"运动及其社会背景 ……………………（57）
第四章　"道德立法"的背景与变革 …………………………（77）

民族与政治

第五章　"公民民族"理念及其价值取向 ……………………（91）
第六章　外国人的选举权问题 ………………………………（104）

制度与政策

第七章　就业政策改革及其治理 ……………………………（129）
第八章　家庭政策的制度建构 ………………………………（158）

政府与社会

第九章　社团组织的多元形态及其发展 …………………（181）
第十章　公共津贴作为政府与社会合作的制度平台 ……………（231）

结语　法国作为经验 …………………………………（268）

参考文献 ………………………………………………（275）

绪 论

法国作为方法

在人类社会朝向现代性的发展中，日益复杂的多元现实，以及多元的价值诉求等，为各国社会带来了更为复杂的影响。如何认识和应对人类社会日益多元的现实，尤其是解决好社会多元所带来的问题，是当代社会各个民族与国家需要认真对待的一个时代命题。无论从国别区域层面来看，还是就整个世界而言，其重要性与紧迫性都不容忽视。不过，对于如何认识和应对这一多元现实，并没有既定的模式与路径可循，不同国家的具体经验因此就显得尤为重要。

本书关注的是当代法国社会日益多元的图景，及其应对这一多元现实的治理实践。法国社会的多元现实，呈现了其自身的发展情势，也折射出当代欧洲社会乃至整个世界的多元形态。作为一个深受现代化、全球化影响的民族国家，法国内部存在的多元形态及其治理，生动地呈现着民族国家这一政治构架在应对多元主义这一重大议题方面的基本理念、价值考量及其能力盈亏。

就此议题研究，以法国作为方法，有助于我们以法国语境作为背景，去探讨和理解当代人类社会的多元形态，以及法国所采取的应对策略，也有助于由此及彼地去理解欧洲乃至整个世界社会，还有助于更全面地了解人类社会现代性发展的历程，及其面临困境的应对策略。

理解人类社会在现代性条件与演变进程中日益交互的多元特性，及其应对策略与投射其间的价值取向，法国具有强烈的典型代表性。无论是在哪个学科领域，有关人类社会的研究，法国往往都是不容忽视的，因为"其历史发展进程的波澜起伏，无论从政治、经济、文化，还是从社会的角度看，都极具代表性"。① 法国历史学家费尔南·布罗代尔（Fernand Braudel）也明确讲过，"法国史本身就是一个极好的范例，通过它的切身经历，可以揭示出欧洲和世界的进程"。② 无论是从纵向的史学视角来看，还是就横向的当代比较而言，法国对于理解欧洲与世界所呈现的代表性是不可轻视的。

一 方法

"作为方法"这一视角与表述，较多地受启发于日本学者沟口雄三。他在《作为方法的中国》里表示，"以中国为方法，就是以世界为目的"。③ 他以中国作为方法，想的是力求结束通过"世界"（基本上是以欧洲为中心）来一元地衡量亚洲的时代，倡导用中国、亚洲来衡量欧洲，并"希望通过这样的交流，创造出崭新的世界图景"。沟口雄三甚至表示，"把中国作为方法，就是要迈向原理的创造——同时也是世界本身的创造"。④

在沟口雄三的研究定位中，"中国作为方法"绝不是要开辟"为了方法的方法"这样一条研究道路，他强调不能为了方法而方法，以至于将研究对象本身都给舍弃掉了。⑤ 他提出中国作为方法，就是要挑战西方中心观，其《作为方法的中国》的写作动机与预设读者，也是面向日本从事中国研究的学者，或者说，"中国作为方法"是从日本自身学术系统的反省中提炼出来的理论主张。⑥ 很明显，研究对象"作为方法"具有相对意义。"中国中心观"是日本学界借以相对化"欧洲中心

---

① 端木美、周以光、张丽：《法国现代化进程中的社会问题》，中国社会科学出版社2001年版，第2页。
② ［法］费尔南·布罗代尔：《法兰西的特性》，顾良、张泽乾译，商务印书馆1994年版，第7页。
③ ［日］沟口雄三：《作为方法的中国》，孙军悦译，生活·读书·新知三联书店2011年版，第130页。
④ 同上书，第133页。
⑤ 同上书，第130页。
⑥ 张伯伟：《作为方法的汉文化圈》，中华书局2011年版，第3页。

论"的世界观的一种理论主张，并不直接指向中国人的理念。在"西方中心论"的背景下，"中国作为方法"的提出，对于日本重新认识世界是有意义的。①

在本书中，法国作为方法，强调的是对以法国为代表的欧洲国家的经验研究，以及在这样的经验研究中所隐含的中国视野及其表述。进一步讲，如此考量强调对世界的经验研究，是要弥补中国有关世界知识生产的缺陷，是要尝试走出欧洲中心论的框架去理解世界，同时让世界其他学术共同体去了解中国理解与认知世界的文化视角与价值关怀。"中国作为方法"，在沟口雄三那里，是强调中国研究相对于日本的意义。在本书所呈现的诸多讨论里，"法国作为方法"，同样是基于对中国社会的关怀，基于中国视野对法国社会的研究。任何一个国家和社会，其方法与经验的身份是相对的。

法国作为方法，侧重的是法国作为考察当代欧洲国家乃至整个人类社会多元现实的样本，及其典型意义。不过，需要指出的是，法国作为方法，并不意味着肯定它存在有绝对的普遍意义。相反，恰恰是其表现出来的多样性、特殊性及其一定程度上的代表性，才决定了它作为方法的借鉴意义。

在应对多元现实的问题上，法国有自己的理念关怀、价值诉求与制度框架，这些具体内容虽然与法国自身的历史与文化密切相关，有其特殊性，但是作为应对多元现实的一种理念与实践体系，亦有其一般意义上的价值，这同样也是法国作为方法的意义所在。

而且，在法国应对多元现实的某些实践中，我们还可以发现，法国所推崇的诸多理念与价值关怀，在哪些方面、何种程度上密切一致或是存在矛盾与冲突。由此，我们可以检视在以法国为代表的欧洲国家所强调的诸多具体理念是如何被他们自己所违背的，又是如何"不经意间"扯去其所谓"普世主义"面纱的。

强调"方法"，自然是要突出方法的重要性，但实际上更重要的则是

---

① 实际上，从1960年初竹内好在一次演讲中提出"作为方法的亚洲"这一命题以来，日本学界一直存在一种重新认识日本及其所属世界、重新理解东方与西方（欧洲）的学术自觉。

强调研究对象在内容与方法上面的统一。有关当代欧洲国家与人类社会多元现实的研究，法国作为一个样本，"一个内容，同时它也就是一种方法、一种视域或一种角度"。① 我们该如何认识和呈现人类社会的多元现实？人类社会的多元，总是具象的、情境性的，必须要立足于具体的研究对象来把握。因此，在认知和呈现体现在研究对象身上的多元特性的问题上，我们需要找寻到可以把握的视角或框架，借此去观察其表征，以及研究对象对此多元现实的应对。"一旦凝聚出这个焦点，无论内容也好，形式也好，都会始终聚焦在这个轴心点上，只有这样才不至于出现内容表达与形式呈现之间的分离。"②

二　多元

"多元"，是对人类社会在诸多领域所存在的多样性之"社会事实"描述，在如何应对人类社会中不断出现的"多元"形态的问题上，存在大量不同的价值取向、理论主张，而"多元主义"是对后者的概念性概括与表述。近些年来，多元主义日益成为政治学、经济学、民族学、人类学、社会学与国际关系研究等多个学科领域讨论的重要议题。实际上，多元主义作为一种价值取向或理论主张，很早就出现在欧洲社会。③

"多元"作为一种"社会事实"，对它的认知是存在广泛共识的，但是它背后的"多元主义"主张，却存在千差万别的见解。本书有关"多元"议题的讨论，意在经验研究的框架下去观察和认识法国的"多元"现实，及其在理念与制度方面对此现实的应对，而无意于去呈现和讨论"多元主义"这一概念所包含的各类主张及其差异。不过，从另外一个角度来看，"多元主义"作为一个学术概念，其含义并不复杂，但如何认

---

① 张燕楠：《作为方法的历史苦难叙事》，《文艺争鸣》2017年第9期。
② 同上。
③ 晓林：《当代西方多元主义理论和政治现象评析》，《当代世界与社会主义》2001年第3期。

识、表述和对待"多元主义"却是一项非常复杂的学术工作。

沟口雄三也关注"多元"问题。在他的研究中,"中国作为方法",就是要用"连同日本一起相对化的眼光来看待中国,并通过中国来进一步充实我们对其他世界的多元性的认识"。[①] 与之类似,法国作为方法,是我们去理解当代法国及其所属的欧洲社会,以及整个人类社会多元现实及其形态的一个途径、一个样本。

人类社会的多元现实,并不是一种难以理解的现象,因为无论是在何种层面上,人们对此现象的感知都鲜明地体现在他们的日常生活实践中,都可以有具象的折射。在世界层面上观察,全球化的深入推进,带动了商品、人员、资本与文化的广泛传播,为各民族国家、地方社会带来了大量的"异质"元素,从而改变了它们相对单一的社会与结构形态。从各民族国家及其社会的角度来看,人类社会现代性的发展本身就是诸多新事物、新问题不断涌现的过程,其间不同国家在应对这些新现象方面所表现出来的价值取向及其相应的制度建构等,均是人类社会多元属性的不同表征。

近代以来,法国社会经历了非常复杂的多元变迁,尤其是自19世纪末至今,各领域内的多元性日益明显。比如,法国经历了从传统农业社会向现代化工业社会的转变,社会结构、模式、制度等发生重大变化,人们在观念与实践方面也随之持续出现很多新趋向。再比如,法国人口构成发生巨大变化,人们的职业结构持续改变,外来移民数量不断增加,在很大程度上改变了国民群体的族裔属性,及其相应的结构形态。尽管法国并不承认其国民构成中的族裔多样性,但这却是不争的事实,而且这一结构性变化也在政治、经济、社会与文化等多个维度上持续改变着法国社会,诸多关系异常复杂。从社会制度的视角来看,社会保障、劳动就业等领域的诸多制度与政策变化,是对新问题持续出现、不断多元化的现实的回应。可以说,法国现代化进程中的社会问题是以持续多元化为主要特征的。

[①] [日] 沟口雄三:《作为方法的中国》,孙军悦译,生活·读书·新知三联书店2011年版,第132页。

三 治理

自20世纪90年代起,"治理"理念开始逐步在世界范围内流行起来,被广泛地应用到各个领域。这是一个非常富有弹性和张力的概念,虽然在词语语义与学术含义的层面上表现出一定的模糊性,却具有广泛的接受度。在社会的诸多领域内,"治理理念占了上风,成为对旧式统治风格而言的一种前景光明的现代化"。[①]

学界对"治理"理念起源的追溯,各有方向。[②] 不同学科对其含义有不同的解释,其关注的焦点不一样,具体用法也不同。[③] 但是,诸多学科有关"治理"的讨论,也存在一定的共性,集中表现在两个方面:首先是对"多样性"的承认与尊重,它注意到人类社会不同领域内"多元主体"的存在,及其不同的价值诉求;其次是对"协商"机制的推崇,它不同于"统治",不强调"一元"主导的治术,而是主张不同主体之间的协商参与。

法语中"治理"(gouvernance)一词,在18世纪"曾经是启蒙哲学把开明政府与对市民社会的尊重结合起来的向往中的一个要素";如今在欧洲很多国家,"治理"一词的使用常见于"公私部门之间愈来愈多的互动"场合,"涉及多层次或多极的协调过程"。[④] 在治理研究的领域内,"权力观"是一个核心概念。治理参与主体的多元化,也决定了"权力观"的多元化。

[①] [法]让-皮埃尔·戈丹:《何谓治理》,钟震宇译,社会科学文献出版社2010年版,第3页。

[②] 有关"治理"理念及其谱系的梳理,可参见翁士洪、顾丽梅《治理理论:一种调适的新制度主义理论》,《南京社会科学》2013年第7期。

[③] 简·库伊曼(Jan Kooiman)认为,对"治理"含义的不同理解,通常涉及"国家"所扮演的角色这一要素。相关资料参见Jan Kooiman et al., "Interactive Governance and Governability: An Introduction", *The Journal of Transdisciplinary Environmental Studies*, vol. 7, no. 1, 2008。

[④] [法]让-皮埃尔·戈丹:《现代的治理,昨天和今天:借重法国政府政策得以明确的几点认识》,陈思编译,载俞可平主编《治理与善治》,社会科学文献出版社2000年版,第280、289页。

英国学者格里·斯托克（Gerry Stoker）认为，"治理所求的终归是创新条件以保证社会秩序和集体行动"，这一点在当代法国社会的治理实践中体现得非常明显。而且，面对日益多元的社会现实，法国政府在不同领域内管理社会的思路与方法持续变革，注重公私部门之间的合作，尤其强调吸纳公民个体及其结社群体的参与，在集体行动的前提下维系社会秩序。实际上，"治理"所倚重的实践机制"并不依靠政府的权威或制裁"①，而是来自社会内部的多元主体之间的互动与协作，"互动"通常是比"单独行事"更为有效的治理方式②。"治理"实践是一种"公共行动"，它是"多极的，其运作有多种相关系数"，在治理网络内部不同行动主体之间存在互相依存的关系，"参与它的所有行为者必须协调"，并追求效率。③

法国社会的多元现实，映射着诸多重要的社会议题，关涉到法国社会的发展，及其未来可能的变革。从理解当代社会之"多元"治理实践的角度来看，法国作为方法，就是要考察法国是如何应对其"多元"现实的，如何回应和解决其多元社会内部所潜伏的多样的问题与分歧，它又在其治理实践中孕育了怎样的理念、创新了怎样的制度、采取了怎样的举措，就是要考察法国在自己独特的语境下是如何在回应其"多元现代性"的。

四 学术

从考察人类社会之"多元"现实的角度来看，法国作为方法，就是要在具体的法国语境下，观察和认知法国社会在不同领域内所呈现的

---

① ［英］格里·斯托克：《作为理论的治理：五个论点》，华夏风译，《国外社会科学》1999 年第 2 期。

② Jan Kooiman et al., "Interactive Governance and Governability: An Introduction", *The Journal of Transdisciplinary Environmental Studies*, vol. 7, no. 1, 2008.

③ ［法］让-皮埃尔·戈丹：《现代的治理，昨天和今天：借重法国政府政策得以明确的几点认识》，陈思编译，载俞可平主编《治理与善治》，社会科学文献出版社 2000 年版，第 289—290 页。

"多元"形态，思考其背后所关联的诸多理念与价值诉求及其实践的表征。

对于人类社会多元现实的认识，总体上学界还缺乏足够的理论认知与应对策略，还需要慢慢地去研究，逐步建构起理解和阐释多元主义的基本框架。在本书中，有关法国多元现实的诸多描述及其治理策略，都是从个案层面上来呈现的。

书中内容所呈现的是以问题为导向的经验研究的成果。诸多个案研究对法国社会多元现实的呈现并不是全面的（也不可能做到全面），而是基于对不同领域的考察，选取了有代表性的几个范畴及其相关议题，既对其现实形态进行了描述，又探讨分析了法国的治理策略，包括基本理念、价值取向及其相应的制度建构等。有关法国多元现实的关注和研究，基本上是分领域开展的，作为在某种意义上"要目"式的研究，本书就是想以此作为关注法国多元现实的某种提示，抛砖引玉，借此希望学界能有更多同人从更广阔的角度、更加深入地去探讨和研究法国的多元现实。

任何学术研究都需要有整体主义的观念与视野。由此，有关法国的研究也需要多学科的参与，尽管不同学科对法国的认知与理解不同，但是它们在涉及法国"社会事实"的层面上是存有内在联系的。而经验研究与社会事实的关联则是最为密切的。我也希望书中讨论能引起更多从事法国研究的各学科领域学者之间的对话与批评。

沟口雄三的"以中国为方法、以世界为目的"，就是"要在被相对化了的多元性的原理之上，创造出更高层次的世界图景"。[①] 法国作为当代欧洲社会的一个样本，通过对法国多元现实的研究，可以更好地去理解当代欧洲社会的多元形态，夯实有关世界范围内人类社会多元现实的经验认知，储备理论批判的事实素材。

尽管此项有关社会"多元"的研究，以法国作为方法，并没有类似

---

① 沟口雄三是想通过对中国的研究与认识，来重新界定世界。因为"世界史"通常是以欧洲为中心的，需要"把'世界'史的发展阶段看作为欧洲的发展阶段来个别化、相对化"，"经过这样一番考察，我们不但能把握中国独特的世界，还可以通过承认多元的发展阶段，来重新探询历史对于人类的意义"。[日] 沟口雄三：《作为方法的中国》，孙军悦译，生活·读书·新知三联书店 2011 年版，第 132—133 页。

沟口雄三那样的学术雄心,但是它也存在某种与之相类似的"意图"——基于中国的文化观念与视野来考察、探究和分析法国的多元现实。一方面,借以向中国学界传递当代法国多元的"社会事实",并期待可能的学术对话;另一方面,借以与其他学术共同体进行对话,并呈现中国文化关怀下对人类社会多元现实的认知与理解。表达对于世界范围内人类社会与人之实践多元形态的认知与理解,这是中国及其学界融入世界的有机一步,是参与人文社会科学领域内知识生产的有机一步,也是呈现其基本的人文关怀与强调其作为平等的知识生产主体的有机一步。

中国人文社会科学的知识生产应当放眼世界,在一般意义上理解人类社会的多元主义现实,而且必须要以经验的方式去理解当代世界各国的多元现实,触摸真切的"社会事实",并以此作为比照,来理解中国社会现实,及其相应的治理策略。

如果说,在20世纪初,中国学术研究变革的重要议题是学习西方"科学的方法"的话①,那么在21世纪初的当下,构成中国学术研究重要议题的则是,如何更加深入地了解世界,并以有关世界的学术研究融入世界范围内一般意义上的人文社会科学的知识生产之中。这一重要议题同时包含着两个层面的面向:一是以更加经验的方式去了解世界,强调基于中国的文化视野去探究和理解世界;二是推动中国经验及其背后的价值关怀同目前过于"西方中心主义"的人文社会科学知识生产进行对话。当然,这并不是要创设某种意义上的"中国中心主义"的学术研究,而是去除"西方中心主义"学术生产的局限及其带来的偏颇,还人文社会科学有关世界与人类社会之多样性研究的应有面目。

在中国越来越深入融入世界的当下,"我们关于外部世界的叙事确实有时代的内在的需求",这不仅仅来自"政治经济的原因"和"大众的知识需求"②,还源自中国学界努力参与世界人文社会科学的知识生产并获取应有的话语权的学术抱负。法国作为方法,或者说世界作为方法,恰是深刻地呈现在实现这一学术抱负的努力之中。

---

① 用傅斯年的话说,就是从西方学界那里借用"几个不陈的工具"。相关资料可参阅张伯伟《作为方法的汉文化圈》,中华书局2011年版,第1—3页。
② 高丙中:《海外民族志与世界性社会》,《世界民族》2014年第1期。

社会与治理

公共文化服务与社会治理

社会治理的结构性困局

사회과학

第一章

社会治理的结构性困局[*]

导读

民生问题、移民问题与宗教问题集中反映了当代法国社会治理中所面临的诸多结构性困局。失业严重、"不稳定"的生存境遇日益普遍、社会不平等与阶层固化不断加剧民生等问题的恶化,逐步消解了法国社会稳定的基础。移民问题给日益多元的法国社会带来复杂的民族问题,并导致社会进一步分化,这也折射出其"共和同化"模式的失效,而少数族裔作为法兰西民族成员主体性地位的缺失是诸多民族问题的根本原因。世俗主义原则面临着日益复杂的宗教挑战,尤其来自法国伊斯兰教的宗教实践,其价值核心在当代法国社会中不断遭受解构,映射出人类社会现代性发展的某种困境。综合来看,上述三种困局折射出当代法国在多个维度上面临着制度危机。

---

[*] 本章核心内容曾以《当代法国社会治理的结构性困局》为题,发表于《国外社会科学》2018年第5期。

长期以来，法国一直身陷社会问题重重交织的困境之中，失业率持续居高不下、贫富分化严重、不平等与阶层固化现象突出，人口与民族结构日益多元、排外思潮不断高涨、族群关系持续恶化，宗教与世俗主义之间的斗争不但使民族问题更加复杂，也令其共和主义的世俗制度遭受严重挑战。2016年"黑夜站立"运动的爆发，虽源于民众对劳动法改革的抗议，却很快就演变成为一场针对法国的制度性危机进行深刻反思并呼吁变革的社会运动，这是进入21世纪以来法国多重社会危机的一次集中爆发。

从社会领域来观察，当代法国社会治理中所面临的诸多社会问题总体上呈现为某些结构性困局，在此将之归纳为三个基本范畴——民生问题、移民问题与宗教问题。这些问题的存在虽然跟法国自身的历史传统、现实情境密切相关，但也表现出一些普遍性特征，是当代整个欧洲社会的一个缩影。从整体上全面把握当代法国社会问题的核心症结，并深入分析其基本形态与问题实质，有益于准确理解当代欧洲社会的变革与转型，为中国社会的发展提供知识借鉴。

一 民生问题：社会稳定的基础正在消解

民生恶化是法国面临的首要困局，表现最为突出的即是失业严重，它在不同层面上加剧了贫困与社会不平等、社会排斥等诸多问题。拘于经济发展低迷、社会制度僵化等结构性因素，民生问题呈现恶性循环的态势，正逐步地消解着法国社会的稳定。

（一）失业严重导致民生恶化

在经济发展的"辉煌三十年"结束后，经济结构的转型使得法国开始出现结构性失业。失业率从20世纪90年代初就长期居高不下，其中在1993—1999年情况最为糟糕，一直在10%上下徘徊。此后，自21世纪初开始，失业率在短期内曾有明显缓和，但是2008年全球金融危机爆发后又大幅度提升，持续逼近10%。如今，失业率虽有缓和，但依然没有恢复到2000年前后的水平。[①] 与欧盟其他国家相比，法国的失业率高、就业率低[②]，国民进行国际比较的结果加重了他们对政府应对失业无力、促进就业乏力等治理实践的不满。

高失业率既反映了法国劳动力市场的不平衡状态，又折射出部分民众生计模式不可持续的困难。实际上，即便是在没有失业的群体中，面临生计模式难以持续之困境者也大有人在，因为在劳动力市场上签订固定期限劳动合同（CDD）或临时就业（intérim）者越来越多，能够拿到非固定期限劳动合同（CDI）者所占比重越来越小，频繁更换工作破坏了生活的稳定性。而且，还有大量劳动人口未能充分就业，劳动所得不足以维系本人及其家庭生活所需。

在社会保险制度下，失业补助可以为失业者提供一定金额的生活保障，但是这种保障却难以在他们内心深处构成一种真正意义上的民生保障。因为对他们来说，失业不仅仅意味着失去工资收入、总体生活水平降低，而且还可能会成为个人及其家庭生存境遇逐步恶化的开始，面临着陷入贫困、遭受社会排斥的危险。笔者在田野调查中的很多个案显示，社会中下阶层中有很多人在失业之后很难再回到原有的职业与社会阶层，甚至有些人再就业都面临着巨大困难。失业于他们而言，是失去原有社会关系、丢失原有社会地位的开始，在这个方向上陷得越深，就越难以翻身。尽管失业问题仅涉及大约1/10的人口，但它在社会上所造成的负面影响却是巨大的。

在以雇用劳动为主要劳动制度的现代社会中，失业是一种结构性存在。近几十年来，法国失业问题的结构性困境进一步凸显。在经济发展

---

① Institut national de la statistique et des études économiques, *Tableaux de l'économie française*, Édition 2017, p. 45.

② 以2016年为例，法国平均失业率为10%，在欧盟28国中位居第五位，排在希腊（23.5%）、西班牙（19.6%）、意大利（11.7%）、葡萄牙（11.1%）之后，远远高于欧盟28国平均水平（8.5%）；就业率仅为64.2%，远低于欧盟平均水平（66.9%），在欧盟28国中排名倒数第五，仅高于比利时（63.3%）、西班牙（60.1%）、意大利（57.3%）和希腊（52.1%）四国。相关资料参见OECD统计数据：https：//data.oecd.org/fr/unemp/taux-de-chomage.htm，https：//data.oecd.org/fr/emp/taux-d-emploi.htm，访问时间：2017年7月1日。

持续低迷的局势下，市场没有足够的活力创造就业岗位，而且过于僵化的劳动制度、社会保障制度等也成为促进就业的阻力，迫于劳动力成本过高的压力，很多企业甚至是公共机构并没有雇工的意愿。

法国有90%的人口靠雇用劳动来维持生计，就业是首要的民生问题。近些年来，政府一直着力于在法律与制度层面上改革其劳动力市场，但事实证明，每次改革引发的社会抗议甚至比改革前还要严重。这既反映出劳资双方的利益矛盾不易协调，又折射出劳动制度僵化与社会的发展变化相脱节，尤其是劳动力市场改革陷入结构性困境。而且，劳资关系的恶化也更多地来自其社会制度日益显露的缺陷，以及社会对话机制的失效。[1]

马克龙在2017年5月当选总统后，立即再次启动劳动法改革，着力简化法律，允许劳资双方在基本法律框架下，根据不同企业的具体情况，通过协商谈判确定劳动合同，尤其是赋予企业与工人就工作时间、工资水平、劳动条件等进行谈判的自由裁量权。[2] 如此改革若能成功落实，会比较深刻地影响法国的劳动雇用制度，但工会组织的态度没有企业界积极，因为他们担心会丢失很多既有的劳动保障。

目前，法国重要的劳资谈判都不是在企业层面上直接进行的，而主要是通过国家立法，形成基本规范，再由企业来履行和落实法律条款，从而保护劳资双方的权益。而马克龙推行的改革举措则具有更明显的自

---

[1] 人们对失业严重的解读往往是经济层面的，而实际上劳动雇用制度的影响也很大。以公共服务为例：法国公共图书馆众多，它们往往会有很严格的开放时间，不但有些服务不能在周一这样正常的工作时间内开放，而且有些岗位甚至在每个工作日内有着严格的开放时间点。之所以如此安排，往往并非是在充分考虑服务需求的基础上制定的，恰恰相反，是根据工作人员的数量与时间可支配情况来定的。受制于法定工作时间每周35小时的劳动制度，很多社会公共服务的时间节奏是依照工作人员的时间安排来的，这就大大降低了公共服务的实效，引得社会不满。更令民众感到不满的是，当人们对公共服务在时间方面表现出来的限制性表达批评意见时，相关机构的回应往往是他们没有足够的钱去雇用员工。而在很多法国民众看来，政府有钱发给一些从来不愿意就业的人，为失业人员提供失业补助，却不愿意将这些资金转化为在这些岗位上雇用失业人员的工资，通过充实人力资源来提升公共服务的品质。当然，有人会说失业人员并非能够胜任缺人手的工作岗位，这种情况确实是存在，但这又折射出再就业培训机制的失效。

[2] 右翼共和党候选人弗朗索瓦·菲永（François Fillon）在其2017年总统竞选纲领中也提到了类似主张，比如简化劳动法、突出劳资对话的重要性，允许企业通过集体协商来决定工作时间等。

由主义倾向，主张权力下放，让企业拥有更多的因地制宜的权力和余地。这样的立法改革有一定的灵活性，却也隐藏着某些弊端。在失业日益严重的局势下，很可能会因为企业在工作时间安排、薪资水平制定等方面拥有了与雇员协商谈判的自由权力，而造成对雇员权益的进一步挤压，从而形成更加严重的劳资矛盾。而且，在此种机制下，国家作为劳工权益保障者的角色将会减弱，这也是法国社会对马克龙劳动法改革持有不同意见的原因之一。①

（二）贫困问题与社会不平等日益严重

法国是一个比较富裕的国家，但在过去 15 年，贫困问题却一直困扰着 14% 左右的人口，比失业问题特别严重的 20 世纪 90 年代中期的人口比例还要高，这在一定程度上折射出社会财富分配差距拉大、社会不公平现象越来越严重。

跟欧洲其他国家一样，法国使用相对的贫困标准。官方划定的贫困线相当于全体居民收入中位数的 60%。② 举例来说，2014 年法国的贫困线划定为月收入 1008 欧元，当年有 880 万人口生活在贫困线以下，贫困率为 14.1%。贫困现象多出现在城市郊区地带，尤其以区域性中心城市和北部、南部地区的城镇居多，这些地方多是移民或传统产业工人聚集之地，也通常是单亲家庭最多的地方。③

---

① 劳动法改革具有较大的政治与社会风险，处理不好会引发像 2016 年那样大范围的社会抗议。按照惯例，劳动法改革是要走国会立法程序的，但鉴于 2016 年的教训，为避免国会就改革条款进行长时间论辩、不断地修订法律文本，以及产生不必要的冲突，法国政府于 2017 年 9 月通过政府法令（ordonnance）的形式颁布了劳动法改革的主要新规。法国《宪法》第 38 条规定，着眼于其施政纲领的执行，政府可以要求国会授权它在一定期限内通过法令的形式推行通常需要以立法来明确的相关举措。这种机制不但可以极大地缩短立法时间，还可以避免政府提出的改革举措遭遇国会否决的可能。

② 在法国官方统计中，一般使用这个标准，但官方也会公布相对于全体居民收入中位数 40%、50% 和 70% 的贫困情况，用以全面考量贫富分化与社会不平等问题。相关资料参见：https://www.insee.fr/fr/metadonnees/definition/c1653，访问时间：2017 年 7 月 1 日。

③ Institut national de la statistique et des études économiques, *Tableaux de l'économie française*, Édition 2017, p. 30.

就业困难是导致贫困的决定性因素。① 在经济社会的转型中，就业培训、继续教育等是劳动人口维系就业能力的重要保障，而很多人在此方面却得不到有效的社会救济，以至于逐步失去（再）就业能力；还有些人受制于婴幼儿看护、子女教育等问题，不得不离开职场，因为社会的公共服务体系并没有为他们有效地解决实际困难。对他们而言，仅仅通过经济援助是不能彻底解决贫困问题的，这只是"包扎了一下伤口，却没有治愈伤痛"。② 与此同时，由于就业不稳定、工资收入低等原因，还有很多人处于"工作贫困"的状态。③

在法国，贫困问题绝非仅仅是一个经济问题，还与其制度建设密切相关，尤其是家庭政策、教育制度、公共服务等。诸多制度体系之间的相互协调有益于促进职业层面的社会团结，让很多劳动人口从繁杂的家庭事务中解脱出来，赢得就业机会，这样才能够帮助他们远离陷入贫困的危险。

在贫困问题上，让法国社会付出沉重代价的，不是经济投入，而是贫困导致的一系列社会后果，尤其是社会排斥问题。在贫富差距不断扩大的背景下，贫困人口所感受到的社会排斥与被边缘化，加剧了他们在心理层面的失衡和脆弱性。人类学家奥斯卡·刘易斯（Oscar Lewis）有关"贫困文化"的研究早已指出，贫困人口往往对国家机构极度不信任，对大型社会机构也缺乏有效的参与，他们不但没有什么社会化的组织，反过来却具有很强的属地情感和对所处社区的认同——即便是他们居住在一个社会地位较低的社区中，这种情感有利于在他们之间出现一种防御性的团结互助。④ 恰如安东尼·吉登斯（Anthony Giddens）在转述彼得·霍尔（Peter Hall）对英国第三部门活动的研究时所言，"大多数公民活动的增加都发生在比较富裕的阶层"，"贫困阶层的人们更倾向于将自

---

① Jean-Michel Charbonnel, *La pauvreté en France permenences et nouveaux visages*, Paris: La documentation française, 2013, p. 63.

② Denis Clerc et Michel Dollé, *Réduire la pauvreté: défi à notre portée*, Paris: Les Petits Matins, 2016, p. 187.

③ Jean-Michel Charbonnel, *La pauvreté en France permenences et nouveaux visages*, Paris: La documentation française, 2013, p. 70.

④ Denys Cuche, *La notion de culture dans les sciences sociales*, Paris: Éditions La Découverte, 2010, pp. 84 - 85.

己的非正式社会交往范围局限在近亲范围内"。① 换句话说，贫困现象加剧了民众在空间上的疏离与分化，不利于社会团结的建构。另外，贫困问题也在一定程度上促成了法国民粹主义情绪的蔓延，贫困现象较为严重的地方，也是极右翼民粹政党国民阵线（Front National）②在各类政治选举中赢得选票最多的区域。民粹主义对贫困问题的利用与话语再造加重了法国社会的危机。

财富分配差距不断扩大，持续加剧了人们的不公平感与不平等感。2014年，收入水平居于后20%的群体拥有8.7%的财富，而收入水平居前20%的群体则拥有38.3%的财富。③ 在有些企业内部，不同层级的员工之间收入差距甚至达到几百倍。经济社会发展并没有给法国所有居民及其家庭带来同样的实惠，不同社会阶层的收入差距不断拉大，加速了社会的贫富分化，也加深了民众对社会不平等加剧的认知。据相关统计，从1978年到2015年，法国中等收入群体（占比40%）人均实际收入增长比例低于同期全国平均水平，是收入增长最慢的人。④ 这一状况也是加剧社会分裂与冲突的重要原因。

20世纪40年代，法国建立社会保障制度之后，所有人都以为这样一种财富再分配机制可以有效地保障社会公平，但现实中不同行业部门之间所获得的福利保障差异是很大的。社会保障制度过于碎片化，实际上制造了更加严重、多样的社会不公平。一方面，在这样一种多样化的制度结构中，人们所追求的往往是对特定群体之权益与优势的保护，不同的社会保险体系都极力维护本部门的权益，以至于出现部门分化，撕裂了不同行业与社会群体之间的团结。另一方面，诸多具体的福利政策制定了等级量化的评定标准，看似是差异化地区别对待以求公平，但事实上却制造了很多不公平——那些生活状况接近于某些福利政策的核定标

---

① ［英］安东尼·吉登斯：《第三条道路：社会民主主义的复兴》，郑戈、渠敬东、黄平译，北京大学出版社、生活·读书·新知三联书店2000年版，第86页。

② 极右翼政党"国民阵线"已于2018年6月1日正式更名为"国民联盟"（Rassemblement National）。鉴于本书中提及该党之处，均涉及其更名之前的事宜，故在文中保留其原有名称。

③ Institut national de la statistique et des études économiques, *Tableaux de l'économie française*, Édition 2017, p.64.

④ 姚枝仲：《世界经济面临四大挑战》，《国际经济评论》2017年第4期。

准却又无法享受的群体,感受到的不平等感最为强烈,因为考虑到福利政策所带来的诸多差异,他们事实上成为实际境遇最差的人。综合来看,不公平感消解了法国社会的内在团结,制造了不同社会群体与阶层之间关系紧张的局面,而这种社会分化又往往具有明显的族群色彩,从而使问题显得更加复杂。

在社会财富再分配的问题上,美国政治哲学家约翰·罗尔斯(John Rawls)主张要协调经济效率、自由与平等等诸多基本要素,并不主张绝对的社会平等,合理、公正的不平等是可以接受的,但这些不平等"必须是着眼于赋予处于劣势地位的人以最好的前景,让他们可以获得面向所有人开放的职业和岗位,符合公平的机会平等"。[①] 换句话说,要协调效率与公正的关系,但是公正要远远比效率更为重要。罗尔斯特别强调,一个公正的社会是一个互助的社会。但法国在这层意义上早已渐行渐远。另外,尽管法国早在2006年就颁布了《机会平等法》(*loi pour l'égalité des chances*),并建立了相应的政府机构,以期确保法国公民在教育、就业等各方面的平等,但法律条文并不能规避现实中隐形的各种歧视与不平等,反而加重了对社会团结的撕裂。

(三)"不稳定"与阶层固化不断加剧

与失业和贫困相比,在法国社会中引发更多负面影响的民生问题则是人们生存境遇的"不稳定"(précarité)。"不稳定"意味着某种或多种安全保障(尤其是工作)的缺失[②],致使人的生存境遇表现出一定的脆弱性,往往是一个持续的社会过程。

在很多人的理解中,"不稳定"早已成为法国社会生活的一种常态。

[①] Denis Clerc et Michel Dollé, *Réduire la pauvreté: défi à notre portée*, Paris: Les Petits Matins, 2016, pp. 50–51.

[②] Conseil économique et social, «Grande pauvreté et précarité économique et sociale», présenté par Joseph Wresinski, séances des 10 et 11 février 1987, http://www.lecese.fr/sites/default/files/pdf/Rapports/1987/Rapport-WRESINSKI.pdf.

2012年开展的一项调查研究①表明，在当年参加总统选举第二轮投票的注册选民中，有37%的人身处"不稳定"的生存状态。而且，这种民生困境触及几乎每一个社会阶层，比如在小商人和手工业者群体中"不稳定者"（les précaires）占比47%，在雇员群体中有42%，在中间职业（professions intermédiaires）②群体中有18%，即便是在企业管理干部阶层中也有11.5%。

　　法国社会学家雷吉斯·皮埃雷（Régis Pierret）认为，"不稳定"是一种社会忧虑，它普遍存在且会污染整个社会。自工业社会出现以来，它已成为"现代人的条件"，是现代性的产物，"身陷其中的人，'不稳定'无时无处不在，表现为遭受工作的痛苦，以及对失去工作的惧怕。没有陷入者也害怕会随时丢失工作，或者失去被雇用的能力"。③可以说，比身陷不稳定的生存状态更具破坏性影响的是人们对可能会陷入其中的忧虑。在现代性条件下，"工作"成为个体与社会之间的基本关联，它在个体的成长中获得了核心地位。一旦失业，个体很容易失去社会关系，陷入与社会疏离的境地。对很多人来说，即便是拥有工作，也存在某种不安全感，认为随时会失业，遭到社会排斥。从田野调查的情况来看，这种心态在当代法国具有普遍性，来自他们对国家经济、劳动力市场、社会保障制度等多种因素负面表征的综合判断。

　　虽然工业社会创造了社会保险制度，以确保个体可以免受或应对危机，使之获得了某种程度的自由，但它同时也创设了"不稳定"，因为这样的制度建设切断了个体所依赖的传统的家庭、共同体或邻里团结，早已开始衰

---

① La lettre du CEE, *Precaires et Citoyens*, Octobre 2013, http：//www.sciencespo.fr/recherche/sites/sciencespo.fr.recherche/files/newsletter_ CEE/N1//precaires-citoyens.pdf.
② 在法国的相关统计中，"中间职业群体"指代一个较为宽泛的范畴，没有明确的界定。在这一群体中，有2/3的人拥有在管理干部（cadres）和执行代理人（agents d'exécution），以及工人（ouvriers）或雇员（employés）之间的职位。相关资料参见：https：//www.insee.fr/fr/metadonnees/pcs2003/categorieSocioprofessionnelleAgregee/4? champRecherche = false，访问时间：2019年1月20日。
③ Régis Pierret, « Qu'est-ce que la précarité? », *Socio*, 2/2013, pp.307–330. Mis en ligne le 15 avril 2014, consulté le 20 juillet 2017. URL：http：//socio.revues.org/511；DOI：10.4000/socio.511.

落的社会保险制度难以提供可靠的安全感。① 法国学者诺娜·梅耶尔（Nonna Mayer）的研究表明，不稳定的生存状态使得越来越多的人支持国民阵线②，而这种趋势的进一步扩大，正在逐步改变法国的政治生态。

比"不稳定"更具负面影响的是阶层固化给民众（尤其是年轻人）带来的挫败感，这是一个容易被忽视的民生问题。从20世纪50年代初到70年代末，法国曾出现过不同社会阶层明显向上流动的态势，而自20世纪90年代中期以来，这样的社会流动日渐式微。③ 法国国立统计与经济研究院（Insee）的抽样调查结果显示，如今有1/4的人认为，与其父亲相比，自己的社会地位有所下降，而且年轻人比年长者对其社会地位降低的感受更为强烈。④

社会流动既表现在个体或群体职业转变的层面上，又反映在他们社会阶层的等级变化中。职业变化并不必然意味着阶层等级的变化。一个工人的女儿变成超市收银员，工作环境的改变，看起来代表了一种向上的代际流动，但这种变化更多地来自结构性的职业变化，她所处的社会阶层与其父亲相比几乎没有什么变化，向上流动的阶梯实际上已经被结构性地阻断。如今，相当一部分民众有"被遗弃"的感觉，52%的人认为要在法国取得个人成功已经越来越难，而观念与此相反者却仅有14%。⑤ 在法国社会向上流动的趋势日渐微弱的背后，潜藏着严重的机会不平等的问题，个体改

---

① Régis Pierret, « Qu'est-ce que la précarité? », *Socio*, 2/2013, pp. 307 – 330. Mis en ligne le 15 avril 2014, consulté le 20 juillet 2017. URL: http://socio.revues.org/511; DOI: 10.4000/socio.511.

② Nonna Mayer, « Le premier effet de la précarité est de détourner du vote », *La Marseillaise*, le 26 janvier 2014.

③ http://www.observationsociete.fr/categories-sociales/donneesgenerales/comment-evoluent-les-categories-sociales-en-france.html, consulté le 1 juillet 2017; Yves Besançon, « La mobilité sociale est tombée en panne », *Alternatives Economiques*, n°366, mars 2017; Stéphane Beaud et Paul Pasquali, « Ascenseur ou descenseur social? Apports et limites des enquêtes de mobilité sociale », in La Documentation française, *Les transformations de la société française*, série « Cahiers français », n°383, novembre-décembre 2014; « La mobilité sociale en France », http://www.inegalites.fr/spip.php?article904, consulté le 1 juillet 2017.

④ Tiaray Razafindranovona, « Malgré la progression de l'emploi qualifié, un quart des personnes se sentent socialement déclassées par rapport à leur père », *Insee Première*, n°1659, 12 juillet 2017.

⑤ Ifop, « Les Français et leurs perceptions de l'immigration, des réfugiés et de l'identité », juillet 2017, http://www.ifop.com/media/poll/3814 – 1 – study_file.pdf.

变阶层地位向上流动的可能性越来越小，阶层固化日益明显，很多年轻人对自己的未来和前途持有悲观态度，对法国社会的认同度也越来越低。

二　移民问题：多元社会的生态日益复杂

自20世纪70年代末以来，移民问题在法国逐渐成为一个敏感而复杂的社会问题，主流社会与移民群体之间的矛盾与冲突不断加深，近年来出现的恐怖主义袭击、难民危机等问题则又持续加剧了法国社会的排外情绪，而背后隐藏的民族问题更为棘手，冲击着对法兰西民族的认同，导致社会进一步分化、社会团结受到挑战。在此情势下，日益多元的法国社会生态危机重重。

（一）民族结构变化与族群关系恶化

在共和国体制下，法国不承认法兰西民族之外的其他民族，也不从族群的角度区分国民的族裔差异，只承认一个单一的法兰西民族。但一个多世纪以来，移民不断涌入，因其族裔、宗教与文化背景的差异，早已改变了法国传统上单一的民族结构。如今，法国有1/4人口的父母或祖父母中至少有一人是移民。[①] 官方于2017年7月公布的统计数据显示，2013年时法国移民人口比重为9%，比1968年的6.5%高出2.5个百分点。[②] 但这些数字并不能反映法国具有外来族裔血统的人口情况，因为在法国出生的移民后代，无论是否具有法国国籍，都不被视为"移民"，也就不在上述统计的范围内。实际上，具有外来族裔血统的人口比例远远

[①] Histoire coloniale et postcoloniale, « Un Français sur quatre a un parent ou un grand-parent immigré », http: //www.ldh-toulon.net/un-Francais-sur-quatre-a-un-parent.html, consulté le 10 juillet 2017.

[②] 从过去法国7次人口普查的情况来看，移民数量的增长呈阶段性变化。从1968年到1974年，移民比重逐步从6.5%提升到7.4%。此后一直到1999年长期稳定在7.4%的水平。从1999年开始，又持续增长，至2013年达到9%。资料来源：Typhaine Aunay, « 45 ans d'immigration en France », *Infos Migrations*, n°89, juillet 2017.

超过移民人口的比重。①

人口统计中的"移民"与现实生活中人们感知的"移民"并不完全相同。根据法国高级融入委员会（Haut conseil à l'intégration）有关"移民"的定义，"移民"是在国外出生但生活在法国、出生时不具有法国国籍的人。② 这也就意味着，移民若获得了法国国籍，他们的后代便不再是移民；即便是有些移民没有入籍，其子女若出生在法国，也不是移民。但实际上，在日常的现实生活中，这些人依然被视为"移民"，尤其是对那些非欧洲裔的移民后代而言。也就是说，"移民"是其终身不变的身份标签。

在过去50年间，法国移民情况最为明显的一个变化是其族裔来源的多样化，其中非欧洲裔移民的比重越来越大。从19世纪下半叶法国开始接收大量移民，一直到20世纪70年代末，移民来源国基本上以欧洲国家为主（1968年时欧洲国家移民约占75%），此后他们所占比重越来越小，而欧洲以外国家来的移民比例则大幅增加，到2013年时达到63%，其中非洲裔移民占44%。③ 在这些外来移民中，有很多是穆斯林。非欧洲裔移民不但总体上较为年轻（尤其是非洲裔移民），而且出生率较高。外来族裔人口的持续增长所导致的民族结构变化，在民族身份认同的维度上给法国主流社会带来了莫大的担忧，从而也滋生了民众的排外情绪。

尽管法国宪法明确指出，保障所有公民在法律面前一律平等，不分出身、种族与宗教，但这并不能保证广大移民在现实社会中可以免受来自主流社会的排斥与歧视。在民生问题日益严重的情势下，移民被越来越多的人视为失业严重、福利式微、安全危机等诸多社会问题的始作俑者。在国民阵线的政治话语中，移民则是万恶之源。

一项有关就业歧视的实证调查研究表明，在就业过程中出现的与族

---

① 法国于1978年1月6日颁布的《信息与自由法》（loi informatique et libertés）明确禁止收集和登记直接或间接显示人的种族或民族出身，以及宗教归属的信息。因此，法国人口的族裔结构没有官方数据。

② 参考资料：https://www.insee.fr/fr/metadonnees/definition/c1328，访问时间：2017年7月1日。

③ Typhaine Aunay, «45 ans d'immigration en France», *Infos Migrations*, n°89, juillet 2017.

裔身份有关的歧视绝不是一个孤立的现象,有60%的受访者表示经常或特别经常遭遇这种歧视。① 姓名、肤色、宗教信仰等往往都可以鲜明地呈现求职者的族裔身份,而与之相关的歧视往往是叠加的,大约有1/3的受访者表示,他们同时受到过这三种歧视。受"政治正确"的影响,少有人会明确表示持有种族主义立场,但法国社会中的种族主义却是持续存在的,并具有较强的破坏性力量。正如学者皮埃尔·特凡尼安(Pierre Tevanian)所言,种族歧视在法国是一种系统性存在,而且表现为一种支配性系统。②

2015年以来,在法国和欧洲其他国家连续出现的恐怖主义危机,不但恶化了社会安全生态,还进一步加剧了法国社会对移民(尤其是穆斯林)的负面认知,也直接导致了法国在接收难民问题上的消极态度。法国人是欧洲各国中最不乐于接受难民和移民的群体之一,他们以没有接待能力为由,拒绝大量难民在法国安顿。尽管有其客观原因,但这种态度更多地反映出法国社会的排外情绪。据民意调查机构Ifop于2016年9月开展的一项调查,在法国人的众多担忧中,移民问题排在恐怖主义袭击、失业问题之后,位列第三。③ 在这项调查中,仅有16%的受访者认为移民对法国社会存在积极影响,而高达56%的人认为影响是负面的,其中有23%认为特别负面。尽管近10年来法国的移民速度与存量均无变化,但85%的受访者却感觉在过去5年间移民数量大幅度增加,背后隐藏的恐慌情绪使得法国社会的内在团结受到严重挑战。

(二)"共和同化"模式的困境

法国对外来移民施行以"共和同化"为原则的融入政策,并不鼓励以移民为代表的多元文化的共生发展。在Ifop开展的上述调查中,仅有30%的法国人支持文化多元主义。实际上,法国在第二次世界大战结束

---

① Le Défenseur des droits, « Accès à l'emploi et discriminations liées aux origines », *Études et Résultats*, septembre 2016.
② Pierre Tevanian, *La mécanique raciste*, Paris: La découverte, 2017, p. 7.
③ Ifop, « Les Français et leurs perceptions de l'immigration, des réfugiés et de l'identité », juillet 2017, http://www.ifop.com/media/poll/3814-1-study_file.pdf.

后已逐步失去了对移民的同化能力[①]，今日法国仍旧把持着"共和同化"的移民政策，反而加深了事实存在的不同族群之间的对立。从个体层面来看，"共和模式"通过公民身份强化了少数族裔对法国的国家认同，但是从群体角度来看，它并没有有效地推进少数族裔对法兰西民族的认同，后者涉及深刻的文化与民族问题。

20世纪60年代在加拿大、美国等地兴起的文化多元主义[②]运动早已让越来越多的人逐渐认识到，不同族群的民族与文化特性及其权利需要得到同样的尊重、同等的承认。可是，坚守"共和同化"的法国却不接受这样的价值取向，对其社会内部日益多元的族群"视而不见"，不但激发了少数族裔对其原生民族身份认同的诉求，而且也使其社会政策与制度建构跟社会现实的脱节愈加严重。

法国是一个积极支持保护文化多样性的国家，但是其社会内部的族裔多元并不在此多样性的范畴之内，外来族裔对法国主流社会在文化多元主义问题上的"双重态度"——积极支持欧洲本土文化的多样性，却消极对待以移民群体为代表的非欧洲文化的存在——是异常敏感的，尤其是深受法国个体主义价值观影响、权利意识更加强烈的年青一代少数族裔，他们对其所属族群权益的维护则更加具有抗争的意味。

面对族裔日益多元的当代社会，法国的"共和同化"模式更多地表现为一种工具理性，借以维系其传统的民族主义情感及其单一的民族认同。可是，这种模式在当下不但没有强化国民在民族与国家层面上对法国的认同，反而激化了族群矛盾，埋下复杂的民族问题隐患。以这种认同方式建立起来的民族边界内部，忽视了早已存在的族群多元化的现实，少数族裔的族群认同与文化情感受到挤压，则会逐渐腐蚀他们超越族裔边界去认同法兰西民族的意愿。

少数族裔的族群认同是一个文化问题，而有关身份认同的大量研究

[①] 马胜利：《"共和同化原则"面临挑战——法国的移民问题》，《欧洲研究》2003年第3期。

[②] 文化多元主义既是对社会现实的一种描述，也代表着一种价值取向，还是一种政策反映，主张尊重和保护族群与文化多样性。作为对社会现实的一种描述，它突出了多元社会中民族、文化层面上多主体的存在；作为一种价值取向或政策选择，则又强调不同主体之间的平等关系。

早已证实，文化在人的身份认同中占据主导性影响，由于文化的原因，族群认同会产生稳定而持久的影响。① 无论是从个体还是群体的层面来观察，族群认同都具有特别重要的属性。一个人可以具有多重认同，但在一个族裔多元的社会中，个体的族群认同更具有原生性影响，也就成为一种基础性认同。而从群体的角度来看，在现代性与全球化的背景下，社会越是多元，越是促进了不同社会群体的凝聚，其中以族裔归属作为核心的族群认同越是不断地得到强化。当代法国社会即呈现为这样一种形态。

在"共和模式"下，法国不从族裔的角度去区分其民族内部的群体差异，这种价值取向在法国民族国家的建构中存在积极意义，但就其对日益多元的当代社会的适应而言，其整合能力则表现出不足。全球化背景下的移民流动让民族认同日益具有跨越国界的属性，对民族国家认同的建构与维系会存在多样的消极影响，这也是反移民思潮在世界范围内兴起的一个原因。但是，拒绝移民并不意味着可以较好地解决早已在社会中存在的外来族裔群体的认同问题，只有正视现实，才能解决好问题。社会对少数族裔的排斥愈加强烈，其族群认同就越成为一种生存的政治策略，且愈加趋向主流社会不希望出现的社群主义，进而引发诸多民族与社会问题。从族群关系日益严峻的对立态势来看，法国共和主义的社会融入模式面临着空前的危机。

（三）少数族裔民族主体性地位的缺失

在现代民族国家中，身份认同是"国家之事"②，因为国家倾向于单一认同，是身份认同的管理者，并为此建立了诸多法律与监督措施。在此方面，法国是一个典型。奉行"共和模式"的法国只要求所有公民"将对共和国的忠诚优先于对某个特殊群体的忠诚"③，强调对民族国家的

---

① 关凯：《基于文化的分析：族群认同从何而来》，《甘肃理论学刊》2013年第1期。
② [法] 丹尼斯·库什：《社会科学中的文化》，张金岭译，商务印书馆2016年版，第142页。
③ Commission de reflexion sur l'application du principe de laïcité dans la republique, «Rapport au Président de la République», remis le 11 decembre 2003, http://www.ladocumentationfrancaise.fr/var/storage/rapports-publics/034000725.pdf.

认同，不鼓励对任何族群、宗教或文化群体的认同。实际上，很多民族国家在强调国民的民族国家认同的同时，也尊重和鼓励少数族裔的族群认同。而在法国却非如此，外来移民的族群认同不具有合法性，因为这被视作对其共和原则的背离。实际上，少数族裔融入法国所遭遇的困境背后，根本原因是他们民族主体性地位的缺失。

受后现代主义思潮的影响，在当代社会中，人与群体的"主体性"得到突出强调。① 20世纪60年代兴起的文化多元主义运动反映的正是在多民族国家框架下对民族主体性的诉求。"人作为族类，作为群体和个体都有其主体性"②，其实质是人类个体或群体成其为自身的身份及其能动性与自主性。民族主体性是人作为群体的主体性，其中"民族"同时包括"国族"（nation）与"族群"（ethnic group）层面的含义。

在法国，少数族裔具有两个基本的民族身份，它们也对应着两个范畴的民族主体性：一是作为少数族裔成员的主体性，二是作为法兰西民族成员的主体性。很明显，在"共和模式"下，少数族裔身份在法国是得不到承认的，这就意味着他们作为少数族裔主体性地位③的缺失。④ 如今在接收了大量外来移民的西方国家中，政治、社会等各类议题的民族化倾向越来越明显，这使得移民对其作为少数族裔的民族主体性的强调成为一种自觉的选择。⑤ 他们这一主体性建立在实践利益共同体的基础之

---

① 郝时远在讨论中国台湾地区的"族群"与"族群政治"时，曾经讨论过群体的"族群性"自我认同和"主体性"维护。这种现象在不同社会中具有普遍性。相关研究可参见郝时远《台湾的"族群"与"族群政治"析论》，《中国社会科学》2004年第2期。

② 王锐生：《论弘扬民族主体性》，《马克思主义与现实》1996年第3期。

③ 个体或群体的主体性是客观存在的，但是在不同的语境中，这种主体性的表征程度不同，也就是说，个体或群体的"主体性地位"存在差异，这也是文中使用"主体性地位"的用意所在。

④ 据笔者目前掌握的文献资料来看，法国学界几乎无人从民族主体性的角度来讨论和分析其移民融入与民族问题，这也是其"共和模式"的意识形态使然。而在施行文化多元主义政策的加拿大，有学者稍有关注民族主体性问题。法国和加拿大学界在这方面的不同之处，也是他们对两国社会现实与制度建构之间差异的一种反映。中国学界有关民族主体性的讨论较多，既涉及中华民族的民族主体性，也涉及少数民族的民族主体性。

⑤ Ève Ste-Marie, «Maghrébines montréalaises: Les stratégies identitiires des jeunes filles d'origine marocaine, algérienne et tunisienne à Montréal», Département d'anthropologie Faculté des sciences sociales, Université Laval, avril 2000; www.collectionscanada.gc.ca/obj/s4/f2/dsk1/tape2/PQDD_0022/MQ51162.pdf.

上，兼具交际理性与工具理性的特征，既涉及情感，又涉及利益。① 在此情势下，族裔政治越来越突出，当代法国也面临着同样的问题。另外，尽管法国境内也存在很多本土的少数族群，但在其民族国家的建构过程中，法国从来没有从"族群"的角度来认知其历史。② 纵观其民族国家的建构历程③，法国强调自己是一个"公民国家"（nation civique），而不是"族裔国家"（nation ethnique）。④

在"共和模式"下，少数族裔理所当然地成为法兰西民族的一分子，但这也不意味着他们完全获得了作为法兰西民族成员的主体性地位，因为共和主义的政治机制与法律规定并不能完美地落实在人们的情感认知与社会实践中，由于非欧洲裔移民参与法国现代民族国家建构的历史较短，缺席了法兰西民族漫长的历史形成过程，他们作为法兰西民族成员的主体性地位同样没有在历史与文化的维度上被主流社会完全承认。

在法国，少数族裔对这种"未被承认"的身份政治具有清醒的认识，再加上自身遭受的来自主流社会的歧视与排斥，他们对法兰西民族的认同也就渐行渐远，反而不断强化对其少数族裔身份的认同。正如人类学家弗雷德里克·巴特（Fredrik Barth）所言，身份认同是在社会交换中持续地建构和重构的⑤，族群关系的恶化破坏了移民对法兰西民族的认同。

对拥有法国国籍的少数族裔而言，其公民身份虽然在法律层面上确立了他们作为公民的平等地位，但并没有必然赋予其作为法兰西民族成员的同等的民族主体性地位，这也意味着，他们在社会、文化、政治甚

---

① Elbaz Mikhaël, « Les héritiers: Générations et identités chez les Juifs sépharades à Montréal », *Revue européenne des migrations internationales*, vol. 9, n°3, 1993. Trajets générationnels – Immigrés et « ethniques », France et Québec. pp. 13 – 34.

② Henry de Lesquen; « Qu'est-ce que la nation ? », Lettre du Carrefour de l'Horloge, https: // henrydelesquen. fr/le-national-liberalisme/quest-ce-que-la-nation/, consulté le 10 juillet, 2017.

③ "法兰西民族"这一术语中的"民族"二字对应的是 nation 这个词，它不是一个族群（groupe ethnique）意义上的概念，而是从"国家"的意义上指代人类共同体，但又不等同于政体意义上的"国家"（État）。

④ 在法国历史上，本土社会中一直持续存在少数民族的权利运动，只不过，法国的官方话语并不使用"少数民族"或"族群"等术语来表达，而是使用"地区主义运动"。这种术语选择的政治，深刻地折射出法国"共和模式"对"族裔"理念的拒绝。

⑤ [法] 丹尼斯·库什：《社会科学中的文化》，张金岭译，商务印书馆2016年版，第135页。

至是经济层面的平等并不能得到真正保障。从民族情感的角度来看，他们总是法兰西民族的"次等"成员。这一点在法国前总统弗朗索瓦·奥朗德（François Hollande）的话语中体现得非常明显："今天头罩面纱的女性将会是明天的玛丽亚娜，因为从某种形式上讲，如果我们能够为她们提升使之充分发展的条件，她们将会摆脱面纱的束缚，变成为一个真正的法国人，如果她们愿意，依旧可以保持宗教的虔诚，成为一个模范。"① 奥朗德的这番话可以从多个角度去解读，其中非常明显地表露出这样一种潜意识——那些头罩面纱的女性（很明显是指穆斯林女性），只有不再受缚于面纱，才可能成为一个真正的法国人，即便是她们拥有法国国籍，也不能算是一个真正的法国人。这种否定并非是对法律意义上的公民身份的否定，而是从民族认同的角度上，对其作为法兰西民族成员主体性的否定。法国主流社会对少数族裔作为法兰西民族成员主体性的"不承认"，在某种程度上体现为法国社会的道德失范。

民族主体性既是一种主观的自我意识，也表现为被"承认"的生存状态。人类个体或群体"主体性的证成必须通过其他主体对自己的承认与肯定"。② 在身份认同中，任何个体或群体都会强调自身对其"主体性"的维护，"自我认同"和"他者认定"表现的是对主体性的双重承认。民族主体性也意味着民族的自觉能动性③，作为法兰西民族成员的主体性地位得不到承认，少数族裔融入法国社会也就缺少了更为基础的情感动力。

在民族国家中，相较于公民身份，民族主体性表现为一种更深层次的合法性身份与地位，它一方面依赖于现代民族国家的法律制度与政治机制，另一方面又倚重于"被承认的政治"，其合法性则更多地体现在不同群体的关系互动之中。少数族裔只有获得了"被承认"的民族主体性地位，才能逾越现有社会为其设置的诸多结构性障碍，才会更好地融入

---

① Pierre Tevanian, *La mécanique raciste*, Paris: La découverte, 2017, p. 9.
② 江宜桦：《自由主义、民族主义与国家认同》，（台北）扬智文化事业股份有限公司1998年版，第13页。
③ 张岱年认为，"民族的主体性即是民族的主体意识，亦即民族的自觉能动性，其中包含民族的独立意识、民族的自尊心等等"。张岱年：《文化建设与民族主体性》，《北京社会科学》1987年第2期。

法国社会。

身份认同是关系互动的产物,移民当然有权利重新建构这一关系结构,但是面对他们已经加入的法兰西民族与法国社会的既有传统,尤其是国家这一结构性存在,他们也有义务遵守。在让－雅克·卢梭（Jean-Jacques Rousseau）的意义上理解,国家是社会契约的产物,因此公民对民族国家的认同也具有社会契约的属性,要求所有成员（公民）都平等地遵守。当然,少数族裔民族主体性身份是在"民族—国家"的框架下得到承认的,其族群认同不可能逾越在民族国家认同之上。也就是说,作为少数族裔的身份和作为"国族"成员的身份是同时存在的,二者不但不矛盾,而且前者不可偏离后者而单独存在。而在法国,受诸多政治思潮影响,将族群认同优先于民族国家认同、过于强调其族群属性者大有人在[1],近些年来法国社会针对某些少数族裔表现出来的社群主义（communautarisme）的批评与此现象关系密切。法国的共和主义传统特别强调社会的世俗属性,这同样是法国在民族国家建构中所确立的一种社会契约,而有些少数族裔的宗教观念与此并非完全一致,尤其表现在部分穆斯林群体中,他们也就很自然地被主流社会视为"他者"了。

少数族裔在两个层面上缺失民族主体性地位,在更深刻的层面上反映出,法国主流社会对"多元一体"的民族结构的拒绝,这既不利于社会的内在团结,也无益于法兰西民族的认同建构,还有损于法国社会对日益多元的现代性条件的适应。法国对"共和模式"的强调在某种程度上也是因为基于族群认同而形成的社群主义对于社会团结的某些解构性力量,但是少数族裔的族群认同越是得不到主流社会的承认,就越会因为疏离主流社会而产生破坏性影响。在社会多元的背景下,法国应当为其国民同时保持公民认同与民族认同创造制度空间,并在道德与伦理层面上赋予他们实现作为国家公民、法兰西民族成员与少数族裔成员等多重主体性身份的条件。只有这样,法国追求的"共和模式"才会在新的

---

[1] 尤其体现在某些少数族裔对其所属族裔文化、宗教的认同中。在参加 2017 年法国总统竞选时,共和党候选人菲永就在其竞争纲领中提到,如今在法国的有些地方,对法兰西民族认同的情感已经变得支离破碎,（少数族裔的）身份认同越来越自我封闭,社会融合出现倒退。参考资料：https://www.force-republicaine.fr//wp-content/uploads/2017/04/PROJET_FRAN%C3%87OIS_FILLON_2017.pdf。

时代背景下表现出适应能力。

受到文化多元主义思潮的影响，民族国家框架下的任何一个族群都有主张其双重民族主体性的权利，任何一个族群都是以未来为导向的民族与国家建构的参与主体。在移民多元化的背景下，法国社会面临着必然的族裔多元化趋向，这是法国的"共和模式"所无法否认也无力应对的现实。只有当法国正视其民族多元的现实，赋予少数族裔"被承认"的权利时，移民与民族问题交织的困局才有逐步缓解的可能。

三　宗教问题：世俗主义价值观面临挑战

自法国大革命以来，以政教分离为核心的世俗主义作为共和主义的一种基本价值，在法国社会中逐步深入人心，赢得拥护。1905年颁布的《政教分离法》又进一步在法律层面上明确了对宗教信仰自由和公共领域非宗教性质的保护。但是，在这百余年间，法国社会中世俗与宗教之间的斗争却是一直存在的，而且在当下更为棘手，尤其表现在世俗主义与伊斯兰教之间的冲突中，成为当代法国社会现代性发展所面临的一大困境。

（一）穆斯林与法国社会的冲突

穆斯林大规模进入法国主要始于20世纪中期的劳工移民，以及后来的家庭团聚。由于出生率很高，穆斯林人口长期稳步增长，迅速改变了法国的人口与族裔结构，使其"共和同化"的移民融入模式面临着空前的挑战。目前，穆斯林是法国最大的少数族裔，伊斯兰教是第二大宗教。①

---

① 据美国皮尤研究中心（Pew Research Center）公布的数据，法国是西欧国家中穆斯林数量和比例最多的国家，2020年时穆斯林人口比例将达到8.3%。但一项由英国民意调查机构 Ipsos Mori 于2016年12月开展的调查结果显示，法国民众认为穆斯林已占法国人口总量的31%。参考资料：Pew Research Center," Religious Composition by Country, 2010 – 2050", April 2, 2015, http://www.pewforum.org/2015/04/02/religious-projection-table/2020/percent/Europe/；Etienne Jacob, «La population musulmane largement surestimée en France», *Le Figaro*, le 14 décembre 2016。

跟其他族裔移民一样，在"辉煌三十年"结束后，穆斯林逐渐受到法国主流社会的批评、歧视与排斥。如果说其他族裔移民遭遇的问题主要来自经济层面，那么针对穆斯林的批评还尤其体现在社会与文化层面，特别是跟他们的伊斯兰信仰有关。比如，伴随着穆斯林群体的壮大，法国主流社会越来越注意到其内部存在严重的性别不平等、缺少民主自由等问题，这有悖于法国倡导的自由、平等、民主等价值理念。还有，尽管多数穆斯林在宗教问题上态度温和，但也有少数人偏于狂热，甚至行为极端，他们的某些宗教实践威胁到了法国践行的世俗主义。从20世纪70年代开始，受世界范围内伊斯兰复兴主义的影响，甚至有些穆斯林开始表现出宗教激进主义倾向，尤其是一部分在法国出生成长的新一代，他们当中有人接受了极端主义和恐怖主义的影响，严重地威胁到法国社会的稳定。2015年以来法国接连发生的众多恐怖袭击事件被证实与穆斯林有关，给人们带来了莫大的恐慌，进一步加剧了法国主流社会对穆斯林群体的误解和偏见，也加剧了穆斯林与法国主流社会的矛盾。如今，有38%的法国人认为伊斯兰教与法国社会是不相容的。①

多数穆斯林生活在社会底层，没有向上流动的机会。而在法国长大的新一代穆斯林受到自由、平等与民主等思想的影响，对他们所遭受的种种歧视尤为敏感，并以鲜明的态度给予反击，甚至会有人因为自己看不到未来的希望而报复社会，导致种种社会问题的滋生，这就进一步加重了穆斯林群体与法国主流社会的冲突和矛盾，并形成恶性循环。

法国主流社会一直想在"共和模式"下同化穆斯林，但事实上是失败的，反而强化了他们对其伊斯兰信仰的强烈认同，并寻求族群与宗教的力量来保护自己，使得穆斯林与法国主流社会之间的关系越来越政治化、民族化、宗教化，加重了问题的尖锐程度。

宗教问题是法国主流社会与穆斯林关系的核心，其间还夹杂着一个永远不会被抹去的历史包袱——包括法国在内的西方社会对伊斯兰世界曾经的殖民历史。因为这样的原因，伊斯兰世界与世俗主义的相遇具有

---

① Ifop, « Les Français et leurs perceptions de l'immigration, des réfugiés et de l'identité ».

强烈的殖民主义色彩，表现为一个"政治支配的过程"。① 对来自没有经历过深刻的世俗主义变革的伊斯兰世界的穆斯林来说，世俗主义在某种程度上依然是殖民主义时代压迫在他们身上的某种统治或支配。所以，在其潜意识中，法国社会对世俗主义的某些解读具有相当的负面印象，是对宪法保证的宗教信仰自由的干涉，这也是2004年法国的"头巾法案"曾经引发大规模抗议的根本原因。而对法国主流社会来说，当初推动这部立法的动因则在于，他们日益清楚地意识到法国捍卫的世俗主义传统正在被穆斯林的宗教实践所侵蚀，故要重申世俗主义的基本原则，并在当代背景下进一步明确其适用范围。

2017年3月，巴黎大清真寺穆斯林研究院（Institut Musulman de la Grande Mosquée de Paris）发布了一份《法国伊斯兰宣言》（*Proclamation de l'Islam en France*）②，鲜明地指出：在当今法国社会中，一部分政治、媒体和知识分子精英群体极端妖魔化穆斯林的力量不断上升，伊斯兰恐惧症相当严重，可以与19世纪末法国社会中的排犹主义相比；穆斯林对此深感不安，并认为这不符合事实本身，对法国伊斯兰教和拥有该信仰的法国人来说是不公正的。在当前法国社会与伊斯兰之间的矛盾日益尖锐的局势下，这份宣言代表着穆斯林对法国社会伊斯兰恐惧症的隐晦批判。

（二）世俗主义与伊斯兰教的较量

尽管世俗主义原则最早成形于法国大革命，并作为共和主义价值观的组成部分，早在法兰西第三共和国时期就已成为法国社会的组织原则，渗透到其行政管理体系之中③，而且1905年颁布的《政教分离法》又进

---

① Tariq Ramadan, «Les Musulmans et la laïcité», in Islam et laïcité, 1905–2005: *les enjeux de la laïcité*, Paris: L'Harmattan, 2005, p. 94.

② Institut Musulman de la Grande Mosquée de Paris, «Proclamation de l'Islam en France», https://www.mosquéedeparis.net/wp-content/uploads/2017/03/Proclamation-IFR-par-la-Mosquée-de-Paris.pdf.

③ Karel Leyva, «Multiculturalisme et laïcité en France: les trois républicanismes du Rapport Stasi», *Dialogue*, Volume 54, Issue 4, December 2015.

一步在法律上明确了世俗主义的基本原则，但是直到今天，法国社会对于"世俗主义"的基本含义依然没有达成共识。

就其字面意义而言，世俗主义（laïcité）包括两层基本的含义：一是相较于宗教与教会的独立，尤其是指国家政治与公共生活的非宗教性质；二是国家与教会（或政权与教权）的分离。但是，若基于1905年《政教分离法》来理解世俗主义原则的含义，却是另外一番富有争议的景况。

实际上，1905年《政教分离法》的拥护者并非是站在同一立场上支持立法的。他们分属于两个阵营：其中一个阵营希望根除宗教对公共领域的支配，倡导反教权主义的政治；另一个阵营想确认国家的中立立场，确保宗教信仰自由。[①] 很明显，这两个阵营支持政教分离的出发点和推演逻辑并不一样，尽管最后指向的都是政教分离，他们对政教分离的具体诉求却不相同。前者是希望让国家与公共领域摆脱教会、教权的支配与束缚；后者是希望国家不能干扰个人的宗教信仰，并要保证个体的宗教信仰自由。换句话说，前者是为了捍卫国家与公共领域的世俗性，后者是为了捍卫宗教信仰自由。

一部具有历史意义的《政教分离法》承载着两种不同的价值诉求，而且直到100多年后的今天，不同阵营依然强调自己的立场与解释逻辑。很明显，法国主流社会支持的是第一种立场，而穆斯林支持的则是第二种立场。基于世俗主义原则，穆斯林主要强调国家不能干预宗教事务，比如主张国家不能立法禁止穆斯林女性在公共场所穿戴面纱；而法国主流社会则主要强调法律保护公共领域不受宗教干涉，比如主张国家立法严禁任何人在公共场所佩戴明显的宗教标志，包括穆斯林头巾、犹太教小帽、基督徒的大型十字架等。这种理解差异则为穆斯林融入法国社会、世俗主义规训伊斯兰教设置了诸多障碍。

巴黎大清真寺穆斯林研究院发表的《法国伊斯兰宣言》同样对"世俗主义"给出了自己的定义与解释——也站在国家中立（neutralité）的立场上理解世俗主义，强调国家、行政、公共服务与公务人员在宗教领域内要

---

① Association Culturelle et Historique de Faches-Thumesnil, «La loi de séparation des Eglises et de l'État», *En ce temps là*, *Faches-Thumesnil*, Numéro 64, Décembre 2005.

保持中立。换句话说，这意味着国家不资助任何一个宗教教派，不接受任何以教派名义提出的要求，不倾向于任何一派，也不干涉任何一派的宗教生活，而是要赋予宗教团体跟其他社团一样的权利与义务。① 该宣言认为，就此而言，法国社会中的伊斯兰教是可以与世俗主义兼容的。

实际上，在1905年的《政教分离法》中，没有任何条款提及国家的中立性。所谓国家的"中立"原则是对《政教分离法》的一种利己主义的解读。对穆斯林来说，这既是一种争辩的方式，又是一种维护自身利益和自我保护的政治策略。同时，《法国伊斯兰宣言》还指出，世俗主义并不意味着不允许在公共场所组织宗教活动。这在某种程度上是对公共领域非宗教属性的否定，跟法国主流社会的立场是相反的。由此来看，世俗主义与伊斯兰教在法国社会中的较量将会持续存在，而且充满着根本性的立场与原则冲突。②

四　总结与讨论

在当代法国，民生问题、移民问题与宗教问题是其社会生态恶化的

---

① Institut Musulman de la Grande Mosquée de Paris, « Proclamation de l'Islam en France », https：//www.mosquéedeparis.net/wp-content/uploads/2017/03/Proclamation-IFR-par-la-Mosquée-de-Paris.pdf.

② 实际上，对少数穆斯林自身的问题，法国伊斯兰各界是有着清醒的认识的。正因为如此，《法国伊斯兰宣言》也面向广大穆斯林发出了一些训诫和忠告，比如：①所有穆斯林显然必须要遵守法兰西共和国的价值与法律，任何一个穆斯林都没有权利要求法国调整其价值与法律，以适应自身的信仰；②所有穆斯林应当维护和平、反对战争，维护博爱、反对种族主义，维护和谐、反对仇恨；③穆斯林男女要保持在任何情况下遵守着装谦逊的基本原则，但不是要穿经文中所提及的具体装束；④必须要遵守男女平等，在伊斯兰信仰的当代语境中，体罚、多配偶制已不再具有合法性；⑤在社会、家庭与情感关系中，所有穆斯林必须要表现出充分的、负责任的成熟性；⑥在日常生活中，所有穆斯林必须要表现出节制，要保持适度中庸；⑦任何反犹主义都与先知穆罕默德的教诲相悖，伊斯兰意味着容忍与仁慈的道德；⑧禁止任何穆斯林发动战争，最崇高的"圣战"（jihad）是努力克制自己、超越自我，以达到最好的道德水准，任何自认为是"圣战分子"者都是对"圣战"的篡夺。这些训诫与忠告针对的都是法国社会对少数穆斯林的批评，也正是因为这些内容，该宣言在法国社会赢得了积极评价。参考资料：Institut Musulman de la Grande Mosquée de Paris, « Proclamation de l'Islam en France », https：//www.mosquéedeparis.net/wp-content/uploads/2017/03/Proclamation-IFR-par-la-Mosquée-de-Paris.pdf。

三重表征，也代表着三种症结，它们的综合影响致使法国社会陷入了一种结构性困局。而且，每一种症结都最终指向当代法国社会所面临的认同危机，涉及社会与制度、民族与国家等多个层面，也成为我们观察当代欧洲社会乃至整个西方社会转型的一个窗口。

民生问题反映的不仅是人的生存境遇，更是一个国家社会生态的基本状况，及其诸多制度在应对社会现代性变迁方面的适应能力。法国社会民生问题日益严重的背后，隐藏着贫富差距日益拉大、社会不平等愈加严重、"不稳定"的生存状况持续加剧等问题，重重困境的叠加与交织，消解了社会稳定的基础，也逐渐腐蚀了民众对法国的社会认同与制度认同。这表现为一种制度危机，也反映出法国的政治、经济与社会制度在应对社会现代性变迁方面明显乏力。

移民问题所导致的民族问题日益复杂，早已逾越了法国"共和模式"所能把控的边界。"共和模式"强调移民对法兰西民族的单一认同，但他们作为法兰西民族成员的主体性地位却是缺失的，与其作为法兰西共和国公民的身份也不相称。这种民族主体性地位的缺失从根本上反映了少数族裔群体没有得到真正"承认"的事实。法国奉行的共和主义并没有充分接纳文化多元的社会现实①，这实则是对"共和模式"的一种背离。法国社会中针对少数族裔的某些歧视性排斥强化了他们对其出身民族的认同，以求自我保护，两股力量或明或暗的对抗使得法国多元的社会生态日益复杂。

宗教问题集中呈现了世俗主义价值观在当代法国所面临的严峻挑战。世俗主义作为法兰西共和国的一种价值原则，尽管有历史传统的依托，有国家法律的支撑，却未能在基本含义的层面上形成广泛的社会共识。

---

① 学者卡莱尔·莱伊瓦（Karel Leyva）认为，从对待文化多元主义的态度来看，法国存在三种不同的共和主义：一是传统的共和主义（républicanisme traditionnel），其支持者经常批评跟文化与宗教特殊性诉求有关的文化多样性的表达，还排斥文化多元主义，批评伊斯兰教，并将之与犯罪关联起来。二是现代化的传统主义（républicanisme modernisé），其支持者担心文化多元主义会带来身份认同不一致的问题，但认为鼓励文化特殊性并不会立即或必然导致社群主义，国家应该在民族的层面上确保人的文化权利。三是文化多元主义的共和主义（républicanisme multiculturel），其支持者将之视作当代法国可实现的融入模式。Karel Leyva, « Multiculturalisme et laïcité en France: les trois républicanismes du Rapport Stasi », *Dialogue*, Volume 54, Issue 4, December 2015.

这就为诸多宗教派别（尤其是伊斯兰教）与世俗主义的社会制度进行政治较量预留了空间，不同的宗教力量争相试图重新阐释世俗主义原则，以在政教分离的现实中赢得有利于宗教的空间，而这样的努力实则是对法国既有世俗主义传统的一种侵蚀。如何用世俗主义原则重新规训当代法国社会多元的宗教实践，保护世俗的国家制度与公共领域不受宗教干涉，而又切实保护好宗教信仰自由，是法国现代性发展中必须面对的一个严肃议题。

第二章

公共文化服务与社会治理[*]

导读

　　公共文化服务是理解当代民族国家社会治理的重要维度，蕴含着一个国家投射到社会与文化领域内的价值诉求。在重视文化立国的法国，其公共文化服务实践折射出一系列具有"治理"属性的价值诉求，比如强调国家责任和公共介入、开展多维度公民教育、推动行政管理去中心化与地方分权、借助契约管理促进多领域协作、谋求社会的自我治理等，它们是理解当代法国社会治理、公共文化服务体系建设及其人文关怀的重要窗口。

---

[*] 本章核心内容曾以《社会治理视域下的法国公共文化服务》为题，发表于《学术论坛》2016年第11期。

公共文化服务实践蕴含着一个国家社会人文建设的基本理念及其价值诉求，反映出它在社会变迁过程中对于一系列社会问题的认知与应对，是理解一个国家社会治理的重要维度。公共文化服务中的价值投射在不同国家各有做法，其侧重点或着力点亦有不同。在向来重视文化立国的法国，公共文化服务与社会治理表现为相互交叉、同构的两个领域：公共文化服务作为社会治理的实践场域，既表现出特有的"治理"属性，也成为社会治理体系的有机组成部分，而社会治理也为公共文化服务实践探索了制度框架与运作机制，其诸多理念与经验值得中国借鉴。

一 公共文化服务与社会治理

文化及其实践向来被赋予特定的功能性期待，以"直接或间接满足人类需要"[①]，并在不同的社会情境中以特定的方式被工具化。在民族国家的框架下，公共文化的概念更是突出了来自国家的政治与社会层面的功能性需求。与社会公共生活密切关联的公共文化服务普遍成为当代众多民族国家社会建设所必不可少的政策工具，在其社会治理的话语体系中更是被投射了不可或缺的价值目标。

公共文化服务关涉到一个国家的文化事业建设、身份认同培育、公民权利保障、人文价值导向等，也涉及文化与公共资源的整合与分配、制度与体系建设等，同时还是社会诸多关系建构的一个场域，不断整合政府、企业、社会与公民个体之间的互动关系。因此，公共文化服务是社会治理的一个特殊范畴，不仅是社会治理的基本内容之一，也表现为社会治理的凭借与手段。

自"治理"理念兴起之时，其实践就内含着很强烈的价值属性，比如强调现代化、制度变革等。[②] 学界普遍认可的治理理念强调和突出了在

---

① ［英］马林诺夫斯基：《文化论》，费孝通译，华夏出版社2002年版，第15页。
② ［法］让-皮埃尔·戈丹：《何谓治理》，钟震宇译，社会科学文献出版社2010年版，第78页。

公共事务实践中公共部门、私有部门、社团组织与公民个体之间的协调、合作,并将之视为一个持续互动的过程。① 在法国学者让－皮埃尔·戈丹(Jean-Pierre Gaudin)的理解中,治理理念中最为核心的是被赋予其中的跟统治、管理等不一样的关怀与价值诉求,现代社会中治理的意义更多地表现在道德层面,是对责任感的呼唤。② 考察法国的公共文化服务实践,我们可以了解到上述四大行动主体是如何在公共文化服务领域内协调与合作的,同时也能够理解到其公共文化服务实践作为一种社会治理行动被赋予了怎样的价值期待,这些具有道德意义的价值诉求在当代法国社会又具有怎样的现实意义。

二 强调国家责任与公共介入

长久以来,在法国人的普遍观念中,国家一直被作为超越个人利益总和的集体利益之监护者和保障者。③ 这种价值取向成为国家在文化事业与公共服务中坚持国家责任的政治基础。

公共文化服务的国家责任意识强化了法国在此领域内强调公共投入的制度建设。早在19世纪末,法国就出现了一个学派专门关注公共服务问题,其主要奠基人莱昂·狄骥(Léon Duguit)明确表述了国家对于公共服务的责任,认为"国家要保证公共服务,由诸多层级的政府来组织和监督",不但公共服务是由公共部门提供的所有服务的集合,而且国家本身就是诸多公共服务的集合。④ 公共文化服务在法国具有悠久的历史传统,早在法兰西第三共和国时期(1870—1940),法国就已经在公共文化

---

① The Commission on Global Governance, *Our Global Neighborhood: The Report of the Commission on Global Governance*, Oxford University Press, 1995, pp. 2 - 3.

② [法]让－皮埃尔·戈丹:《何谓治理》,钟震宇译,社会科学文献出版社2010年版,第14—15、74—75页。

③ 同上书,第28页。

④ 转引自 Norbert Foulquier et Frédéric Rolin, « Constitution et service public », *Nouveaux Cahiers du Conseil constitutionnel*, n° 37, Dossier: Le Conseil constitutionnel et le droit administratif, octobre 2012. 原文表述参见 Léon Duguit, *Traité de droit constitutionnel*, Paris: De Boccard, 3e éd., 1928, t. 2, p. 59.

服务方面做了大量的基础设施建设。1959年，法国最早在中央政府设立了文化部，统筹文化事业发展，以面向所有公民进行文化普及，实现文化民主。

法国的公共文化服务强调文化平等，以使具有类似社会境遇者拥有同等的参与和享受文化的平等权利。在现实生活中，民众接受公共文化服务的情况差异非常复杂，不同地区、不同社会群体之间的均衡难以实现。这一现状也决定了法国在文化事业发展方面持续强调国家责任，将之视作公共文化服务的主要资助者，并努力保证公共财政的投入，且倚重公共部门开展文化行动。综合历年数据来看，国家对文化事业发展的公共投入基本上每年均保持在中央政府财政预算的1%以上，大约占文化事业总投入的1/4，其余大部分投入则主要来自各级地方政府，另有一小部分来是社会各界的捐助。①

如今，文化从总体上构成了一个全面的发展领域，既涉及社会层面，又涵盖到经济层面，这在法国已成为被广泛共享的社会发展理念。因此，国家作为保证公民参与文化生活的第一责任人，需要通过公共介入来扫除公民文化参与中的诸多障碍，不管是地理方面的，还是经济或社会层面的，都是其文化政策要纠正的，以保证平等。② 在法国，文化事务并非仅是文化部门的事情，中央政府各个部门均担负着在不同领域内发展文化事业的责任，这既是法国追求发展广义文化事业的定位使然，也是其强调文化事务中国家责任与公共介入的表现。据法国政府统计数据，2015年法国文化部的预算经费为34亿欧元，而其他政府部门文化事业预算经费为37亿欧元。③

法国的公共文化服务一直强调回应广泛的社会需求，以充分影响到社会各阶层，尤其注意到公共文化服务在个体层面的不同需求。为此，公立文化机构会在其有偿的公共文化服务中注意到性价比的问题，注意

---

① Pierre Moulinier, *Les politiques publiques de la culture en France*, Paris: Presses Universitaires de France, 2013, pp. 50 – 65.

② Anne Chiffert, Robert Lecat et Philippe Reliquet, « La Rénovation des instruments juridiques des services publics culturels locaux », Ministère de la Culture et de la Communication, février 1999.

③ Ministère de la Culture et de la Communication, *Chiffres clés, statistiques de la culture et de la communication* 2015, Ministère de la Culture-DEPS, 2015, p. 68.

采取施行弹性的价格机制，或拓展免费服务的范围、发放相应的津贴补助等，以充分考虑到民众的经济、社会、家庭与就业状况，以公共介入的方式进行调节，让民众（尤其是经济条件较差的社会群体）拥有更多的机会参与到公共文化活动中去，实现平等，纠正市场经济给公民享有文化权利所带来的不利影响。2015年6月公布的一项调查结果显示，49%的受访者认为公共文化服务应当面向所有人施行免费机制，同时有25%的人认为免费机制应当倾向于某些社会群体，其中低收入群体排在首位。①

国家履行发展公共文化服务事业的责任还体现在通过减免税收的政策，鼓励企业和个人对文化事业发展进行捐助，吸引民间力量。从20世纪80年代开始，法国曾就此密集修法，逐步完善文化事业赞助制度（Mécénat）。2003年颁布的阿亚贡法（loi Aillagon）②又深入推进了这项制度的变革，不但加大了对企业和个人赞助文化事业的减税额度，还将享受减税优惠的时间延长至随后的5年内，同时也放宽了针对基金会的监管政策，并提升免税额度，促进了基金会的飞速发展。法国的各类基金会在文化遗产的传承与保护、维护法兰西民族文化特性、推动文化设施建设、丰富民众文化生活等方面发挥了重要作用，对于公共文化服务的介入比较广泛。尽管基金会在法律范畴内属于私有领域，但是法国的基金会总体上有1/3的财源来自公共部门，其中操作型基金会的资金则大约有70%来自公共部门。③这依然折射出公共部门对文化事业发展的支持。

从20世纪80年代开始，随着"公共文化服务"概念的明确，法国还大量建设专业性的文化机构，培育专业的文化工作者，以提升公共文化服务的质量，并积极修订法律，促进公共文化服务领域内法律体系的逐步完善。不过，目前并不存在一部总体性的文化法典。

---

① Olivier Donnat, *Les inégalités culturelles. Qu'en pensent les Français ?*, Collection « Culture études », Ministère de la Culture et de la Communication-DEPS, n°4, 2015.

② 详细内容可参阅法国政府官方资料：http：//www.associations.gouv.fr/IMG/pdf/mecenat_guide_juridique.pdf。

③ Ministère de la Culture et de la Communication, *Les dépenses culturelles des collectivités territoriales en* 2010 [CC - 2014 - 3], 2010.

从法国的公共文化服务实践中可以看到，国家在公共服务、文化事业发展等领域的治理中并没有回退，反而表现出能见度很高的参与性。国家与政府参与公共文化服务，并非是要突出其参与治理的权力或权威的存在，而是对于公共服务与文化事业发展的责任使然，是来自社会的期待与要求的结果，也是现代治理体系的结构性规训。

三　开展多维度的公民教育

培育公民的公共精神，是社会治理的一个重要方面，而公共文化服务强调文化影响人的渗透力与整合力，也就使之成为公共精神培育与社会人文环境建设的重要凭借。

通过文化活动，并以人文的方式全方位地开展公民教育，自19世纪末以来就已成为法国文化事业发展的实在目标之一。尤其是1959年建立文化部后，国家进一步明确了在公共文化事业中开展公民教育的政策导向。如今，公民教育在法国是一个具有广泛的社会能见度的概念，不但是官方政策文件与公共行动的重要概念，而且还是民间社会的集中共识之一，公民教育广泛地存在于社团组织的公益行动之中。

活跃在法国基层社会中丰富多彩的公共文化活动为我们呈现了公民教育在内容上异常丰富的图景，投射其中的价值导向指向于民族国家认同、公民意识塑造、人文精神培养、公共生活规范等多个层面。比如，有的活动旨在培育民众对于民族国家（政治制度、民族文化、社会发展等）的认同感与归属意识，培养他们作为国家公民的主体意识，让民众在生活实践中深刻理解和传承自己民族和国家所倡导的人文精神，体会社会制度建构与政策谋划背后的人文关怀；有的活动则要引导民众了解和认识文化多样性，学会尊重人文差异，并与不同族裔群体和睦共处，反对并抵制各种形式的歧视；有的意欲在广泛的社会层面上培育民众参与公共生活的意识，让他们了解公共生活的基本准则，学会"做社会中的人"；有的也意在培养社会契约精神，引导民众养成合作、团结与互助的意识，形塑公民的责任感；也有的则要培育民众积极的人生态度与符合公共生活期待的行为模式，使之形成良好的人格品性；同时，还有的则面向未来，让民众了解和培养符合当代社会发展趋势的人文理念与价值关怀等。

公共文化服务中的公民教育通常是与重要的社会议题密切关联的，特定时期内一些关键的社会议题往往会成为公共文化活动的主题。近些年来，危及社会安全的事件在法国时有发生，尤其是 2015 年接连出现严重的恐怖袭击事件，折射了法国社会矛盾的诸多形态，也恶化了社会内在的团结与凝聚力。为此，2016 年法国在基层社区公共文化事业发展中着重推进社会凝聚力建设，突出"一起生活""消除不平等""共和价值共享"（尤其面向青少年群体）等理念，并为此增加大量财政预算。①

综合来看，法国公共文化服务中的公民教育，既包括公民意识的培育，增强对民族国家的认同，又涉及作为现代社会人的知识习得与人格培养，引导民众养成作为社会人的意识，涵化一些重要的价值观念，有益于培育民众的公共意识与公共精神，形成公共的生活秩序与道德观念等，养成符合现代社会所要求的行为规范。这不但是国家在公民教育方面的价值导向，甚至可以说是国家意志在此领域内的体现。

四　推动行政管理去中心化与地方分权

在现代治理体系中，国家与政府的参与不再是以最高权威的身份出现，并没有决定一切的终极权力，原先以行政关系为基本框架的等级式管理不复存在。或者说，国家与政府不再是治理所必需的公共权威的唯一合法性来源。依照英国学者鲍勃·杰索普（Bob Jessop）的观点，国家与政府具有"元治理"（metagovernance）的角色，作为治理体系的设计者，它们要从制度与战略两个层面促进多元参与主体之间的协调，使社会的自组织安排得以实现。②与此相应，现代治理理念的核心是倡导国家

---

① Ministère de la Culture et de la Communication, *Projet de loi de finances* (2016), Septembre 2015.

② ［英］鲍勃·杰索普:《治理的兴起及其失败的风险：以经济发展为例的论述》，《国际社会科学杂志》1999 年第 1 期。

进行分权化和去中心化改革，让市场和社会组织等多元主体更多地参与公共事务。① 而早在治理理念兴起之前，法国在公共文化服务中所主张与践行的改革，正是如此思路。法国公共文化服务体系的建设，形成了一种多主体参与的结构，建立起更为积极的公民参与和社会参与机制，为其全面的社会治理积累了制度变革的经验。

　　文化部成立后，基于推进文化民主的目标，法国政府努力在文化领域内打破阶层特权，让平民百姓更多地接触到法兰西民族的文化遗产，并打破文化过于集中在巴黎的局面，让基层社会的民众受益，以实现巴黎与外省之间、城市与乡村之间、市区和郊区之间的平衡，保证公民文化权利的平等。中央政府逐步在全国各地建立了一些直属的公立文化机构，加强国家对于地方文化事务的介入，施行去中心化管理的同时，也由此向地方社会提供了更高水平的公共文化服务。如此实践恰是自 20 世纪 80 年代以来法国在社会改革中全面推行的行政管理去中心化（déconcentration）与地方分权（décentralisation），而公共文化服务建设在此领域内为法国的社会治理积累了经验。

　　从行政管理去中心化改革的角度来看，中央政府在各大区②层级上建立了大区文化事务局（DRAC），代表国家管理辖区范围内的文化事务，很多重要的文化资源随之不断由巴黎向全国各地分散。到 1977 年时，法国在每一个大区都设立了文化事务局，1992 年又立法巩固其作为政府文化部地方派出机构的职能。大区文化事务局的职责是组织落实中央政府的文化发展行动，确保在各大区范围内文化发展事务的协调，并在所有公共文化服务领域内为诸多合作机构与地方政府提供咨询与专业技术服务。③

　　目前来看，除作为行政机关的大区文化事务局外，中央政府在地方

---

①　田凯、黄金：《国外治理理论研究：进程与争鸣》，《政治学理论》2015 年第 6 期。

②　1958 年宪法曾规定，法国的行政区划分为省和市镇两级。为便于制定和执行区域经济发展计划，协调较大区域内的经济活动，1960 年法国政府颁布法令，将全国划分为 21 个经济发展大区，后于 1970 年增至 22 个，每个大区辖 2—8 个省不等。1982 年 3 月颁布的地方分权法案，将大区确定为省以上的一级正式地方政府。

③　参见法国文化部网站：http://www.culturecommunication.gouv.fr/Regions，访问时间：2016 年 3 月 20 日。

社会设立的文化机构还包括既具有一定管理职能又担负发展文化产业职责的公立机构，以及驻扎地方但职责范围却又面向全国的文化机构（这些文化机构虽然身在地方，却肩负着国家层面的文化使命，其角色介于中央政府和地方政府之间）。[①] 这一制度体系亦折射出法国公共文化服务中无处不在的国家在场，是国家责任的体现。

地方分权让地方各级政府拥有了更多管理其自身文化事务的自主权力，有益于动员地方资源，国家也重视发展地方性项目，由此因地制宜的公共文化服务政策也就能够更好地落实在社区层面上。在行政管理去中心化的改革中，为加强地方公共文化服务，中央政府还会向散布在全国各地的重要的文化机构派驻专业技术人员（其中有人还担任文化事务方面的顾问），他们在机构合作（包括社团组织）方面拥有较大的决定权。由此，我们也可以看出，在行政管理去中心化与地方分权的治理理念中，法国的公共文化服务依然存在中央集权的特征，或许这是其"文化国家"的职责使然。

五 借助契约管理拓展多领域协作

法国公共文化服务的发展特别受益于社会契约精神所带来的积极影响。政府或相关公共部门基于公共文化服务的具体目标，签订合作协议或委托、资助合同等，交由公立或私立文化机构（如图书馆、博物馆、剧院等）与社团组织（如青少年与文化之家、文化之家、社区之家等）具体开展文化活动。由此一来，一方面这些机构或社团组织被明确赋予提供公共文化服务的使命，并从政府或公共部门那里获得了稳定的财政来源；另一方面国家或地方政府则可以借此契约关系，通过目标管理的形式，对公共文化服务进行监管。

契约管理是法国公共文化服务体系中最为基本的制度框架，其间蕴含的契约精神成为民间社会与国家互动的价值纽带，并时时传递给

---

① 参阅法国文化部网站：www.culturecommunication.gouv.fr/Ministere/Etablissements-et-services-deconcentres，访问时间：2016 年 3 月 20 日。

公共文化活动的组织者与参与者。正是这种契约精神及其实践，使得公共文化服务中的国家责任找到了合适的落实渠道，成为协调政府与社会合作、动员民间力量的重要机制，也是促进不同社会领域之间有机团结的重要方式。公共文化服务中的契约管理，在一定程度上保证了公共文化服务的持续发展，并促进了国家框架下社会的自我组织与治理的延续。

（一）公共津贴

公共津贴（subvention）制度是法国公共文化服务体系中最能代表契约精神的一种制度框架。它广泛地存在于社会领域的各个范畴，并不仅仅局限于公共文化服务。简而言之，它是由政府或公共部门着眼于对公益活动的资助而直接或间接发放的经济补助，其资助对象可以是公立机构、社团组织，甚至也可以是公民个体或企业。换句话说，这也是国家面向公立机构与民间社会购买公共服务的举措，实际上就是公共投入的一种具体方式。通过这样的津贴制度，政府与相关文化机构达成了公共文化服务的契约协作机制。2015 年，法国文化部预算经费中约有 1/3 以津贴形式划拨给 70 家文化机构，其中有一半集中拨给了国家图书馆、科学世界、巴黎国家歌剧院、罗浮宫、蓬皮杜艺术中心等 5 家机构，它们是法国高层次公共文化服务的主要提供者。[①]

法国中央政府、地方政府或相关公共部门每年都会拿出一定的经费预算，鼓励社会各界根据各自需求，着眼于一定的公益目标申请公共资助。这体现为一种具体的治理策略——以公共津贴作为杠杆，着眼于不同的区域、领域与主题的发展，有所侧重地支持某些公共文化服务实践，以便将国家与政府在社会与文化领域内的发展规划与政策目标跟地方实际结合起来，以灵活的方式适应基层社会的需求。在这样的契约协作中，存在着权利意识、责任意识、服务意识、创新意识等诸多价值诉求的结合，其基本载体便是契约管理机制下多主体参与的公共文化服务实践。

---

① Ministère de la Culture et de la Communication, *Chiffres clés, statistiques de la culture et de la communication* 2015, Ministère de la Culture-DEPS, 2015, p. 68.

(二) 地方文化发展协议

除公共津贴制度外,在中央政府与地方政府之间,还建有以地方文化发展协议 (Convention territoriale de développement culturel) 为纽带的契约管理制度。在此类协议中,各地方政府根据自己的实际情况,制定具体的行动方案,规划相关项目,在辖区范围内落实国家的文化政策与目标。国家在此框架下给予相应的人力、技术与财政支持。合作模式会在不同地方之间有差别,具体情况则在双方签订的协议中予以呈现。2010年,法国在全国范围内启动了一项阅读工程,以期建设有益于全民阅读的支持网络(尤其是在乡村地区)。该项目特别强调基层图书馆的文化服务,组织开展数字阅读、作家驻访、社区阅读联动等活动,促进全民阅读;尤其关注很少有机会阅读的社会群体,比如文盲、乡村社区居民、残障人士、老年人、行动受到监视的群体等,当然还包括青少年、在校学生等。这些合同基本上是与不同层级、类别的地方合作机构签署的,考虑到了不同地方的具体情况。以 2015 年为例,有 40% 的合同是中央政府直接与城镇间合作共同体签订的,35% 是与省级议会签订的,11% 是与地方市镇签订的。[①]

(三) 公民结社

在基层社会的公共文化服务中,有些活动是面向所有民众免费开放的,有些则需要付费,尤其以注册成为某个文化机构或社团组织的会员最为常见。在这样以结社为主要形式的文化参与中,依然存在对社会的自我治理产生积极意义的契约精神。由此,文化机构或社团组织有义务为其会员提供优质的文化服务、满足其需求,同时在接受公共津贴资助的情况下,还要完成公共资助部门的目标要求,而作为会员的普通民众也有权利向这些机构或社团提出要求和期望,将自己的意愿投射到文化

---

① Ministère de la Culture et de la Communication, *Projet de loi de finances* (2016), Septembre 2015.

活动的组织中。

在田野调查中我们发现，社团组织的文化活动，以及施行会员制的文化机构，其运转在很大程度上是依赖于会员的志愿服务的。他们的志愿参与既保证了文化机构或社团组织文化服务的落实，更是个体参与社会生活、以结社作为主要平台实现社会自我组织与治理的重要形式。在以文化实践为中心的社会自我组织与治理中，不同文化机构或社团组织致力奉献的文化活动，以及民众的参与，对作为公民的个体的意识与精神、理性与实践等方面的形塑作用是非常深刻的。

契约精神是民族国家框架下公民的基本素养，也是社会公共事务运转的基本要求，更是社会治理的重要凭借。如卢梭所言，社会契约具有道德约束力。[①] 法国在公共文化服务中所缔结的诸多契约关系也凭借其道德约束力来维持多主体之间的协作，它既可作用于国家，又可作用于社会，表现出较为稳固的治理力量。

六　倚重社团组织实现社会的自我治理

文化类社团组织在推进社会自我治理的实现方面发挥着不可替代的作用。作为最"接地气"、最具民间色彩、由民众自愿结成的非营利性社会组织，社团组织是法国公民个体与国家、政府和社会进行互动的重要中介，反过来也成为国家与政府推进社会治理的重要依托。正因如此，社团组织在公共文化服务中具有持续的动员力量。活跃在法国基层社会中的文化类社团组织拥有不同的形式，比如社会/文化中心、文化之家、青少年与文化之家、地方遗产保护协会、表演艺术促进会等。目前，全法国大约有26.7万家以文化事业为主要使命的社团组织，同时有470万名志愿者活跃其间，平均每年增长9%，他们在公共文化服务领域内所做的工作相当于18.9万个全职雇员的工作量[②]，提供的志愿服务具有难以

---

① 卢梭：《社会契约论》，商务印书馆2003年版，第18—22页。

② Ministère de la Culture et de la Communication, *Chiffres clés, statistiques de la culture et de la communication* 2015, Ministère de la Culture-DEPS, 2015, p. 36.

估量的社会价值。

　　社团组织是法国社区公共文化服务体系中重要的参与主体之一，是连接国家、政府、公立机构与公民个体之间的关键一环。有些公共文化活动是由社团组织倡议发起并组织实施的，它们充分表达了来自民间社会的意愿，回应了公民个体或群体的某些需求，更有益于实现社会的自我治理；另有些则是政府或相关公立机构委托给社团组织来具体实施的，它们承载着委托机构对于应对某些现实需求的关怀，借助于社团组织的"亲民"实践，推动社会问题的解决，实现社会自我主导的治理。

　　在法国，致力于公共文化服务的大型社团组织多是得到公共津贴资助的，且有可能同时从市镇、省、大区、中央政府等不同层面的政府部门或议会那里获得多项资助。有些社团组织因为历史悠久、经验丰富、资质高强等，成为政府长期稳定的合作伙伴，在申请公共津贴时拥有优先权。

　　为推进社会自我治理的实现，近些年来法国特别强调通过公共文化活动增强社区层面的社会凝聚力（cohésion sociale），并重视公共文化服务中"邻近"（proximité）的观念，借以强调公共文化服务要与公民的实际需求相接近，也进一步揭示出社会凝聚力建设成为当代法国社会治理中重要命题的基本事实。① 在田野调查中，我们了解到，着眼于上述目标，社区公共文化服务特别重视以下议题：帮助特殊群体（经济状况较差、身体残疾、生病、受到监禁等）能够且更好地参与文化活动；拓展、加强并持续提供多种优秀的文化服务；促进文化多样性的发展，促进不同社会群体之间的跨文化对话；增进不同社会行动者之间的合作，培训社会与文化工作者；还尤其注意应对社会碎片化、社会团结断裂、外来人口与受排斥群体的社会融入，以及失业、贫困与不平等等问题。鉴于此，政府发放的公共津贴优先资助面向"问题少年"及其家庭、残障人士、失业人员、少数族裔等群体的文化活动，同时还优先资助有助于提升文化多样性价值与促进文化间对话的项目、旨在消除社会排斥与贫困的项目、有助于增强社会与文化工作者能力的培训项目等。

---

① Charlène Arnaud, « Manager les territoires dans la proximité : approche fonctionnelle des événements culturels », *Revue d'Économie Régionale & Urbaine*, 3/2014（octobre）, pp. 413–442.

现代治理体系的协调与运转需要权威，但这个权威并非一定来自国家或政府。在法国的公共文化服务实践中，我们看到的是，在公共文化活动内容的设定、安排与组织过程中，社团组织具有更强的专业性权威。社团组织比国家和政府更了解社会自身的多样需求，更能找得为社区民众提供文化服务的合宜方式，其活动实践本身更具有"在地化"的属性。

政府（包括公共部门）与社团组织之间的合作不但使双方在合作中获得了更多的信息，了解公共文化服务中民众的实际需求，获得更多的资源，更重要的是在强调治理的当代语境中，还让双方从不同的角度在其社会行动中获得了合法性。对于社团组织而言，得到公共资助，或者说是作为政府购买服务的承担者，使之介入公共服务的行动具有了法律层面的合法性；对于政府（包括公共部门）来说，得到社团组织的合作支持，则夯实了其诸多行动的社会基础，使之加强了民意层面的合法性。在治理语境下，社团组织与公共部门的合作，形成了一种新的权威。

七 结语：作为社会治理实践的公共文化服务

法国的公共文化服务呈现出多层次、多中心的协同供应模式，同时也表现为动员、调配和利用社会资本的治理过程。可以说，公共文化服务与社会治理是相互同构的两个领域。一方面，法国在当代社会治理中所谋求的诸多理念以不同的方式投射到公共文化服务的制度建设与实践中，以期公共文化服务更好地回应社会需求；另一方面，公共文化服务实践作为试验场域，表现为一个多层次治理体系，在满足民众文化需求的同时，也推进了价值观念的社会共享，为社会治理提供了观念、习俗、规则、社团组织等方面的条件，为更大范围内的社会治理提供了经验。

英国学者斯托克强调治理过程中所存在的"主体或权力中心"的多元化，它对传统的国家和政府权威提出了挑战，使得政府不再是国家唯一的权力中心。① 但是，国家和政府不再是唯一的权威，并不意味着其主导角色的消失。在其公共文化服务实践中，法国一直强调国家责任与公共介入，推进制度变革、提供财政支持、倡导多方协作，虽不断调整国家在社会治理中的边界，却始终没有推动其主导力量。没有国家与政府的主导性参与，多元治理结构中的多中心协调与有机团结则难以实现，社会也难以形成有序的自我治理。

社会契约制度是法国公共文化服务实践中带动多方协作和公民参与的核心机制。在此框架下，原先自上而下的监管关系被新型的、更为平等的合作关系所取代，公共部门与代表民间社会的社团组织成为重要的参与主体，突出了协作治理的特征，这种模式实际上是一种"共同制造"，促进了治理网络的形成。

---

① ［英］格里·斯托克：《作为理论的治理：五个论点》，华夏风译，《国外社会科学》1999年第2期。

思潮与运动

「道德立法」的背景与变革

「黑夜站立」运动及其社会背景

第三章

"黑夜站立"运动及其社会背景[*]

导读

  "黑夜站立"运动虽兴起于 2016 年春天法国民众反对劳动法改革的大规模抗议活动,但本质上却是一场全面针对法国现行不合理制度的抵抗运动,参与者强烈批判当代法国社会所面临的种种问题,集体反思其原因,并试图推动制度变革。作为一场自发的社会运动,"黑夜站立"也遭受了很多尖锐的批评。作为一场自发形成、自觉反思西方国家政治、经济、社会等诸多制度的运动,"黑夜站立"之所以一度产生广泛影响,有其深刻的社会原因,其遗产价值不容忽视。

---

[*] 本章相关内容曾发表于以下两篇文章:《法国"黑夜站立"运动及其社会背景》,《当代世界》2016 年第 6 期;《法国"黑夜站立"运动观察与分析》,载黄平、周弘、程卫东主编《欧洲发展报告(2016~2017)》,社会科学文献出版社 2017 年版。

2016年3月31日，被冠以"黑夜站立"（Nuit debout）之名的社会运动首先在巴黎登场，后又迅速遍及法国各地，其影响甚至很快走出国门，在邻国和欧洲以外的西方国家先后出现了不同版本的"黑夜站立"，受到世界的广泛关注。

作为一场由抗议劳动法改革的大规模示威游行演变而来的公共集会、辩论活动，"黑夜站立"运动不仅拒绝政府推出的劳动法修订案、谴责政府无力保障民众就业，还在更广泛的层面上引导民众反思当前的国家困局，直指诸多社会问题背后所潜伏的危机。参与民众不但要求政府收回劳动法改革的议案，还呼吁要废除和颠覆法国现有的不合理制度，创建新体系。工会组织与青年人的反对尤为激烈，其罢工、示威游行等接连不断，且规模前所未有。

为了给政府施压，众多工会与青年学生组织按照立法进程中重要的时间节点，数次发动全国范围内的大规模罢工与抗议示威活动。面对激烈的街头抗议，政府坚持立场，誓要修法，但也在对话商讨的基础上，对最有争议的涉及员工解雇等方面的条款进行了修改。同时，也凭借宪法赋予总理的权力强制推进立法进程。劳动法修改案文本最终于2016年7月21日在议会得以通过。

如今，"黑夜站立"运动早已偃旗息鼓，虽然很多批评认为它实为一场闹剧，但这场运动所引发的针对当代法国社会所面临的制度性危机的反思却深刻地影响了法国。探讨这场运动及其所处的社会背景，有助于深入理解当代法国乃至整个西方社会局势的时代变化。

一　起源

2016年2月，法国政府迫于经济形势，推出一项劳动法修改草案，旨在"为企业和在职劳工创设新的自由与保护制度"①，借以提振经济、促进就业。草案一出，随即遭到全社会的强烈抗议。其中有关增加法定工作时间、赋予雇主更多用工自主权等方面的条款被指严重损害了劳工权益。尽管曾经令法国人引以为豪的每周35小时工作制早已在法律上有所松动，但已经习惯了工作时间少的法国民众不能容忍政府继续延长法定劳动时间，而且更不能接受法律赋予企业自行裁定加班费支付额度的规定。

同时，草案还允许企业在经济困难时期或技术更新换代的情况下无偿辞退员工，也削弱了劳资调解委员会为被辞退员工争取补偿金的权利，并施行补偿金封顶制度。② 但凡在劳动制度方面法律向企业倾斜，法国人都是不能接受的，何况上述规定赋予企业更多的自由辞退员工的权利，改革幅度甚大。愤怒的民众普遍认定，这项改革意味着劳工权益的历史性大倒退，并呼吁社会各界共同反击；而理性一些的批评则认为，草案在增加就业灵活性与保护民众就业安全之间没有达到平衡。赞同修改草案的多为右派人士，反对的声音则主要来自左派。实际上，诸多民意调查结果显示，大部分民众支持政府修改劳动法，但近3/4的人反对政府公布的具体方案。

在劳动法修改草案推出后不久，自3月初开始，法国就出现了多次全国性的大规模罢工与示威游行，要求政府收回劳动法改革议案。3月31日，在当天的示威游行结束后，一部分人留在巴黎的共和国广场，继续给政府施压。他们在广场上发表演说，引导大家公开辩论，讨论斗争形势，反思社会局势，直至深夜。"黑夜站立"运动由此得名。此后，巴黎共和国广场就成了"黑夜站立"运动的主要阵地。被动员起来的民众每晚聚集到广场上参加辩论，表达见解，由此形成了一股对法国政治、经济与社会制度的批判浪潮。很快，"黑夜站立"的影响迅速扩展到法国外省的70多个城市，以及德国、比利时、荷兰、卢森堡、葡萄牙、西班牙

---

① Assemblée nationale de France, http://www.assemblee-nationale.fr/14/projets/pl3600.asp, 访问时间：2016年12月20日。

② «Le Vrai/Faux du Gouvernement sur la #LoiTravail»; http://www.gouvernement.fr/le-vrai-faux-du-gouvernement-sur-la-loitravail-3850, consulté le 20 mai 2016.

等邻国和欧洲以外的加拿大等国,不同国家的民众纷纷呼吁要反思各国现行制度中的种种弊端。

"黑夜站立"运动宣称不接受任何组织领导,特别强调真正的民主决策,施行去中心化的组织机制,没有领导人,不设发言人,所有决定均由全体会议来做出。不过,自兴起之初,部分社团组织的成员就以志愿者身份成为"黑夜站立"运动组织工作的主力军,他们以"联合斗争"(Convergence des Luttes)① 为中心聚集在一起。"联合斗争"是受到左翼报刊《魔术师》(*Fakir*)及其创作的电影纪录片《谢谢老板!》(*Merci Patron!*)② 的鼓励而自发形成的非正式团体组织,极力批判政府的施政举措,指责其不断缩减民众权益,并服务于雇主阶层的利益。

法国的政治民主机制向来被很多人批评为并非真正的民主,民众的声音与意愿无法真正地体现在国家的决策机制中。为此,"黑夜站立"运动尝试创立了一种与传统的政治民主不同的模式,采取直接参与的民主形式,以实现"真正的民主"。他们设立多个委员会协调各项事宜,但每个委员会都没有主席职位,亦没有发言人,诸多决定由各方集体讨论同意后做出。③

"黑夜站立"运动虽然施行"直接参与式民主",不采用传统的政治机制,但也有一个由15人组成的核心领导团队,包括《魔术师》的工作人员、企业员工、工会积极分子、社团组织代表和青年学生代表等,他们还成立了一些委员会,分别负责行动、交流、后勤、接待、秩序、医

---

① "联合斗争"的"官方"网站为http://convergencedesluttes.fr/。

② 电影《谢谢老板!》是由《魔术师》创建人弗朗索瓦·吕芬(François Ruffin)执导的,影片讲述了一对夫妇在记者的支持下,从全球最大奢侈品企业路易威登集团(LVMH)大老板那里争取失业补偿金的故事。这对夫妇曾经在该集团旗下的一家生产西装的工厂工作,后来这家工厂转移至劳动力成本更低的其他国家,二人被迫失业,整个家庭由此变得穷困潦倒。电影于2016年初在法国上映后,引起广泛共鸣,为反对劳动法改革的抗议示威和"黑夜站立"运动酝酿了情绪,这也反映出法国民众对阶层对立的敏感。更重要的是,这是纪录片呈现的现实生活,而非艺术。

③ 为表示其批判与颠覆精神,"黑夜站立"运动还采用了新的日历方式,把4月1日称为3月32日、4月2日称为3月33日,以此类推,并将之称为"共和日历"。按照这样的方式,"黑夜站立"纪年每年从3月31日开始,止于3月395日。在法语中,表示3月的mars一词,也有"火星"之义,更是罗马神话中战祸"玛斯"的名字。独特的日历方式表达了参与者抗争的气势。

疗等工作。另外，按法国现行法律规定，作为自发的社会运动，"黑夜站立"并不具备占用公共广场的合法身份。在巴黎，使用共和国广场的资格是以某些工会或社团组织的名义向警察局提出申请的。

工会组织与青年人是"黑夜站立"运动的主力和先锋，前者在社会斗争方面拥有丰富的经验，后者则是遭受失业影响最为严重的群体，倡导反思法国现行制度的呼声最高。据社会学家现场调查的结果①，共和国广场上公开辩论的参与者来自各个阶层，大多为男性，政治立场基本偏左，他们虽以青年人为主，但年龄超过50岁者亦不在少数，而且60%以上接受过高等教育（法国全体人口中接受过高等教育者的比例仅为25%）。在众多参与者中，失业者约占20%，是全国平均失业率的2倍；工人或雇员阶层的比例为24%，有17%的人是政党党员，22%是工会会员，50%以上是社团组织成员。

跟工会组织的罢工与示威游行一样，"黑夜站立"运动中的辩论活动大多是分行业组织的。"黑夜站立"兴起不久，法国便出现了各种各样的"站立"运动，比如"教育站立""图书馆站立""电视站立""电台站立"等，它们分别聚焦不同行业的问题，并提出政策改革意向。"站立"二字不仅表示民众在户外辩论，还寓意希望法国实施政策革新，振兴各行业发展。"黑夜站立"运动力求推动废除和颠覆法国现行不合理制度，如此目标鼓舞了众多参与者。法国社会学家弗雷德里克·劳尔冬（Frédéric Lordon）多次应邀发表演讲称，面对政府的强硬态度，要"把灾难展示给他们看"。② 此后，他又在多次演讲中提到，"黑夜站立"运动应当是一场"罢黜"运动，目标是废除不合理制度，创建新体系。

除了"占领"公共场所组织抗议、辩论活动外，"黑夜站立"运动也通过传统媒体和网络等进行社会动员，是一场线下与线上相结合的社会运动。"黑夜站立"的参与者广泛地利用脸书、推特、自建网站③、报纸

---

① Stéphane Baciocchi et al., « Qui vient à Nuit debout ? Des sociologues répondent », http://reporterre.net/Qui-vient-a-Nuit-debout-Des-sociologues-repondent, consulté le 20 septembre 2016.

② « Première nuit debout. A Paris, 4000 personnes au plus fort de l'obscurité... », http://www.revolutionpermanente.fr/Premiere-nuit-debout-A-Paris-4000-personnes-au-plus-fort-de-l-obscurite, consulté le 20 septembre 2016.

③ "黑夜站立"运动的"官方"网站为 https://nuitdebout.fr/。

杂志、印刷品、网络电台等各类自媒体,向社会发布他们的主张与诉求,传播活动安排的议程,同时还向社会征求辩论议题,并报道各地"黑夜站立"运动的进展等。有时候活动也会安排在私人场所。

"黑夜站立"运动将以示威游行为主要形式的抗议活动转变为以自由辩论为主要形式的集体讨论,民众的政治诉求也从单一的就事论事、表达不满转变为自觉的集体反思,这使它具有了重要的社会动员力量。参与者是想以一种替代性的方式酝酿一场社会变革,表达公民主体的政治意见,使之成为左右公共决策的基本力量。

二 诉求

"黑夜站立"运动持续期间,在众多的公民辩论中传递出来一些代表民意的一致性诉求,比如:要求国家实现全民就业,并且施行终身工资制;要求国家对高收入现象进行监管,以缩短贫富差距;主张摧毁金融资本主义经济,保障民生等。虽然有些要求看起来不切实际,但这种诉求与愿望却是折射民众生存状态的一面镜子。

引发民众强烈不满的劳动法修改案由当时执政的社会党提出,却被指比右翼政府更具有自由主义的倾向,背离了长久以来法国所形成的注重劳工权益保护的传统。在政府推出的劳动法修改草案中,有关裁员、工作时间、加班费等方面的条款被指严重损害了劳工权益。诸多改革意向潜在地令广大民众身处不稳定的就业状态,为之带来了强烈的不安全感,民众纷纷要求政府撤回法案。

反对劳动法改革是"黑夜站立"运动激烈批判当代法国社会的一个导火索。被广泛动员起来的民众从不同角度审视自己的人生境遇,爆发出对法国政治、经济与社会制度的不满。在共和国广场上象征法兰西共和国的玛丽安娜雕像旁,人们所辩论的议题从劳动法改革所涉及的工作时间、用工制度等,逐步延伸至难民潮与移民、政治制度、社会治理、金融经济、全球化、国家与民族认同、环境保护等领域,并集体反思法国社会为什么会陷入僵局,现有的政治、经济与社会制度能否提供解决出路等。在"黑夜站立"运动的活动现场,往往是激烈的控诉与批判。

现场通常悬挂着很多标语，比如"不屈服不公正的法律"，"不屈服就是解决方案"，"游戏结束，人民正在觉醒"，"年轻人困苦，老年人悲惨。这样的社会我们不要！"，"民主，你在哪里？"，等等。①

人们激烈批判社会福利不断缩水，贫富分化日益严重，越来越多的人处于不稳定的生活状态，越来越多的人走向贫困；批判社会阶层逐步固化，人们越来越经常遭受不平等待遇；指责政府无力遏制恐怖主义活动蔓延，社会安全局势日益恶化；反对施行国家紧急状态，反对制度不透明，反对警察暴力；批评国家奉行的经济政策越来越倾向于自由主义，政府无法在全球化的浪潮中保护法国的利益等。另外，诸多批评还涉及法国面临的难民与移民问题、国家与民族认同、环境保护等，引导人们一起反思法国为什么会陷入僵局，现有的政治、经济与社会制度能否提供出路，如何建构新的替代制度等。参与者希望法国当局能够倾听民众的声音与意愿，并在对话的基础上，将这些想法真正地体现在国家的决策中。鉴于政府的强硬态度，甚至有人喊出"必须以暴力来对抗政府"的声音，折射出社会中所潜伏的矛盾及其危机已至尖锐的程度。

还有批判指向法国的代议制民主制度，及其背后的政治操控。有声音呼吁，要"重造民主"，建立起真正的民主制度，切实落实直接民主与参与式民主，创建可以让人民说话、依照人民意愿表决的政治制度。有人指出，法国现有的政治制度并不能真正地代表民众利益，比如在577名国民议会议员中，仅高级公务人员的比例就达30%②，没有多少人能够真正地在议会中代表普通民众的利益。甚至，有人再次呼吁进行彻底的政治体制改革，建立"法兰西第六共和国"。他们提出，制度改革的目的是让法国社会变得"少一些残酷、少一些不公正、少一些压制、少一些不平等"，要借以保护社会中的弱势群体。

很多参与者把"黑夜站立"当作社会对话甚至是阶级斗争的一个平台，借以寻找他们所重视的社会团结。甚至有人将之与法国1968年的"五月风暴"、美国"占领华尔街"、西班牙"愤怒者"运动等相"媲美"。社会党时任第一书记让-克利斯朵夫·冈巴德利斯（Jean-Christo-

---

① 综合诸多新闻媒体的文字与图片报道。
② 《Ce que déplace Nuit debout》, *Vacarme*, 3/2016, n° 76, pp. 1–13.

phe Cambadélis）把这场运动看作"重新政治化的春天"①，希望法国民众能够重新对政治产生兴趣，重新参与到政治生活中来。时任总统奥朗德也公开支持年轻人参与这场运动，并将之视作其公民权利的表达。

在"黑夜站立"运动兴起之初，不少政治组织表示要接手其领导与组织工作，遭到断然拒绝。参与组织工作的志愿者明确表示，他们不信任传统政党组织，任何传统政党都不能代表他们的诉求，他们也不想跟西班牙"愤怒者"运动那样走向最终成立政党来继续社会斗争的老套路。②

面对政府较以往甚是强硬的态度，一部分愤怒的民众在游行、示威与公共辩论中，使用激烈甚至歧视性的言辞，付诸打、砸、烧以及攻击警察等破坏与暴力行为，还有工会组织设置路障、阻挡交通、封堵炼油厂等，严重影响社会秩序与公共安全。其中，有个别人员行为激进，引发广泛的社会不满。

"黑夜站立"运动的参与者并不是同质性的，来自不同的社会阶层，也各自抱有不同的诉求与目的。一些观察者指出，在巴黎共和国广场上，往往会出现群情激愤的场面，除了对阶级斗争、暴力革命等议题支持之外，似乎不允许发表任何不同观点。一些具有右翼倾向的人士则更是被当作敌人遭到驱逐。实际上，"黑夜站立"运动兴起之时，为了践行他们所倡导的民主，参与活动组织工作的志愿者特别强调，在公开辩论中大家有自由表达的权利，但拒绝种族歧视和煽动仇恨的言论，反对暴力与破坏行为。由于缺乏统筹协调的能力，这场运动并没有表现出一致的行动力，活动的组织者也无法阻止运动开展过程中出现的偏差。

根据民意调查机构 Odoxa 的一项调查，"黑夜站立"运动持续一个月后，民众对它的肯定性评价大幅走低，负面印象越来越多，到 4 月底时仅有 49% 的受访者对其抱有好感，较最初降低了 11 个百分点。"黑夜站立"运动的形象逐步走向负面，不仅呈现于主流媒体的报道，社交网络

---

① 沈孝泉：《法国版"占领华尔街"的多重意义》，中国网（http：//news. china. com. cn/world/2016 - 04/19/content_ 38272239. htm），访问时间：2016 年 12 月 20 日。

② Stéphane Baciocchi et al.，«Qui vient à Nuit debout ? Des sociologues répondent»，http：//reporterre. net/Qui-vient-a-Nuit-debout-Des-sociologues-repondent，consulté le 20 septembre 2016.

上也出现了很多以个体名义播报的负面见证。

三 背景

"黑夜站立"运动虽然起兴于偶然，但民众对劳动法改革的拒绝与对法国诸多制度的批判却非一时之兴，是长久以来法国所积累的严重问题使然。

（一）法国社会面临重重困境

2016年，法国面临着严重的失业问题。总体失业率为10%，青年人失业率则接近25%，有些地区和行业更高。畸高的失业率令青年人产生了严重的挫败感。而且，自社会党于2012年执政起，失业率依然连续上升，远没有实现控制失业问题的目标。

法国失业严重是一个结构性问题。受到全球化和金融资本等因素的多重影响，法国经济结构持续转型，一味追求利益最大化的资本在全球范围内配置资源，使得实体经济不断向海外转移，本土出现了产业空心化现象，很多行业或部门在法国消失，造成大量人员失业，留在国内的第三产业部门对劳动力的需求也不旺盛，且受全球经济局势的影响较大。

与此同时，法国在劳动就业方面的法律规定过于琐碎、严苛、复杂，限制了企业用工的灵活性；最低工资、社会分摊金、失业津贴等社会保障机制不时调整，持续提升企业的用工成本；强大的工会组织及其主导的劳资谈判虽然是保护劳工权益的积极因素，但它们往往会采取比较激烈、极端的方式先发制人地与企业互动，则给劳资双方的对话带来负面影响，打击企业的用工意愿。[1]

严重的失业问题动摇了法国的民生基础。近些年来，受到全球经济局势与欧债危机的影响，法国经济增长低缓，复苏乏力，企业雇工的意愿与需求持续不振，很多人失去了工作，生活境遇每况愈下。政府财政

---

[1] 张金岭：《法国就业政策改革及其治理》，《欧洲研究》2015年第1期。

收入本就逐年走低，债务增高，尽管施行财政紧缩政策，却因公共支出名目繁多，财政压力很大。在困境之中，社会福利不断缩水，令很多借此生存的家庭陷入生活困境。为使退休金能够正常运转起来，政府不得不谋划退休制度改革，延迟领取退休金的时间，令众多国民不满，也因阻碍了正常的代际更替而加重了青年人的就业压力。诸多因素相互关联，其连锁效应严重影响了法国的国计民生，甚至有些人开始不同程度地走向贫困。"黑夜站立"运动中有人要求国家实现全民就业、保障民生等，折射出民众对其生存状态的担忧。

近些年来，受到失业严重、退休制度改革、非法移民与难民不断涌入、恐怖袭击频繁发生等问题影响，法国社会生态发生很大变化，加之长久积聚的贫富分化严重、阶层固化、不平等与贫困现象突出、政治腐败严重等影响，民众积怨颇深，政府的施政改革面临重重困难，公信力日下，其合法性受到社会的广泛质疑，凸显出当代法国所面临的制度危机。

（二）国民对执政的社会党日渐失望

到 2016 年，执政 4 年的社会党不但没有解决好失业问题，其经济治理的策略也广受质疑。在过去 4 年间，失业人口增加 60 万人，经济增长一直处于疲软状态。更重要的是，政府在应对难民问题与恐怖主义袭击等问题上，未能拿出民众满意的举措，令多数民众对其所赋予的期望慢慢变成失望。

社会党的政策导向被指越来越偏离其作为左翼政党的价值理念，逐步朝着新自由主义的经济政策转向。实际上，在社会党及其所属的左翼阵营内部，存在改良主义的社会主义和国家主义的社会主义的重大分歧，这也导致了社会党难以推出切实有效的执政举措。[1] 有越来越多的人支持改良主义，接受市场、企业与竞争等理念，注重资本主义的经济发展理念，但也寻求限制资本主义，推崇建设"社会经济"，以保护弱势群体，关注社会公正问题。支持国家主义者则对私有部门持有戒心，

---

[1] Éditorial, «Les raisons d'une crise politique?», *Esprit*, 7/2016 (Juillet-Août), pp. 5–8.

强调国家对经济发展的干预，特别追求社会平等。这两派在道德与风尚问题上，都持有自由主义的观点，这也是同性婚姻能够在社会党执政初期得以合法化的一个重要原因。分析哪一种主张更加"社会主义"并不重要，重要的是左派如何能够提出有效措施，以应对当前的重重困境。"黑夜站立"运动所倡导的反思与批判，既直接威胁着社会党的执政稳定性，又对右翼政党的诸多主张提出批评，持续撕裂着法国现有的政治格局。

在执政党遭受非议的同时，国民阵线所鼓吹的民族主义，以及夹杂其中的排外主义、极端主义等思潮，深刻地影响了相当一部分民众。国民阵线在最近几年已经连续在数次政治选举中取得令人瞩目的成就，政治力量不断增强，深刻改变了法国的政治生态，同时也使得社会思潮表现出明显的右倾极端化倾向。

（三）金融资本体系致使法国困境积重难返

第二次世界大战结束后，社会福利制度的建立与完善被认为是法国工人阶层在阶级斗争中所取得的重大斗争成果之一。如今，社会福利实惠日益式微，人们的不满越来越大。但诸多舆论却将法国经济低迷、公共债务巨大等问题归咎于高福利政策，并一直主张以国家经济困难为由，要求政府削减福利。而实际上，这种见解只是金融资本体系推卸责任的一种策略。高福利并不是导致法国经济疲惫的主要原因，更不是令法国债台高筑的根源。

如今，越来越多的人意识到，让法国陷入困境的是由金融资本主导的新自由主义市场经济，并开始反思。在全球化的驱动下，金融资本体系已经完全掌控了法国的经济命脉，而且早在40多年前，法国就已经埋下了祸根。越来越多的人开始将批判的矛头指向新自由主义市场经济主导下的金融体系。

早在1973年法国颁布的《银行法》规定，禁止国家直接向中央银行贷款，国家必须向私人银行进行有息贷款。这就深刻改变了国家（政府）、中央银行与私人银行之间的关系，法国中央银行以较低利息借钱给私人银行，私人银行再以较高利率借钱给国家（政府），私人银行从中赚取无本之暴利。而基于经济社会发展的需要，政府不得不贷款，这就使得私人银行在中央银行与政府之间赚足了金钱，同时也使得政府债台高筑。看起来如此滑稽的制度改革，当初之所以能够立法通过，据说是为了限制政府以几乎等于零的利率向中央银行贷款，以免造成恶性通货膨胀。私人银行自从扮演了法国国家中央银行和国家本身（政府）的中间人角色之后，即凭空获得了法国国家每一笔贷款的一部分利息，而且这笔利息收入是免税的。更为重要的是，由于政府不得不向私人银行贷款，则逐渐地失去了对中央银行的实际控制权，特别是对货币投放量的控制权。恰如很多学者指出的，失去金融主权是今天法国背负巨额国债的根本原因。[1]

对于金融资本体系对当代法国经济与社会发展的巨大伤害，主流舆论不但"视而不见"，反而将目前的困境归咎于广大民众所依赖的社会福利制度，这种故意的本末倒置，加剧了法国社会各阶层之间的阶级矛盾。

四 反思

从激烈批判劳动法改革草案开始，"黑夜站立"运动逐渐引导民众对法国长期以来所深陷其中的社会困局进行反思。近些年来，引发社会动荡的事件在法国频频发生，既涉及失业与贫困、退休制度改革、社会福利保障等议题，也包括移民与难民问题、宗教与族群关系等，还包括曾经引起严重恐慌的系列恐怖袭击等，总体局势折射出国家目前的困顿局面。

高达25%的失业率令青年人产生了严重的挫败感，使之难以摆脱恶性循环的命运。有些人长期找不到稳定的工作，难以积累职场经验，而缺乏经验则妨碍了他们获得稳定的工作。青年人普遍接受过较高层次的教育，却难以自食其力，融入社会，更不用提什么实现自己的人生理想。由此，一部分人对国家、政府和社会的失望日益强烈，并转化为种种不

---

[1] 逸尘：《谁让法国丧失了金融主权》，《新民周刊》2014年第5期。

满与愤怒。

　　国家所处的困顿局面是法国社会生态发生重大变化的反映：不但失业问题严重，社会福利缩减、民众生活水平下降，而且贫富差距拉大，两极分化严重，阶层固化，不平等与贫困现象突出。与此同时，移民问题日益严重，族群矛盾突出，民族结构发生实质性变化。诸多因素使得社会失去了稳定的根基，民众的焦虑感、不安全感与日俱增。社会局势的持续恶化，击垮了国民的信心，民众呼吁政府进行改革，却似乎又失去了等待变革出现成效的耐心，抗议活动接连不断。

　　自由、平等、博爱是法兰西共和国的箴言，代表着法国的人文精神。可如今，一些法国人却深深地怀疑他们是否真正地拥有自由和平等，更是枉言博爱了。受自由资本主义经济实践的影响，所谓的自由仅仅是单向度的资本自由，"当社会大众的平等要求与垄断资本的自由原则相冲突时，大众的平等要求就必须绝对服从资本自由的制约和规范"①，由此普通民众的自由与平等越来越退缩至基本的政治与社会理想中，留存在观念里。在20世纪90年代以前存在的社会流动性早已不见踪影，社会阶层的固化让青年一代自感前途没有希望，两极分化与日益贫困成为很多人日常生活的常态。

　　在社会动荡、国家困顿的局势之下，法国的国民性格亦是导致社会矛盾不断积聚的原因所在。法国民众的批判精神不言而喻，但他们是否具有足够的开放与宽容精神呢？"黑夜站立"运动给了我们一个很好的观察窗口。媒体纷纷报出，一些右翼阵营的支持者想要参加"黑夜站立"运动的公开辩论，却遭到驱赶。由此，这场运动也受到更尖锐的批评。共和党籍国民议会议员埃里克·西奥蒂（Éric Ciotti）甚至公开指责参与者"在共和国广场上谴责歧视，夸谈人道主义、对话与新民主"，却露出了"仇恨和排斥异己的真面目"。② 这样的指责在一定程度上反映出法国民主观念的某种狭隘主义倾向。由此，所谓"民主"甚

---

　　① 祝念峰：《西式民主神话的破灭——"民主之春""黑夜站立"运动及其分析思考》，《红旗文稿》2016年第9期。
　　② 周文仪：《"黑夜"不仅仅"站立"法国新思潮运动面临暴力和失控问题》，《欧洲时报》网站（http://www.oushinet.com/news/europe/france/20160418/227724.html），访问时间：2016年4月25日。

至仅仅是社会群体争取私利的工具,难以成为在广泛的社会层面上达成共识的机制。在法国,左右两派向来势不两立,如若民众不具有足够的开放与宽容精神,要在社会上就一些棘手的社会问题达成共识则难上加难,政府、市场与社会之间也不会实现真正的合作,社会治理困难重重。

法国历来标榜自己是一个法治、民主的国家,可是在诸多抗议示威活动中经常出现的破坏与暴力行为,恰是对法律的藐视,甚至有人声称必须以暴力来反抗现有的法治秩序,重新建立法治。时任巴黎市长强烈谴责"黑夜站立"运动期间发生的破坏与暴力行为,认为向警方挑衅、打砸公物和私产的行为既挑战了巴黎的社会和谐,破坏了社会辩论的前提,也有损于运动本身的信誉。① 在这样一个有法不遵的时代,社会矛盾与危机达到了何种程度,可想而知。

近些年来,各行各业动辄就组织罢工游行,早已成为法国社会的常态,正常的社会秩序受到严重影响。因此,政府也不得不发出"保证最低公共服务"的无奈呼吁。国家与政府往往成为被民众集体绑架的对象,在群体性的权益诉求运动中,以牺牲公共利益为代价寻找最好的时机罢工或示威游行,增加与政府谈判的筹码,成为社会对话的基本形式。如此困局,在一定意义上讲,是其制度的纵容使然。法国正在变成一个缺乏公共精神,理性却又自私的社会,与其宣扬的人文精神背道而驰,这样一种社会团结的逻辑令人怀疑近些年来法国社会的人文建设潜藏危机。重新思考国家与社会、国家与公民的关系是法国面临的一个重要课题。

五 危机

面对种种困境,变革的呼声响彻整个法国社会。可是,如何变呢?没有人能够给出最好的答案。变革困难凸显了当代法国所面临的制度危机。

---

① 《巴黎"占领"共和国广场行动持续近三周引发争议》,中国新闻网(http://www.chinanews.com/gj/2016/04-19/7839472.shtml),访问时间:2016年4月25日。

全球化与金融资本在深刻改变法国经济与社会格局的同时，也深刻地改变了资本与政治之间的互动模式。与美国"占领华尔街"运动、西班牙"愤怒者"运动一样，"黑夜站立"运动也将批判的矛头指向由金融资本主导的新自由主义市场经济。如今，在全球化的驱动下，金融资本体系已经完全掌控了法国的经济命脉，逐步驱赶了实体经济，不但导致了大量民众失业，而且使得社会财富迅速向少数群体聚集，贫富差距越来越大。在资本经济的束缚下，政府出台的诸多政策大多数是在调和雇主与雇员之间的关系，是在劳资关系上做些修修补补之事，并没有真正地创造多少就业岗位，也不会带来实质性的变化。换句话说，解决就业这一民生问题的关键并不在于政府，但民众也只能迁怒于政府面对资本控制的无能，这种困局是其现行的政治、经济与社会制度所无力摆脱的。

与此同时，法国民众对其政治机制已经普遍失去了信心。近些年来，无论是总统选举、立法选举，还是市镇、省、大区等地方议会选举，总有大量选民不参加投票，这是他们对其政治制度不满的表达。"黑夜站立"运动的参与者大多认为没有任何一个传统政党能够代表他们的主张和诉求，也拒绝与任何政党合作。当"黑夜站立"运动在社会动员方面表现出强大力量之际，一些政党、工会与其他的政治性组织曾试图以各自组织的名义介入这场运动，均遭到参与者的拒绝，因为多数人并不希望这场运动朝向组建政党的方向发展。[①] 这种拒绝源自民众对于传统政党政治的不信任。与此相呼应的是，近些年来，在法国诸多传统政党内部，也出现了一些对于变革政治机制呼声很高的新生代力量，他们敢于突破传统的思维模式，善于创新政治机制，以不同的方式来审视法国社会所面临的问题，寻求突破。

很明显，在现有制度体系下，法国社会对话的机制是失败的。政府每每酝酿重大的政策改革，基本上都会遭到大规模的民众抗议，基本的公共服务因罢工而得不到保障，甚至发生严重的破坏与暴力事件，严重扰乱社会秩序，制造不稳定因素。在罢工、示威游行等活动中经常出现

---

① Stéphane Baciocchi et al.，«Qui vient à Nuit debout ? Des sociologues répondent»，http：//reporterre.net/Qui-vient-a-Nuit-debout-Des-sociologues-repondent，consulté le 20 septembre 2016.

的过激行为固然有当事人个体层面的因素，但我们从中看到的是民众对自己极度不满情绪的发泄，是政府缺乏能力开展真正的社会对话的表现，也是民众不合作态度的写照，"只要权利不要责任"的价值取向似乎已经成为现有社会制度所产生的怪物。长此以往，这样的社会困局必然会使社会对话机制陷入恶性循环，引发连环的负面效应。

六　批评

自兴起之初，"黑夜站立"运动就受到多方批评，批评者以右派人士居多，在他们眼中这场影响广泛的社会运动具有一系列负面标签。

（一）"黑夜站立"运动是一场"利己主义运动"

有批评认定"黑夜站立"运动是一场利己主义运动，因伴随出现破坏与暴力行为而遭受强烈谴责。法国社会抵触变革的情绪根深蒂固，民众反对劳动法改革，是他们缺乏与国家同舟共济的责任心的表现，在国家经济困难、失业严重的局势下，他们应当支持政府的改革。"黑夜站立"从本质上说是一场利己主义运动，它体现的是部分民众对全球化的恐慌，也正是这种恐慌情绪导致如今法国极右翼势力的迅速壮大。

批评者对运动期间伴随发生的一些破坏与暴力现象极为不满。有右派议员呼吁，希望政府能够采取果断行动制止这场闹剧，以免引发更大的社会危机与安全隐患。政府前总理弗朗索瓦·菲永（François Fillon）也批评政府任由事态发展是不负责任之举。[①] 还有批评说，有些参与者表现出来的歧视、暴力与破坏行为，是赤裸裸地挑衅法律，损害法治精神，甚至有人把这场运动定性为一种病态。

"黑夜站立"运动的志愿者和参与者表示，他们并没有诉求于暴力的

---

① 《法国兴起"黑夜站立"聚焦社会问题》，《新京报》网站（http://epaper.bjnews.com.cn/html/2016-04/24/content_632205.htm?div=-1），访问时间：2016年12月20日。

想法,但是却被主张暴力、倾向于破坏活动的人钻了空子,使得运动中夹杂着他们难以协调、引导的破坏性力量。时任内政部长贝尔纳·卡泽纳夫(Bernard Cazeneuve)虽表示政府拒绝以紧急状态的名义禁止集会,但鉴于破坏与暴力行为频繁出现且不断升级,政府也采取了一些限制性措施,比如严格公共场合集会的时间限制,禁止在公共道路上售卖和饮用酒精等。①

一些右翼政治人士指出,在"黑夜站立"运动的参与者中,有一群无政府主义者、工会积极分子、"小混混"等组成的"乌合之众"借机闹事,扰乱了法国正常的经济、社会秩序。而且,法国刚在2015年底遭受大规模恐怖袭击,国家正处于紧急状态,他们应当遵从政府安排,减少产生不安定因素的行为,如此运动反而浪费了很多公共资源,尤其是维护公共安全的力量。

(二)"黑夜站立"运动折射的是一种乌托邦主义

有批评表示,"黑夜站立"运动所表达的诸多主张是一种乌托邦主义,空洞无物,形式大于内容。很多人士指出,"黑夜站立"的活动现场似乎是一个言论超市,各色观点与主张都有,有的让人摸不着头脑,有的是无用的空谈,有的则幼稚至极。

尽管"黑夜站立"运动的志愿组织者表示,避免主张和诉求的"单一性"正是这项运动的策略之一,涵盖的话题越广泛,就越容易团结更多民众加入,但法国有很多媒体质疑其诸多主张的模糊性,批评参与者实际上并不具有明确的目标,对如何解决法国的问题亦没有明晰的思路与方案。

甚至有批评认为,"黑夜站立"是一场以代表全体人民为名开展的少数派极左运动,而发起该运动的极左人士对法国所面临的"真问题"却是一窍不通。"德国之声"新闻网认为,"黑夜站立"运动俨然已发展成

---

① Geoffroy Clavel, « "Nuit debout" survivra-t-il au défi de la violence? », *Le Huffington Post*, http://www.huffingtonpost.fr/2016/05/02/nuit-debout-defi-violence_n_9819630.html, consulté le 20 septembre 2016.

无组织的市民"占领"运动,是一场供草根阶层发声甚至消遣的"大杂烩",与同类活动不具可比性;国民阵线的政治新秀、勒庞家族的国民议会议员玛丽昂·马雷夏尔-勒庞(Marion Maréchal-Le Pen)则认为,这场运动代表不了任何人或任何事情,只是一些年轻人开展的一场自娱自乐。①

还有批评指出,"黑夜站立"运动虽然直指当代法国的诸多问题,就其总体而言,却是形式大于内容,参与者发明的延续3月计时的所谓"共和日历"即是鲜明的例证。在有些人看来,广场上的辩论虽是提出了很多重要议题,但是在具体的讨论中,却往往是离题万里,辩论并不集中,这种集体思辨散漫、缺乏效率,时间久了,人们就开始觉着有些乏味。

(三)"黑夜站立"运动主张的民主虚伪而狭隘

有批评指出,"黑夜站立"运动主张的民主是虚伪的,带有某种与生俱来的偏见和狭隘。"黑夜站立"运动极力主张要在法国创建一种真正的民主制度,这似乎是其表达出来的最高的政治目标,却遭到了社会舆论的尖锐批评,被指是虚伪的民主。

很多人士表示,在"黑夜站立"运动中,并没有真正的言论自由。参与者都在某种意义上扮演着言论审查者的角色,其态度和举止决定着哪些言论是被允许发表的,他们会拒绝一些不想听到的言论,不想看到的人。也就是说,在公开辩论的现场,不同的意见只是有限度地存在,对话并不够坦诚。

更严重的是,在"黑夜站立"运动的活动现场,一些持有不同政见者遭到辱骂和驱逐。② 由此,很多批评指出,"黑夜站立"运动所鼓吹的民主实际上是无稽之谈,多元主义更是假大空。时任总统奥朗德的亲信、法兰西岛大区议员朱利安·德雷(Julien Dray)也在电视台节目中公开表

---

① Sophie Louet, «France-Critiques contre "Nuit debout" après l'éviction de Finkielkraut», http://www.boursorama.com/actualites/france-critiques-contre-nuit-debout-apres-l-eviction-de-finkielkraut-485193c6d56c336745201364d5df057e, consulté le 20 septembre 2016.

② Ibid.

示，民主的基本原则是尊重他人的意见，与之争辩，说服不同的意见，而不是侮辱和歧视。参议院主席、共和党党员热拉尔·拉尔什（Gérard Larcher）通过推特表示，"黑夜站立"的真正面目是要通过驱逐与他们不一样的人来重新建立所谓"民主"，这一点实乃菲薄之至。甚至国民议会议员西奥蒂在其博客上批评说，这些人若是"黑夜站立"，那么共和国就躺下了。

诸多批评指出，"黑夜站立"运动从一开始就带着某种与生俱来的偏见和狭隘，并不具有真正的开放、宽容的精神。民众的批判虽然揭示了问题所在，但是他们表达的一些解决之道却带有明显的理想主义，甚至有些天真与愚钝，说明他们对经济问题和民主政治并不在行。

七　总结

"黑夜站立"被视为一场具有无政府主义色彩的替代性运动，参与者曾经强烈地希望将之持续下去，但是在经历数月努力之后，依然偃旗息鼓，未能复燃。2016年6月在法国举行的"欧洲杯"足球赛、7月14日法国国庆节当天尼斯发生的恐怖袭击，以及后来开始的2017年总统选举备选运动等事件，也阶段性地冲淡了人们对"黑夜站立"运动的关注。

政府竭力推进的劳动法修改草案虽最终被议会批准，但也因几经修改而被指失去了原有的改革锋芒。但是，很多民众并不认为这就意味着他们斗争的结束，或者说是他们失败了。早在2006年，政府出台的"首次雇用合同"改革等法案也曾表决通过并被批准，却并没有得到广泛的应用，反而在社会各界"不合作"的压力下很快就被终止。在劳动法改革的范畴内，现实操作中的规则有时候与法律规定相去甚远，有些条款根本就没有付诸实践的机会。有很多人寄希望于批准通过的新劳动法中部分条款会在实践中"流产"。

在"黑夜站立"中，引发民众不满的真正问题，在于新自由主义经济取向对于经济与社会发展的影响，在于资本对于国家责任的冲击。在新自由主义经济的影响下，政府在经济与社会治理方面力不从心，亦没有能力保护好公民，工会力量也被削弱，普通劳工在劳动力市场上处于弱势地位。工会组织虽抱有保护劳动者权益的强烈意愿，但是面对法律改革，"黑夜站立"运动的街头抗议，以及暴力与破坏活动，却恰恰反映出其脆弱的一面。面对潜在影响劳工权益的改革，工会组织如何能够提升自身的影响力，并有效地迫使政府考虑他们的利益诉求，而不是一味地采取罢工、示威等抗议活动，才是最为重要的。

"黑夜站立"运动蔓延至欧洲各国，甚至溢出欧洲，影响到其他西方国家，充分说明法国社会所潜伏的这场制度性危机在西方社会具有普遍性。这场运动的兴起虽有很大的偶然性，且被认定仅是昙花一现，不具有政治生命力，但它所引发的针对法国政治、经济、社会等领域内一系列问题与制度建设的全面反思，依然会产生积极影响，这也是它留给当代法国的重要遗产。无论法国各方如何看待这场运动，它所揭露的问题却是政府与各政党、社会各界所不能忽视的，也成为我们观察当代西方社会制度性危机的一个窗口。

第四章

"道德立法"的背景与变革*

导读

  2017年法国总统选举运动期间被揭露的诸多腐败问题引发了防治政治腐败的广泛讨论与批评，也直接推动了法国着眼于规范其政治生活而进行"道德立法"。2017年9月颁布的法律文本在禁止国会议员雇用与其关系亲密的家庭成员、监管其缴税义务、取消国会议员代表津贴与储备金、避免利益冲突、规范政治候选人与政党融资等方面做出了一些新规定。但是，此次修法依然未对某些可能滋生政治腐败的现象予以规范，因此也遭受很多批评。

---

* 本章核心内容曾以《法国政治生活"道德立法"的背景与变革》为题，发表于黄平、周弘、程卫东主编《欧洲发展报告（2017~2018）》，社会科学文献出版社2018年版。

2017年是法国政治生活发生深刻变化的一个重要转折点。传统政治格局严重断裂，代表中间派政治力量的共和国前进运动（La République En Marche!）获得积极的民意支持，迅猛崛起，而共和党和社会党两大传统政党则失去大量选民支持，政治力量被逐步边缘化。传统政党遭遇民意支持迅速下跌的背后，潜伏着广大民众对法国政治生活的强烈不满，以及求新求变的渴望。

为净化和规范法国的政治与公共生活，重新凝聚社会团结，埃马纽埃尔·马克龙（Emmanuel Macron）在就任法国总统伊始立即将推进政治生活"道德立法"列为第一要务，迅速地着手开展相关立法工作，强化对政治精英的道德要求。新政府成立后不久，时任司法部长、民主运动党（Modem）领导人弗朗索瓦·贝鲁（François Bayrou）就于2017年6月2日以政府的名义，发布了题为《让民主生活重获信任》[①]的立法草案，从多个方面的制度革新入手，对各级议会议员与高级公务员的政治行为做出了严格限制。

在法国政治格局持续分化与撕裂的情况下，着眼于政治生活进行"道德立法"，以强化对民选代表、高级公务人员的道德要求，对于凝聚政治力量、促进社会团结而言，是一种积极的努力。就政治生活进行"道德立法"，在法国历史上尚属首次，广大民众与社团组织对此项立法所要推进的政治机制改革也充满了期待，并积极建言献策。

一 法国政治生活的"道德"危机引发广泛关注

近些年来，在法国各级议会议员、政府高级公务员等政治精英中出

---

① Ministère de la Justice, «Moralisation de la vie publique: pour redonner confiance dans la vie démocratique !», http://www.presse.justice.gouv.fr/art_pix/2017.06.01%20_%20Dossier_Presse_moralisationviepublique_web.pdf, consulté le 5 juin 2017.

现了越来越多的腐败问题，引发广泛的社会不满。民众不但对政治精英大为失望，而且对法国政治体制中所隐藏的诸多滋生腐败的制度也持有强烈的批评态度。

2017年法国总统选举第二轮投票的弃权率为25.44%，是自1969年（31.1%）以来近50年间第二轮投票弃权率最高的一次。这在一定程度上折射出，长久以来法国民众对其政治体制、政治精英大为不满，其政治生态面临着较为严重的信任危机。在"道德立法"草案公布之前，民调机构Elabe于2017年5月开展的一项调查结果显示，76%的法国民众认为诸多政治精英将个人利益置于公共利益之前；持此观点者，在国民阵线的支持者中占比高达89%，在声称没有政党倾向的民众中比例也高达83%。① 在广大选民眼中，多数政治精英并不称职，没有兑现自己在政治竞选中的承诺。

在2017年总统竞选运动期间，曾经一度被视为法国总统最热门人选的共和党（Les Républicains）候选人、前总理弗朗索瓦·菲永（François Fillon）被曝出的"空饷门"，以及国民阵线候选人玛丽娜·勒庞（Marine le Pen）向欧洲议会虚构议员助理雇用合同等腐败丑闻，大规模地激起了民愤，进一步引发选民对法国政治体制的批评，并在很大程度上打击了普通民众对政治精英与传统政党的信任。菲永"空饷门"事件不但导致他的民意支持急骤下跌，被大量选民抛弃，更成为2017年法国总统选战的转折点，原本被寄予厚望的共和党最终还是被多数选民所抛弃。在极右翼的国民阵线候选人勒庞再次进入第二轮投票角逐的情况下，依然有大量选民对此无动于衷，选择弃权，这也是因腐败问题对法国整个政治生活失去信心的表现。

鉴于法国政治体制中存在的种种可能滋生特权腐败的问题，对其进行深入改革早已成为某种共识。在2017年大选期间，多位候选人提出就此进行改革的主张。

时任总统候选人之一的马克龙将民主制度革新作为他竞选纲领所提出的六大优先政策领域之一。在他看来，当代法国选民对大量民选代表

---

① Elabe：《 La moralisation de la vie politique 》, https://elabe.fr/moralisation-de-vie-politique/, consulté le 5 juin 2017.

持有怀疑态度，各级领导人缺乏行政效力，没有责任心，这一状况威胁着法国的民主制度。为此，他主张加强对公共生活道德与责任层面的评判，革新国家层面的代表机制，并旗帜鲜明地提出公共生活"道德立法"① 的口号，赢得众多选民的热烈支持。

马克龙提出的公共生活"道德立法"，其核心就是以道德标准净化法国的政治生活，进一步规范政治人物与高级公务人员的行为。在其竞选纲领中，已经对一些具体的立法举措与制度改革有了较为明晰的想法，比如：禁止政府部长与国会议员（包括国民议会议员和参议院议员）雇用自己的亲戚或家庭成员，为避免利益冲突，在其任职期间，他们也不能从事律师等咨询职业；对国会议员的收入征税，并综合考虑他们的所有收入，尤其是任职期间的代表补贴，还禁止他们在同一职位上连任超过3届；将国会议员的退休制度并入一般退休制度，跟其他人员一样；所有政治选举的候选人都不能有任何犯罪记录；等等。

尽管菲永在竞选运动期间身陷"空饷门"的腐败丑闻，但他也在其政治纲领中提出了着眼于政治生活治理的相关主张，比如不允许国会议员同时兼任多个议会议员职务、建议通过全民公投决定是否减少国会议员数量，等等。②

贝鲁领导的民主运动党同样也倡导通过立法来规范法国的政治生活，该党与马克龙领导的共和国前进运动在2017年法国大选期间曾达成合作协议，而就政治生活进行"道德立法"正是两个政党合作的政治基础之一。另外，在马克龙当选总统后，贝鲁也被委以重任，作为司法部长担纲立法工作。

就在新政府成立后不久，"道德立法"草案正在酝酿并即将出台之际，时任地方协作部长理查德·费朗（Richard Ferrand）也因被媒体曝出之前有过严重的腐败问题而接受调查。一时间，让急切期待平稳开局的新总统马克龙和新总理爱德华·菲利普（Édouard Philippe）面临着重要考验。

---

① 参见马克龙参加法国总统选举竞选纲领：https://storage.googleapis.com/en-marche-fr/COMMUNICATION/Programme-Emmanuel-Macron.pdf，访问时间：2017年12月1日。

② 参见菲永参加法国总统选举竞选纲领：《Mon projet pour la france》，www.fillon2017.fr，访问时间：2017年5月3日。

二 "道德立法"推进法国政治生活机制改革

综合来看，法国政府提交给国民议会和参议院讨论的政治生活"道德立法"草案中所提出的政治机制改革的具体举措，基本上保留了马克龙此前在其竞选纲领中所提建议的核心内容，但也根据广泛征求的民意诉求进行了调整。

这部草案进一步明确了此次立法的三重目标：一是"禁止"，禁止各级议员与高级公务员的某些行为，防止腐败；二是"透明"，促进政治生活更加透明、廉洁；三是"多元"，保证政治生活具有多元性，打破部分政治精英的垄断。与此同时，此次改革还提出在三个层面上推动立法：一是颁布一项普通法律，将上述三重目标所涉具体举措在法律层面上明确下来；二是推出一项组织法；三是对宪法进行修订，进一步巩固在更高层面上对法国政治生活的规范。另外，立法草案不仅涉及对各级议员、政府官员的政治与法律约束，亦有对普通公民在政治参与方面的行为规范，一视同仁，以期全面预防政治生活的腐败问题。

基于广泛的民意支持与政治共识，"道德立法"草案在国民议会、参议院、宪法委员会等机构的立法程序进展较为顺利，也比较迅速。经过几轮在国民议会和参议院的审读与辩论，2017年8月初，议会两院先后分别批准通过了普通法和组织法。[①] 在宪法委员会于2017年9月8日对立法法案正式批准后，总统马克龙于9月15日签字颁布相关法律条文，诸多新规正式实施。[②] 这两部法律的颁布是此次"道德立法"的第一步，未来第二步将是就此议题对法国宪法进行修订。从正式颁布的法律文本

---

① 此外，早在2017年6月14日，法国政府曾经颁布过一项涉及总统与政府成员雇用工作助理的法令，上述两部法律与此法令在内容上互为补充。

② http://www.assemblee-nationale.fr/15/dossiers/retablissement_confiance_action_publique.asp#ETAPE358242，consulté le 5 juin 2017。

来看，落实到法律层面的改革举措主要包括以下几个方面①。

（1）新法规定，参加总统选举的候选人除了申报其资产外，还要申报其拥有股权的情况与经济业务活动等。同时，法国公共生活透明度高级监察局（Haute Autoritute ur la transparence de la vie publique）会在总统任期结束后，对其任职期间的财产变化进行审查，并发布公告。

（2）禁止政府成员、国会议员和地方议会议员雇用与其关系亲密的家庭成员，这些成员涉及他们的配偶（以及配偶的父母、兄弟姐妹与子女）、父母、子女、兄弟姐妹及其配偶与子女、祖父母与外祖父母、孙辈后代等。在政府成员与各级议员上任后，他们所在机构必须要及时向公共生活透明度高级监察局（HATVP）报备上述情况。若违犯相关规定，当事人不但会失去任职资格，而且将被罚处三年监禁，以及45000欧元的罚金。同时，新法还专门在法律上明确了"国会议员助手"的法律地位。一项民意调查显示，对于禁止各级议员和政府部长雇用其亲属的改革，91%的受访者表示支持，其中65%完全支持。②

（3）国会议员必须在任期伊始证明自己履行了缴税义务。税务部门会在议员上任后的第一个月内向其本人及其所属的国民议会或参议院转递一份有关当事议员是否履行纳税义务的证明。

（4）取消国会议员的代表津贴（indemnité représentative），他们在任职期间因履职所发生的费用只能凭票据报销。取消议员储备金（réserve parlementaire）制度，国会议员所拥有的发放公共津贴的特权被取消。在立法草案中，原本也要取消政府各部的储备金（réserve ministérielle），但宪法委员会没有同意，原因是为了防止导致权力分隔。

（5）为避免利益冲突，国会议员以个人名义开展咨询活动的可能性

---

① LOI n° 2017 – 1339 du 15 septembre 2017 pour la confiance dans la vie politique, https：//www.legifrance.gouv.fr/eli/loi/2017/9/15/JUSC1715753L/jo, consulté le 31 décembre 2017；LOI organique n° 2017 – 1338 du 15 septembre 2017 pour la confiance dans la vie politique, https：//www.legifrance.gouv.fr/affichTexte.do? cidTexte = JORFTEXT000035567936&dateTexte = &categorieLien = id, consulté le 31 décembre 2017；http：//www.vie-publique.fr/actualite/panorama/texte-discussion/projet-loi-organique-projet-loi-ordinaire-retablissant-confiance-action-publique.html, consulté le 10 décembre 2017.

② Elabe：« La moralisation de la vie politique », https：//elabe.fr/moralisation-de-vie-politique/, consulté le 5 juin 2017.

被新法施以限制。法律禁止国会议员在任职期间从事咨询工作,除非其本人是受到法律或法规监管的或身份受到保护的自由职业领域内的一员。对此规定,有93%的民众表示支持,其中72%完全支持。① 新法还规定,国民议会和参议院须从各自角度制定预防利益冲突的具体规则,公开登记审查国会议员因有可能处于利益冲突的境地而不能参与的议会工作的事项名单。如此规定,实际上是一种议员回避制度,在有关法律草案的表决中,要求利益相关的国会议员回避。公布要求国会议员回避的事项名单,可以让全社会充分了解在什么情况下、具体哪位议员必须回避或可不必回避投票,以便起到监督更加公开、透明的成效。

(6) 对于参加国民议会与参议院选举的候选人,若出现犯罪或在选举、党派融资、税收等方面有腐败问题,将会被剥夺参选资格。法律还拓展了不具备国会议员候选人资格的规定,犯有道德与性骚扰罪者也不具备参选议员的资格。对于要求政治选举候选人"无犯罪记录"② 的规定,多达95%的民众表示支持,其中81%的人表示完全支持。③

(7) 法国将动员多方力量加强对政治生活中融资问题的监管。各政党的银行账目将由审计法院进行监管;来自欧洲银行以外的法人机构或党派的贷款将被禁止;个人针对政党的捐赠和贷款也将受到严格的监管和限制。法律还规定,没有法国公民或法国居民身份的人,不能为法国的政治生活提供资助。政府将通过选举账目与政治资助监管全国委员会(Commission nationale des comptes de campagne et des financements politiques, CNCCFP)全面介入对政党贷款融资中的各个环节、个人向政党捐款等情况的监管,全面掌握诸多细节。在新法颁布之前,法国政府总体上缺乏对公共财政资助政党的监管,以至于某些政党出现了滥用或变通改变公共财政拨款用途的情况,滋生腐败。改革后要施行的新政,不

---

① Elabe:《 La moralisation de la vie politique 》, https://elabe.fr/moralisation-de-vie-politique/, consulté le 5 juin 2017.

② 要求政治选举候选人"无犯罪记录"是马克龙在竞选总统期间反复强调的一项立法建议,可惜的是,在政府于2017年6月出台的立法草案中,这一项被删除了。不过,国民议会在第一次审读立法草案时,又增加了这一规定,并引入针对民选代表出现腐败行为进行处罚的新规定。

③ Elabe:《 La moralisation de la vie politique 》, https://elabe.fr/moralisation-de-vie-politique/, consulté le 5 juin 2017.

但要全面监管政党在资金使用方面的情况，更要对其融资来源进行监管。

（8）新法律为诸多政治选举的候选人和政党设立了信贷调解员，以期通过他们来协调候选人、政党与信贷机构之间的对话，协助他们获取合法融资，促进政治生活保持透明、廉洁。从经费资助的角度来看，法国诸多政党的经济能力较为脆弱，且又广受银行影响，即便是政党有偿还能力，银行往往也会出于信誉方面的动机，拒绝向他们提供贷款。基于此，法国政府通过公共财政对政党进行资助的力度一直比较大。立法草案曾经提出过设立"民主银行"的想法，意在专门面向政党提供政治选举运动期间的贷款。① 照此思路，该银行将挂靠一个公立信贷机构或负责公共服务的机构，政府在向政党提供贷款时，将通过独立程序对政党的偿还能力进行客观评估。通过"民主银行"，政府可以及时监管政党资金动向，保证流向政党的贷款透明，还可通过独立程序对政党的偿还能力进行客观评估，并保证政治安全。但是，这一动议并没有写进新法条款之中。

在法国政府于 2017 年 6 月发布的立法草案中，本来还提及以下诸多改革，可是它们最终均未能被写入正式的法律文本：①取消离任总统作为宪法委员会正式成员的资格。②政府部长不能兼任地方职务，在被任命部长职务后，他们有两个月的时间在诸多职位之间做出选择。③将国会议员的退休制度并入一般退休制度。④禁止包括国会议员、地方议会议员在内的各类民选代表在国家层面或地方层面的各级议会（规模特别小的市镇除外）中任期连续超过三届。② ⑤国会议员在出现贪污受贿、徇私舞弊、挪用公款、窝藏隐匿、选举舞弊、假公济私、偷税漏税等行为被处以刑罚的情况下，将会在最长可达十年的时间里被限制政治权利。

---

① Ministère de la Justice, « Moralisation de la vie publique: pour redonner confiance dans la vie démocratique ! », http://www.presse.justice.gouv.fr/art_pix/2017.06.01%20_%20Dossier_Presse_moralisationviepublique_web.pdf, consulté le 5 juin 2017.

② 这一动议原本意在推动实现民选代表定期更换，保证政治层面的流动性与多元化。据 Elabe 的民意调查结果，对于禁止国会议员或地方行政机关的主要负责人在同一职位上连任三届的规定，87% 的法国民众表示支持，其中 60% 表示完全支持。资料来源：Elabe：« La moralisation de la vie politique », https://elabe.fr/moralisation-de-vie-politique/，访问时间：2017 年 6 月 5 日。

⑥取消专门受理政府部长渎职案的共和国司法法院（Cour de justice de la République）。①

上述诸多改革动议在国会辩论中被否决，最终没有出现在正式颁布的法律文本中，这在一定程度上反映出，此次"道德立法"推进的改革并不彻底，依然有很多已经被广泛关注的潜在的腐败问题没有从法律上施以预防，留下了很多明显的漏洞。从另外的角度来看，这也是法国政治生活领域内利益斗争的结果。

另外，值得注意的是，在立法过程中，这部最初被称为政治生活"道德立法"的议案中"道德"一词逐渐被淡化，而被"信任"一词所取代，借以强调重塑法国选民对其政治生活的信心。② 不过，"道德立法"的表述依然成为法国坊间很流行的说法，这不仅是因为这种形象的说法已经先入为主，也是因为在很多人眼中，比起重新获得选民对法国政治生活的"信心"，他们更加看重新的法律规定对政治精英的"道德约束"，法律法规的约束总是有限的，而严于律己的"道德约束"则能在更大范围内净化和规范其政治行为，让政治生活更加廉洁。

三　针对立法内容的多种批评

"道德立法"的内容是在面向社会各界广泛征求意见的基础上确立的，吸取了来自议员、社团组织等多个渠道的很多建议，法国社会对它的评价总体上比较积极。尽管新法在纠正法国政治生活的诸多腐败问题上，做出了很多新的制度性尝试，但是依然面临着一些批评，主要是因为很多被认为对法国政治生活有益、中肯、建设性的意见并没有被纳入其中，甚至包括马克龙在其竞选纲领中曾经提及的一些改

---

① 自1993年设立以来，共和国司法法院因过于宽容而长期备受指责。作为一种特殊的司法制度，该法院在一定程度上纵容了高级公务人员的职务腐败与犯罪行为。当然，时任司法部长贝鲁也曾表示，政府在建议取消该法院的同时，也会建立相应的保障措施，以避免出现针对政府部长的过度质疑或将审判工具化以致出现打击报复的现象。

② 正式颁布的立法法案名称为"政治生活信任法"（LOI n°2017-1339 du 15 septembre 2017 pour la confiance dans la vie politique）。

革动议。

　　来自"不屈法国"、法国共产党、共和党、新左翼党等政党的批评也指出，诸多法律规定主要针对的是国会议员，很少涉及行政机关和高级公务员的特权。① 此次立法所涉及的规范对象有失片面，因为诸多条款虽然直面法国政治生活中的很多问题，却也有意避开了某些显而易见的问题。

　　极右翼政党国民阵线也表示，新法应当对公务人员离开公立部门进入私有企业工作的行为做出禁止，尤其是很多人在高级公务岗位与私有金融部门之间来来往往的行为。国际反种族主义和反排犹主义联盟（Licra）希望，新法应当规定"所有持有种族主义和反犹主义观点、否认纳粹分子对犹太人施行种族灭绝或者歧视同性恋的人，都不能参加法国的政治普选"，但是如此建议也没有被纳入立法草案之中。②

　　社团组织反腐败协会（Anticor）为政治生活"道德立法"草案的形成提供了很多富有建设性的建议，但是他们提出的建议并没有全部被吸收到立法草案，其中有一些在他们看来是非常重要的，比如取消行政机关在税收舞弊案中所拥有的裁决权，取消总统和国会议员在任期间的豁免权，延长对隐蔽犯罪行为（比如滥用社会资源）进行追查的时效等，对此该协会深表遗憾。此外，该协会对关于政治选举候选人须"无犯罪记录"的立法建议没有被写入政府于2017年6月出台的立法草案中，也颇有不满。③ 尽管法律最终对各级议员的任职资格做出了很多限定，但在法律文本中并没有明确提出要求他们"无犯罪记录"的廉洁，这也就意味着，现有法律依然为触犯法律的人参选成为某级议会议员留下了空间，为政治人物在腐败犯罪方面进行投机制造了机会。

　　透明国际（Transparency International）认为，这部法律在解决利益冲突方面还存在一些缺点，比如法律并没有对国会议员以咨询服务的形式获取的额外收入的上限进行限定，而且还避开了"公共利益冲突"（con-

---

　　① http：//www.liberation.fr/france/2017/07/26/moralisation-de-la-vie-politique-lavage-express_1586475，consulté le 5 septembre 2017.

　　② http：//www.lepoint.fr/societe/moralisation-de-la-vie-publique-le-projet-de-loi-bayrou-juge-perfectible-02-06-2017-2132407_23.php，consulté le 5 juillet 2017.

　　③ Ibid.

flits d'intérêts « public-public »）的问题。①

  综合来看，尽管此次立法做出了诸多"禁止性规定"，以期重获民众对法国政治生活的信心，但是立法草案仅仅是禁止了一些表面上的行为，针对一些隐蔽性政治腐败问题，并没有给出有力的法律预防。而且，在"禁止"某些行为之外，对于民选代表与高级公务人员能否尽职尽责地履行自己的职责、真正地为民办事，亦没有给出法律与制度层面的保证性举措。这也是此次"道德立法"的一个重大缺陷。

  总体而言，法国政治生活"道德立法"是具有历史意义的立法行动。不过，由于上文提及的很多曾经被纳入考虑范围的立法建议没有被采纳，或是采取避重就轻做法，很多民众对此次"道德立法"也表示失望，持有此种态度的民众多数来自社会中下阶层，以及中青年群体。这也折射出法国政治体制在当下所面临的认同困境。

---

① http：//www.liberation.fr/france/2017/08/08/la-loi-de-moralisation-bien-mais-peut-mieux-faire_1588936，consulté le 5 septembre 2017.

民族与政治

外国人的选举权问题

「公民民族」理念及其价值取向

第五章

"公民民族"理念及其价值取向*

导读

　　作为政治共同体的法兰西民族的建构强调"公民民族"的理念，主张共和主义的价值取向，由此在诸多层面上极力淡化自身与其民族成员的"族裔"属性，但这并不能否认其现实中客观存在的诸多少数族裔群体及其所谓的"民族问题"。在当代法国社会中，其民族构成主要包括两大范畴的族群，即本土族群和外来族群，他们在不同程度上分别被"剥夺"了作为少数族裔的主体性存在。与之对应，法国所面临的民族问题也表现在两个层面——以地区主义运动为代表的本土少数族裔问题和以移民为代表的外来族裔问题，两类民族问题的存在从不同角度、不同程度上表明，法国的"共和主义"原则在应对和治理其日益多元的社会现实方面具有结构性局限。

＊ 本章核心内容曾以《法国语境下的民族理念及其价值取向》为题，发表于《西南民族大学学报》（人文社会科学版）2018 年第 12 期。

法国官方话语几乎不承认其社会内部存在"少数民族",以及与之相关的所谓"民族问题"。但实际上,它却是一个拥有众多少数民族、存在民族问题的国家,不但包括本土的少数族裔,更有大量以外来移民为主体的族裔群体,其民族问题在当下还表现得甚为尖锐。法国如何在不承认"民族"与"民族问题"的理念与原则框架下,应对和整合现实中客观存在的民族问题,是一个值得深入探讨的议题,也有益于借以审视和反思人类社会应对日益多元之现实的价值导向与路径选择。

一　"公民民族"与"族裔民族"

　　"法兰西民族"（la nation française）这一汉语称谓中"民族"所对应的"nation"一词,不是族群（groupe ethnique）意义上的概念,而是从"国家"意义上指代人类共同体,但它又不等同于政体意义上的"国家"（État）。值得注意的是,"nation"①一词在法语中具有强烈的双重语义并置的属性:它不仅包括汉语中的"民族"之义,还具有"国家"的含义,二者几乎同时存在。也就是说,汉语表述中的"法兰西民族"并没有把"la nation française"有关"国家"的含义清晰地表达出来。在法国语境下,当"nation"一词指代"法兰西民族"时,也强烈地指向于以它为主体所建构的国家;当它指代"法国"时,也同时代表着这个国家的主体民族。据此可以说,在法国民族国家的建构中,"民族"与"国家"表现出强烈的同构性。这一点是理解法国占据主导地位的"民族"理念及其价值导向的基础。

　　自法国大革命以来,有关"民族"的理论认知一直存在"公民民族"（nation civique）理念对"族裔民族"（nation ethnique）理念的排斥。纵观其建构历程,法兰西民族一直强调自己是"公民民族"而非"族裔民

---

① 在法语中,"peuple"一词也有"民族"之义,其语义逻辑是"人群,及其构成的民族";而"nation"一词的语义逻辑则是"民族,及其构成的国家"。

族"①。"公民民族"的观念与共和主义价值观密切相关,它表达的含义是,认可或归属一个民族的个体的自愿联合。换句话说,"民族"构成了这些个体聚集在一起的政治框架。受共和主义影响,在法兰西民族的建构过程中,"公民民族"的概念被不断地神圣化,普遍传播并形成广泛影响,而"族裔民族"则逐步被污名化。②"共和国"及其代表的"共和主义"是法国内在的核心特质。法国现行《宪法》第一条明确规定:"法国是一个不可分割的、世俗的、民主的和社会的共和国。它保证所有公民在法律面前的平等,而不论出身、种族或宗教。它尊重所有信仰。"③ 作为一种政治建构,法兰西共和国是拥有共同意愿的众多个体之间所达成的契约。自由、平等、博爱、世俗等代表共和主义的价值诉求,成为法兰西民族身份的外在表征。法国前总统尼古拉·萨科齐(Nicolas Sarkozy)也曾非常明确地讲道,"做法国人,就是要喜欢法国,接受共和国的体制"。④

1882年3月,人类学家埃内斯特·勒南(Ernest Renan)曾在索帮大学发表过一场著名的演讲《民族是什么?》。⑤ 他提到,构成一个民族的根本性要素是其成员的意愿——共同生活在一起的意愿。⑥ 可以说,"民族"

---

① 19世纪末,在争夺对阿尔萨斯省(Alsace)和摩泽尔省(Moselle)两个地方的所有权时,法国与德国持有不同的立场。尽管当时的德国强调这两个地方的人在语言、文化甚至是种族等方面表现出明显的日耳曼特性,主张德国对它们的所有权,而法国则把持"公民民族"的理念,强调那里的人有意愿继续留在法兰西共和国(当时法国正处于第三共和国时期)内,获得了对这两个地方的所有权。

② Xavier Malakine, « La République et l'éthnicité », http：//horizons. typepad. fr/accueil/2011/04/la-rpublique-et-lthnicit. html, consulté le 25 septembre 2018.

③ La Constitution française en vigueur, https：//www. legifrance. gouv. fr/Droit-francais/Constitution, consulté le 25 septembre 2018.

④ 张金岭:《公民与社会:法国地方社会的田野民族志》,北京大学出版社2012年版,第395页。

⑤ Ernest Renan, « Qu'est-ce qu'une nation ? », Conférence en Sorbonne, le 11 mars 1882. http：//www. iheal. univ-paris3. fr/sites/www. iheal. univ-paris3. fr/files/Renan_ - _ Qu_ est-ce_ qu_ une_ Nation. pdf.

⑥ 在这场演讲中,勒南也提到,要注意将民族跟种族、宗教等相区分。在他看来,种族主义者主张的所谓"原生权利"(droit primordial)原则是狭隘的,充满危险;宗教并不一定能够提供足够的基础让一个现代民族得以成立。他还认为,尽管语言有助于人的聚合,但却不具有强制性力量,也不会成为组成一个现代民族的根本性要素;利益群体虽然是人与人之间非常强大的一种关联,但同样也不足以推动完成一个民族的建构。

是自由、平等的公民个体以理性、自愿的方式所组成的集合，个体对某个民族的归属因此也是可以撤销的，这是契约式的"民族"理念。

共和主义原则很自然地摒弃了"族裔民族"的概念，强调一个民族的建构并不是基于语言、种族和文化等方面的标准，而是其成员的意愿。很显然，"公民民族"摒弃了"血统权"（le droit du sang）的标准，这也是它不从族裔角度对其成员进行区分、不承认诸多族群的观念基础。可以说，法国没有形成从族裔角度来认知法兰西民族及其构成的意识。与之相应，在其人口统计中，也没有涉及居民族裔身份的选项。

但是，"公民民族"理念占据主导地位，并不意味着法兰西民族不存在"族裔"属性。实际上，法兰西民族也不例外。法国人彼此之间的关联并非仅仅是他们的政治契约及其共同的政治权利，他们还通过语言、领土、历史、信仰、风俗或思维模式等联系在一起，而这些因素恰恰是其"族裔"属性的表征。而且，法兰西民族不仅在整体上有自己的族裔属性，即便是在其内部同样也表现出明显的族裔特征，其成员不仅有本土的少数族群，比如布列塔尼人、科西嘉人、巴斯克人等，还包括众多外来的移民族群，比如意大利人、西班牙人、阿拉伯人、非洲人、亚洲人等。

法兰西民族这一政治共同体的建构与法国民族国家的建设，是在诸多区域文化共同体聚合的基础上实现的，其"公民"属性相对于"族裔"属性具有主导优势。但仅仅是出于建构政治共同体的共同意愿，民族的稳定性与可持续性是难以实现的，必须要有文化建设作为支撑，夯实共同的文化基础，才能维系持久的民族认同感。这也正是法国为什么在民族国家的建构过程中特别重视文化，尤其是法语角色与作用的重要原因。在第三共和国时期，法国特别强调推广和使用法语，在全国范围内实现法语化，这既是其"公民民族"理念的体现，又是"族裔民族"客观要求的折射。

法国自大革命后将法语作为民族建构的重要凭借。其间，不鼓励本土少数族群语言（比如布列塔尼语、巴斯克语等）的使用，而由移民带来的其他非本土语言（包括欧洲与非欧洲语言）更是得不到鼓励。如今，法语在外来移民的融入问题上，更是表现出强大的约束力。比如，在劳动力市场上，很多移民求职过程中经常遭遇法语方面的责难，尽管有时候他们所拥有的语言水平并不妨碍其胜任应聘岗位的工作。① 这种现象说明，法国社会对于移民职业能力的考量，也强烈地带有某种审视其是否能够充分融入法兰西民族的意味——融入法兰西民族的重要条件和表现之一即是要熟练掌握法语。

法兰西民族文化属性的培育是基于其本土各族群的文化涵化与统一而实现的。在这一历史过程中，尽管有源自欧洲其他国家与民族的移民加入，但无论是就其文化传统而言，还是从其人口规模来说，都没有对这一建构过程造成重大的负面影响，反而是"共和同化"模式使之很好地融入了法国社会中。但是，第二次世界大战结束后，大量非欧洲裔移民的涌入迅速增加了法国社会的族裔与文化异质性②，并在一定程度上突破了"共和同化"模式的整合能力。人们发现，越来越多的移民难以被法兰西文化"同化"，这导致了法兰西民族眼中的诸多"问题"。③

二 法国的"少数民族"及其身份

法兰西民族作为一个政治共同体，并不意味着它可以掩盖国民构成中客观存在诸多族群的现实。少数族群始终存在于法国社会，并以不同方式参与法兰西民族的建构。从族裔的角度来看，当代法国的民族构成可以划归为两大范畴——本土族群和外来族群，前者较早地参与了法兰西民族的建构历程，后者则更为明显地折射出当代法国是多民族国家的现实。

法国在历史上经历了多次领土吞并后，才拥有了我们今天所看到的近似六边形的本土疆域边界。领土吞并的结果使得原来并不讲法语的很

---

① 相关资料参见：https://www.insee.fr/fr/statistiques/1286871，访问时间：2018年9月30日。

② 宋全成：《从民族国家到现代移民国家：论法国的移民历史进程》，《厦门大学学报》（哲学社会科学版）2006年第3期。

③ 20世纪70年代"石油危机"之后，大量非法移民的涌入更是在很大程度上破坏了共和主义原则对外来人口的约束架构。在经济发展的"辉煌三十年"期间，外来移民多是在法国政府调控框架下来到法国的，至少还存在一定的"契约"因素，而非法移民的涌入则直接破坏了这一规范。

多"异族"人成了法国人，变成法国本土的"少数民族"。由于共和主义原则很好地同化了本土少数民族，所以在外来移民大量涌入之前，法国是一个民族结构相对简单的国家，在发展中也逐渐积淀传承了"单一民族"的情怀。

在"公民民族"理念的影响下，法国一直反对其社会内部的文化特殊主义。第三共和国时期，法国致力于免费、世俗的义务教育，对抗诸多少数族群所表达出来的对其语言与文化的诉求。而且官方在指代这些语言与文化时，拒绝使用任何与"族群"有关的术语，而选择使用"地区"一词，借以淡化其内在的族裔属性。后来，由于宗教社群主义与共和主义所主张的世俗主义相悖，也成为诸多批评主要针对的对象，被认定为一个重要的社会问题。

法兰西民族作为政治共同体的属性，特别强调民族建构的公民主义原则，坚决拒绝任何从族裔角度来认知法兰西民族及其构成的做法。这也是法国至今尚未签署欧洲《保护少数民族框架公约》的原因所在。早在1994年11月，欧洲委员会（Council of Europe）部长理事会就通过了《保护少数民族框架公约》[①]，旨在推动各国尊重每一个少数民族的种族、文化、语言和宗教特性，并为他们表达、保持和发展这一特性创造适宜条件。该公约还指出，每一位少数民族成员都有权自由选择自己是被作为少数民族对待，还是不被作为少数民族对待，且不应因此种选择或行使与此选择相关的权利而受到损害。即便是该公约所言"少数民族"并不包括外来族裔，仅仅涉及欧洲本土的少数民族，法国也不愿意签署，显然如若签署则意味着对其境内诸多少数民族的承认。

受共和主义价值观的影响，法国对外来移民实施"共和同化"的融入政策，要求入籍的外来族裔以"公民"身份融入法兰西共和国、法兰西民族和法兰西社会之中，体现出强烈的"单向融入"向度。

2005年底"巴黎骚乱"过后，法国政府采取了更加严厉的选择性移民政策，借以保证法国经济社会发展对高质量劳动力的需求，以及对科

[①] Council of Europe, "Framework Convention for the Protection of National Minorities", http://conventions.coe.int/Treaty/Commun/QueVoulezVous.asp? NT = 157&CM = 1&DF = 14/01/2011&CL = ENG, consulted on September 26, 2018.

研、人文等领域内高素质人才的吸引。这样的政策也暗含其对"共和主义"民族理念的维护，因为经过严格甄选的外来移民，往往是被认为表现出融入法兰西民族与法国社会的意愿与能力的人。历史上，法国在不同时期施行不同的移民政策，其中有很多规定拒绝某些类型的移民。由此可见，它所秉承的共和主义实践并不是一视同仁的，而是一种选择主义，折射出歧视性的价值取向。

文化多样性在法国的政策体系内有一定的能见度，但它不是从"族裔维度"体现出来的，而是基于"公民维度"的表征。1975年，法国曾经立法（Loi Haby）允许学校安排地区与少数群体语言与文化的教授，但它们不是基于族裔的角度被考虑的，而是作为地方性、人口较少群体的语言和文化被纳入学校教育中。① 此外，尽管在当代法国的国民教育中，我们可以看到阿拉伯语、汉语、印地语等语言的教学，但它们的存在跟英语、德语等语言一样，是作为"外国语言"来教授的，而不是作为法国社会中所存在的与之相应的少数族裔的语言。由此，可以发现，外来移民的族裔属性同样得不到承认，他们作为少数族裔群体的主体性地位是缺失的。

法国虽然不从族裔层面来认知和承认其文化多样性，但特别强调对其进行保护，尤其是本土的文化多样性。在此实践中，几乎不涉及外来族裔及其文化。法国也在文化实践中强调"传统"的价值，但这些"传统"基本是法国历史上所积淀的本土文化传统，并不涉及外来移民的文化实践。这种厚此薄彼的态度与共和主义原则相背离，是针对外来移民的某种歧视现象，也是共和主义价值观进行的选择性实践。更有意思的是，在此现象中，主导观念对外来移民的审视恰恰表现为一种基于"族裔"维度的姿态，并形成了对外来族裔予以排斥的结构性框架。

"公民民族"及其作为支撑的共和主义显然是法兰西民族建构的主导意识形态。在共和主义传统下，法兰西民族在根本上表现出一种"公民"属性，强调国民作为法国公民的身份。它强调民族建构的公民与政治导

---

① Loi n° 75 – 620 du 11 juillet 1975 relative à l'éducation（Loi Haby），https：//www.legifrance.gouv.fr/affichTexte.do?cidTexte=JORFTEXT000000334174，consulté le 25 septembre 2018.

向，防止其简约至族群维度，甚至是原生主义属性（只强调血统关联），从而在一定程度上忽视了民族建构的社会与文化属性。

法国之所以特别强调其民族认同的公民属性，是担忧整个民族与社会出现以族裔为表征的分化，以致影响其凝聚力与统一性。在共和主义的价值原则下，任何类型的差异，尤其是族裔差异与文化差异，一旦拥有一定程度的能见度或者变得特别明确，将会被拒绝和打击。但是，忽视了民族成员在族裔文化方面的情感与诉求，并不能真正实现民族的内在团结。无论是法国的地区主义运动，还是外来移民的文化抗争，都已清晰地证明了这一点。

三 法国的"民族问题"及其表征

本土族群与外来族群两大族裔范畴的存在也对应着两类民族问题。本土少数族裔问题与外来族裔问题相较，后者在当代法国社会的表征甚是尖锐，对其社会稳定具有较大破坏力。

法国本土少数族裔的民族主义运动在20世纪六七十年代曾经比较活跃，其诉求主要体现在对其语言与文化的保护、自治甚至是分离主义等方面，利益诉求是其核心。[①] 而外来族裔问题则复杂得多，它所涉及的不仅仅是利益诉求，还包含非常深刻的身份问题———外来移民面临着身份被承认与否的政治困境。

当代法国民族问题的集中表现是对族裔身份的"不承认"，其实质是共和主义价值观中"公民民族"理念对"族裔民族"理念的拒绝。可如今，即便共和主义的价值原则依然存在，人们对族裔维度的文化多样性的诉求却越来越强烈。只不过，以原先"地区主义"为代表的"内生性"族裔表征和以外来移民为代表的"外生性"族裔表征相比，后者的能见度及其对法国社会的负面影响远远超过前者。

外来移民在法国基本上是被视作"问题"（problème）而存在的。2007年，萨科齐当选总统后主导创设的"移民、融合、国民身份与协作

---

① 邝杨：《当代欧洲民族问题概观》，《西欧研究》1992年第1期。

发展部"就是为了应对这一"问题",并在国家层面上对移民问题予以治理。其背后潜藏的一种基本认识就是,这些外来人口与其表现出来的社群主义对于法国的未来而言,是一个根本性的"问题"。① 法国的"共和同化"政策在19世纪对来自欧洲诸国的移民颇为有效,但第二次世界大战以后,面对多来自阿拉伯世界和非洲地区的新移民,法国则因其文化与法国主流社会差异巨大而失去了对其同化的能力。如今,移民问题已成为法国面临的重大挑战,法国的社会文化结构也正在由共和主义的"大一统"模式向多元文化社会模式演变。②

20世纪60年代,受文化多元主义等思潮的影响,法国社会中曾经出现过从正面讨论外来移民身份及其与主流社会的差异等议题的研究,而这些研究很快就成为极右翼用以批评外来移民拒绝融入法国社会的工具。③ 至20世纪70年代,又出现了一个重要的术语——"国民身份",强调的是法国国民对其民族与国家所主张的共和主义价值观的认同。④ 很快,这一术语被诸多政党与社会团体视作一个有效的政治动员工具加以利用,进一步强化了法兰西民族的边界并激化了民族矛盾。由此,身份认同在法国已成为理查德·詹金斯(Richard Jenkins)所言的一种"战略理念"。⑤

外来移民基本上面临着两种身份认同:一是对作为宗主国的法国与法兰西民族的认同,二是对其母国与原生民族的认同。而共和主义的"公民民族"理念对第二个层面的认同不予鼓励,甚至是禁止的。在"共和同化"模式下,外来移民作为少数族裔的身份得不到承认,则使得他们往往会陷入身份认同与情感归属的困境。即便是那些获得法国国籍的外来移民在法律上已成为法兰西民族的一分子,如若得不到法国主流社会的认可,他们作为法兰西民族成员的主体性地位自然也就不完整,甚

---

① Gérard Noiriel, *À quoi sert l'identité « nationale »*, Marseille: Agone, 2007, p. 146.
② 马胜利:《"共和同化原则"面临挑战——法国的移民问题》,《欧洲研究》2003年第3期。
③ [法]热拉尔·诺瓦里埃尔:《国家、民族与移民:迈向权力史》,陈玉瑶译,中国社会科学出版社2017年版,第184页。
④ Gérard Noiriel, *À quoi sert l'identité « nationale »*, Marseille: Agone, 2007, p. 13.
⑤ Richard Jenkins, "Theorising Social Identity", in *Social Identity*, London: Routledge, 1996, p. 26.

至是缺失的,以至于他们难以在社会、文化、经济乃至政治层面上获得真正的平等。外来移民族群能够清醒地认识到这种"未被承认"的状态,加之他们亲身遭受的来自主流社会的某些排斥与不公平待遇,他们对法兰西民族的认同也就渐行渐远,反而不断强化对其少数族裔身份的认同。由此,法国社会内部也就日益积聚导致民族矛盾的诸多因素。

如法国学者德拉诺瓦(Gil Delannoi)所言,民族现象具有不同的表现形式,但都含有两大重要的哲学命题——承认与归属。① 外来移民作为法兰西民族成员的主体性地位得不到承认,自然也就影响到他们对这一民族的认同与归属。

面对民族构成日益多元的情势,"共和同化"模式更多地表现为一种工具理性,借以维系其传统的民族主义情感与单一的民族认同。可是,这种模式在当下不但没有强化法国国民在民族与国家层面上对法国的认同,反而激化了族群矛盾,埋下复杂的民族问题隐患。少数族裔的族群认同与文化情感越是受到挤压,越是会激发他们对其原生民族身份认同的诉求,也会逐渐销蚀他们超越族裔边界去认同法兰西民族的意愿。

在"共和同化"模式下,不从族裔的角度区分民族内部的群体差异,这种价值取向在法国民族国家的建构中具有积极意义,但就其对日益多元的当代社会的适应而言,其整合能力则表现出不足。全球化背景下的移民流动让民族认同日益具有跨越国界的属性,对民族国家认同的建构与维系会存在多样的消极影响,这也是反移民思潮在世界范围内兴起的一个原因。但是,拒绝移民并不意味着可以较好地解决早已在社会中存在的外来族裔群体的认同问题。少数族裔遭受的排斥愈加强烈,其族群认同就越成为一种生存的政治策略,且愈加趋向主流社会不希望出现的社群主义,进而引发诸多民族与社会问题。从族群关系日益严峻的对立态势来看,法国"共和同化"模式面临着空前的危机。

政治学者杜阿梅尔(Alain Duhamel)认为,法国人对待移民的排外情绪,是对其他民族、其他文化、其他风俗持有恐惧心理的一种原始的

---

① [法]吉尔·德拉诺瓦:《民族与民族主义》,郑文彬、洪晖译,生活·读书·新知三联书店2005年版。

社会心态。① 法国主流社会渴望所有人对法兰西民族价值观与传统的认同,但是在面对外来族裔时,这种"成为自我的愿望转向了排斥异己,寻找民族认同下降为仇视外来民族,甚至种族主义"②,而且这些情感的边界并不清晰,极右翼力量就是利用这种模糊的界限来煽动民族民粹主义的。

在法国,每当发生经济危机,针对外来移民的种族主义排外情绪就异常高涨。不可否认,外来移民在诸如就业、福利等方面容易与其他人产生竞争,甚至滋生一些社会治安方面的问题,但这与他们总体上为法国社会所做出的贡献相比是次要的,以偏概全,甚至因为个别人的错误而批评整个移民群体,是有失公允的。

近30年来,很多人认定外来移民是法国高失业率持续不下、福利严重式微、社会秩序紊乱的主要原因,极右翼的政治宣传甚至将之视为法国所有问题的源头,由此导致族群关系持续恶化。显然,种族主义日益成为法国民族问题不断趋向严重的推手。自2015年以来,法国接连发生的恐怖主义事件被证实与穆斯林有关,其中不乏在法国出生成长者,加之持续发酵的难民危机,使得法国社会对外来移民的排斥进一步加剧,尤其是穆斯林遭受到更为严厉的抨击。在此情势下,深受自由、平等与民主等思想影响的穆斯林,以鲜明的态度对其遭受的种种抨击予以反击与报复,更是加重了穆斯林群体与法国主流社会的冲突和矛盾,并形成恶性循环。

尽管接受伊斯兰极端主义思想影响的穆斯林是少数,但他们所造成的影响是极其恶劣的,主流社会与穆斯林之间的矛盾也因此而变得更为尖锐。一项调查显示,有38%的法国人认为伊斯兰教与法国社会是不相容的。③

显然,穆斯林是法国民族问题的关键所在。比起其他外来族裔,穆斯林与法国主流社会的"矛盾"看起来更多,尤其是在涉及宗教与世俗

---

① 陈丰:《带有失落感的民族主义——由杜阿梅尔的近著〈法国的恐惧〉想到的》,《欧洲》1993年第5期。

② 同上。

③ Ifop, « Les Français et leurs perceptions de l'immigration, des réfugiés et de l'identité », juillet 2017, http://www.ifop.com/media/poll/3814-1-study_file.pdf.

主义的问题上。百余年来，世俗主义的观念已在法国深入人心。法律保护宗教信仰自由和宗教平等，且政教分离原则严格区分宗教信仰在公共领域和私人领域中的界限。穆斯林往往会因为有悖于世俗主义原则而遭受法国主流社会的批评，他们也多被认为因与法国社会不相容而拒绝融入法国社会。

伊斯兰文化与法国传统文化，尤其是世俗主义、共和主义等诸多理念，存有难以调和的矛盾。至少，穆斯林普遍认为法国没有切实做到确保文化的多样性，表现出对伊斯兰文化的不容忍性，而从法国社会的主流话语来看，穆斯林群体没有遵守在法兰西共和国体制下被普遍接受的原则，尤其是世俗主义、政教分离、法律面前人人平等等原则。某些穆斯林群体的宗教实践被视为对世俗主义价值观的挑战，这也被理解为他们对共和主义的挑衅，是他们拒绝融入法兰西民族的表现。可是，面对这样的批评，穆斯林为自己辩护的理由除了对世俗主义与政教分离原则提出不同的看法外，还特别强调他们的一些做法不是出于宗教原因而是文化原因，是他们对自己族裔文化的传承实践。另外，在很多穆斯林看来，伊斯兰教与世俗主义是可以兼容的。2017 年，巴黎大清真寺穆斯林研究院发布的《法国伊斯兰宣言》就基于国家中立的立场对世俗主义进行解读，提出伊斯兰教与世俗主义可以兼容的论断。[①] 从此视角观察，世俗主义与伊斯兰教之间的较量还会持续存在，而且充满着根本性的立场与原则冲突。

四 讨论与思考

无论是从历史角度追溯，还是就当下进行观察，法国社会一直包含并孕育着明显的文化多样性，表现在族裔、语言、宗教、文化等多个层面。自法国大革命以来，共和主义一直是法国整合和治理日益多元的现

[①] Institut Musulman de la Grande Mosquée de Paris, «Proclamation de l'Islam en France», https：//www. mosquéedeparis. net/wp-content/uploads/2017/03/Proclamation-IFR-par-la-Mosquée-de-Paris. pdf.

实社会的基本原则。不容否认，它在法国民族国家的建构过程中起到了积极的作用。但是，鉴于近些年来法国在应对文化多元主义问题上所遭受的种种挫折与教训，我们不禁要问，"共和主义"原则是否依然适合于当代法国？法国能否继续维系其统一的"单一民族"国家的存在？

在法国，公民维度上的"民族"建构实际上是被赋予主权属性的政治共同体的建构。"公民民族"基于共同的意愿而建，尤其是政治意愿，故具有强大的政治动员能力。但"族裔民族"与"公民民族"所代表的两种民族属性的维度并不矛盾，而且在某种程度上应当是相互补充的。

"公民民族"具有强烈的政治属性，而"族裔民族"则体现出一个民族在语言、文化等诸多层面的特质。在作为"公民民族"的法兰西民族内部，自然也不应当排斥其成员各自的族裔身份，应使其族群认同的情感归属得到满足。只有这样，才能使之在公民维度上更好地强化其对法国、法兰西民族的归属与认同。显然，共和主义的"民族"理念强调民族共同体意识的培育，这对一个民族的持续建构与发展而言，自然具有重要的积极意义。但从法国现状来看，若忽视了其内部存在的诸多族裔差异与诉求，则同样无益于法兰西民族内在团结的维系。

在法国的"共和同化"模式中，我们可以发现一个悖论。既然作为"公民民族"的法兰西民族是出于共同意愿的政治共同体，那么被纳入法兰西民族范畴内的外来移民是否拥有同样的权利表达自己的意愿，以及参与民族建构的权利？可是，"共和同化"模式又过于强调既有传统对外来移民的规训，从而忽视了外来移民参与法兰西民族当代建构的权利。

依照共和主义原则，"公民民族"的共同建构本身应是一个开放的框架，任何有共同意愿之人都有权利参与其中。可是，法国社会并没有给其国民中的外来族裔留下参与共同建构的足够空间，尤其重要的是，外来族裔作为法兰西民族成员的主体性地位实质上是缺失的。在日益多元的社会现实中，"共和主义"原则与"公民民族"理念没有足够的能力去整合法国社会的统一，既不利于社会的内在团结，也有损于法国对日益复杂的现代性条件的适应，还无益于法兰西民族面向未来的认同与建构。

第 六 章

外国人的选举权问题[*]

导读

　　外国人的选举权问题一直是法国社会中重要的政治与社会议题，近些年来支持与反对的声音共存，其原因各有不同；随着欧盟一体化的逐步深入，尤其是欧盟相关法令的实施，外国人的选举权在"欧洲公民"这一群体上实现了突破，由此也在政治实践中进一步区分了"欧洲公民"与第三国侨民两个群体，后者选举权的实现一直是一个未能在立法上得以实现的问题。综观法国在外国人选举权问题上的考量与实践，可以看得出，其问题实质指向于民族国家的主权与政治民主。在当代社会，民族国家作为公民身份认同与权利诉求的核心框架是基本不变的。

---

[*] 本章核心内容曾以《民族国家架构中的权利约束——基于法国就外国人选举权实践的思考》为题，发表于《欧洲研究》2011年第1期。

外国人的选举权①问题在当代西方国家一直是一个重要的政治与社会议题，各国舆论不一，改革与实践的力度也有所不同。在法国，有关外国人选举权的讨论主要集中在他们参加市镇选举的权利方面（尽管也有人主张可将法国公民享有的所有选举权赋予外国人），从法国现行政治民主体制来看，这是最为核心的一项公民权利。

法国早在 1793 年立宪时就首次提到外国人的选举权问题，但该法并未得以实施，此后直到 1998 年法国在落实欧盟有关"欧洲公民"参加各成员国市镇选举的相关规定而进行宪法修订时，才在外国人选举权问题上有了历史性的突破。这次宪法修订也使得法国政治实践中外国人的范畴演变成两个具有重要区分意义的群体："欧洲公民"和第三国侨民。②

在法国历史上，并不缺乏要求以立法形式给予外国人选举权的呼声与行动，这也是近些年来很多政治精英所致力的改革议题。如果说法国于 1998 年立法给予"欧洲公民"选举权是迫于欧盟法律的要求与互惠原则的考虑的话，那么这个国家在此问题上思忖良久的忧虑何在？本章试图在对相关史实进行历时梳理的基础上，在民族国家这一框架体系内对此问题做些尝试性分析。

一　法国对外国人选举权考量的历史脉络

外国人的选举权问题与法律制度、政治体制关系密切。从法国的情况来看，与之相关的法律制度的改革与完善折射出政治体制改革的纷繁复杂，舆论多样，支持与反对的理由各有针对的问题，反映出法国社会

---

① 鉴于"选举权"与"被选举权"是不可分割的权利，而且出于行文的需要，文中"选举权"同时指代"选举权"和"被选举权"。
② 在本章中，外国人意即非法国籍公民。鉴于法国政治实践中的相关表述与行文的需要，"欧洲公民"专指非法国籍的欧盟成员国公民，第三国侨民专指欧盟成员国之外的其他国家侨民。"外国人"应当同时包括"欧洲公民"和第三国侨民，但自从"欧洲公民"获得参加法国市镇选举的权利之后，在法国的政治话语中，很多情况下"外国人"专指第三国侨民。

各阶层在此方面的思量不同。

(一) 法律制度的变革

1. 1793 年宪法首次提及外国人选举权问题。

法国早在 1793 年 6 月 24 日颁布的宪法中首次提到外国人的选举权问题。这部从未得以施行的宪法规定，享有法国公民资格的人除了出生并居住在法国，且年满 21 岁的所有男性以外，还包括所有年满 21 岁、在法国居住一年以上，并且在法国以其工作为生，或置有财产，或娶法国女子为妻，或收养子女，或赡养老人的外国男子，以及所有被立法机构认为有功于人类的外国男子。① 拥有法国公民资格的人具有选举权。

在法国，普选权于 1848 年得到法律认可，当时仅限于年满 21 岁的男性公民，后来于 1944 年扩至女性，1946 年被扩大赋予至法属殖民地的土著人，1974 年又把年龄下限减至 18 岁，但这一权利一直没有把居住在法国的外国人考虑在内。普选权在法国地方选举中的扩展，曾是 1981 年总统选举期间弗朗索瓦·密特朗（François Mitterrand）所提出的 110 个设想中的第 80 个，然而这一设想并没有能够在密特朗时代实现。1987 年他曾宣称这一设想仍旧有效，但法国并没有做好通过相关法令的准备。不过，在欧盟框架下，外国人在法国的选举权于 2001 年实现了突破，但仅限于"欧洲公民"。

2. 《欧洲联盟条约》提出赋予"欧洲公民"在其居住国参与欧洲议会选举与所在国市镇选举的权利。

1990 年在起草《欧洲联盟条约》的过程中西班牙率先提出了"欧洲公民"的概念，欧盟所有成员国的公民都是"欧洲公民"。和传统民族国家的公民身份概念不同，"欧洲公民"身份是一种超越国家和民族的概念，其主要内容由 1992 年签署的《欧洲联盟条约》正式做出阐释，其完善的过程与欧洲一体化同步。《欧洲联盟条约》构建了"欧洲公民"身份框架，提出了给予他们在其居住国参与欧洲议会选举与所在国市镇选举

---

① 译自 Jeanne Hersch 网络图书馆，参见 http://www.aidh.org/Biblio/Text_fondat/FR_04.htm，访问时间：2010 年 10 月 10 日。

的权利。实际上，早在 1989 年 2 月，欧洲议会就通过一项决议，要求原欧洲经济共同体（CEE）的成员国赋予所有在各国居住、工作的成员国公民参加地方选举的权利，直到《欧洲联盟条约》的生效这样的意愿才得以实现。

另外，此后于 1999 年生效的《阿姆斯特丹条约》进一步加强了各国对公民基本权利的保障，再次确认人权是欧洲联盟的基本原则之一，并进一步细化了"欧洲公民"的具体权利；2000 年尼斯会议批准的《欧盟基本权利宪章》具体规定了"欧洲公民"在政治、文化和就业等方面应该享有的基本权利。

3. 修改宪法，赋予"欧洲公民"在法国参加欧洲议会选举和法国市镇选举的权利。

1992 年法国通过了一项宪法法（Loi constitutionnelle n°92 – 554 du 25 juin 1992）①，对其 1958 年颁布的《宪法》进行了修订，增加了"关于欧洲共同体与欧洲联盟"部分，将"欧洲公民"在法国参加欧洲议会与法国市镇选举的权利写进了宪法。② 由此保证了"欧洲公民"在法国参加 1999 年欧洲议会选举的合法性。

法国《宪法》第 88 条第 3 款规定："在互惠的条件下，根据 1992 年 2 月 7 日签署的《欧洲联盟条约》的规定，参加市镇选举的选举权与被选举权只赋予居住在法国的欧洲公民。他们不能够履行市镇长或其副职的职位，也不能参加选举参议员的代表团及其选举。这一条款的施行条件由两院议会投票通过的关涉这一内容的一项组织法进行限定。"③ 该条款中提到的组织法，法国直到 1998 年才正式颁布实施。在法国，成为市镇

---

① 法国于 1992 年《欧洲联盟条约》签署的当年就启动了修订宪法的议案，这项法律在经过下议院、参议院讨论通过后，由总统密特朗于 1992 年 6 月 19 日签署，提交国会（两院议会）投票表决，后者于 1992 年 6 月 23 日批准通过，1992 年 6 月 25 日正式颁布。

② 在这次宪法修订中，有关"欧洲共同体与欧洲联盟"的条款被写进了第 88 条，明确写明法兰西共和国参加欧洲共同体与欧洲联盟。根据 2008 年通过的一项宪法法（Loi constitutionnelle n° 2008 – 103 du 4 février 2008），《里斯本条约》生效后，该部分（Titre XV）的名称改为"关于欧洲联盟"。鉴于《里斯本条约》已于 2009 年生效，在目前的表述中已经删除了"欧洲共同体"的说法。

③ 原文译自法国政府网站，http://www.legifrance.gouv.fr/html/constitution/constitution2.htm#titre15，访问时间：2010 年 10 月 10 日。

当局的主要成员，就有机会参加法国国家层面的选举，法国没有赋予"欧洲公民"更多的权利，应当是出于保护国家主权的需要。

4. 1994 年欧盟发布 94/80/CE 号指令，明确了"欧洲公民"以与所在国公民同等选举权与被选举权的资格参加该国市镇选举的实施规定。

欧盟各成员国的选举体制不一，如何落实《欧洲联盟条约》所赋予"欧洲公民"在各成员国内的政治权利，尤其是参加所在国市镇选举的权利，是这一指令的初衷。它明确指出，该指令并不会影响各成员国有关其居于国外的本国居民，以及居住于该国内的第三国侨民的选举权的相关规定。也就是说，举例而言，对于一个居住在国外的法国人来说，法国如何规定他们的选举权，这一指令对其没有任何影响；对于一个居住在法国的非"欧洲公民"而言，法国是否给予其选举权，这项指令也对其没有任何影响。

依照这项指令，各国对"欧洲公民"参加其市镇选举的相关情况可作进一步的规定，包括他们在各成员国内参加市镇选举时对居住时限的相关要求、被剥夺这一权利的条件，能否担任市镇长或其副职，是否可以参加各国两院议会选举等；以及可以要求他们在参加选举过程中需要履行一定的义务，比如声明当事人在其本国未被剥夺选举权，或提供相关官方文件、有效的身份证件与在其本国内的最后居所地址等。[①]

在这一指令文本的附件中，欧盟发布了法国在此政治权利问题上的立场，即法国不给予其他欧盟成员国公民参加法国两院议会选举的权利，而这一规定在任何情况下都不会影响"欧洲公民"在法国参加市镇选举享有平等的选举权与被选举权。

5. 法国于 1998 年进一步以法律形式明确了宪法中有关"欧洲公民"在法国参加市镇选举的相关规定。

1998 年 5 月 25 日法国颁布了一项组织法（Loi organique n°98 – 404 du 25 mai 1998）[②] 对其《宪法》第 88 条第 3 款中有关"欧洲公民"在法国

---

① 参见欧盟第 94/80/CE 号指令，官方网站地址：http://eur-lex.europa.eu/Notice.do?val = 302107%3Acs&lang = fr&list = 302107%3Acs%2C&pos = 1&page = 1&nbl = 1&pgs = 10&hwords = &checktexte = checkbox&visu = ，访问时间：2010 年 10 月 10 日。

② 这项组织法后又由 2001 年 7 月 13 日颁布的法律进行过修订。

参加市镇选举的相关条件进行了进一步的限定，并落实在其《选举法》中。

欧盟于1994年要求各成员国明确上述"欧洲公民"选举权在实践落实方面的具体规定，而法国是最后一个采取措施将此规定落实为本国法律的国家，这使得当时居住在法国的"欧洲公民"未能参加法国1995年的市镇选举，直到2001年他们才如愿，迄今为止他们在法国共参加了2次市镇选举。①

早在2005年法国参议院曾对其《宪法》第88条第3款的修订进行过讨论，有人主张从言语上斟酌这一条，准备删除参与地方选举的权利"仅限于居住在法国的欧洲公民"的说法，以求外国人在选举权问题上的平等地位，但并未取得实效。②

随着《里斯本条约》的生效，欧洲政治一体化进一步加强。自该条约实施以来，法国没有对涉及"欧洲公民"在法国选举权的相关法律进行修订，即便是在将来有一定程度的修订，其基本原则与框架应当不会有变化。法国在短期内应当不会赋予"欧洲公民"参加国家层面选举的权利，第三国侨民在法国享有选举权的立法也将会有更加漫长的道路，前景并不乐观。

（二）政治舆论的历程

自密特朗于1981年参选总统时提出赋予外国人选举权的动议以来，这个议题在法国的政治、民主进程中一直是未被忽视的内容，而且时常成为政治舆论的焦点，是法国左派一直想向前推进却没有推进的事业。理解法国社会在此问题上的考量，一些重要的政治舆论需要了解。③

---

① 欧洲议会的第一次选举是在1979年6月进行的，鉴于法律的原因，"欧洲公民"第一次在法国参加欧洲议会选举是1999年；"欧洲公民"第一次参加法国市镇选举是在2001年，第二次是2008年（按照法国法律，市镇选举每六年举行一次，2007年本该举行一次市镇选举，但鉴于当年法国的选举较多，被推迟至次年春天）。

② 出处：法国参议院2005年2月15日会议纪要。资料来源：http://www.senat.fr/seances/s200502/s20050215/s20050215002.html，访问时间：2010年10月10日。

③ Catherine Goüeset, «30 ans d'atermoiements sur le vote des étrangers», *L'Express*, publié le 13/01/2010.

1981年春密特朗在参选总统时提出，要争取赋予在法国领土上居住5年以上的外国人参加地方市镇选举的权利，必须保障外来移民劳工与本国公民享有平等权利（工作、社会保险、社会救助、失业保障、继续教育等），其结社权也应当予以承认。在今天的法国社会中，外国人的结社权基本得以实现，但上述平等权利并没有得到全面落实，尤其是就业中的歧视仍然存在。当时负责移民事务的国务秘书弗朗索瓦·欧坦（François Autain）接受法国电台France Inter采访时讲到，外国人享有参加市镇选举的权利只能是他们长期融入法国社会的结果；时任内政部长皮埃尔·约克斯（Pierre Joxe）通过法国《世界报》表示，支持给予外国移民参与地方选举的权利，这是他们融入法国社会的积极因素。而4年后，民政与社会团结部长乔治娜·杜福斯（Georgina Dufoix）在接受该报采访时则声称，外国移民参与市镇选举为时"过早"。

　　1988年1月，社会党全国大会通过了"社会党人的提议"案，其中包括进行允许外国人参与地方选举的改革。同年4月作为当年总统候选人的雅克·希拉克（Jacques Chirac）在接受《里昂－费加罗日报》（*Lyon-Figaro*）采访时估计，密特朗的再次当选将会使得移民事务回归到1981—1985年的宽容状态，而且还有可能赋予外国人选举权，其言意在谋求对此问题持有反对意见者的支持。与此同时，由于注意到大多数法国人对赋予外国人选举权的举措有敌对态度，同样作为总统候选人的密特朗在其《致所有法国人的信》中表示"个人"对"我们的习惯"不容许进行这样的改革而感到惋惜。

　　1989年10月，时任总理米歇尔·罗卡尔（Michel Rocard）宣称支持给予外国人参与市镇选举的权利，但这需要进行一项宪法改革，而政府则有可能因此而受到指责。1990年5月，鉴于社会舆论压力，社会党执行领导机构曾通过了一项有关移民的文件，放弃给予外国人参加市镇选举权的主张。而此后，如上文所述，法国于1992年修改了宪法，赋予"欧洲公民"参与欧洲议会选举与法国市镇选举的权利，并于1998年进一步以法律形式明确了实施规定。

　　在"欧洲公民"于1998年获得参加法国市镇选举的权利以后，有关外国人选举权的讨论主要集中于第三国侨民。① 1999 年 11 月，法国社会掀起了一场有关是否给予第三国侨民参与市镇选举权的讨论，各政党、政治人物与社会民众意见分歧很大；同年 12 月，国民议会社会党成员就此提交了一项宪法改革议案，但未通过。

2000 年 1 月，时任劳动就业与社会团结部长马蒂娜·欧比利（Martine Aubry）表示支持给予第三国侨民参与市镇选举的权利。同年 4 月，国民议会通过一项由绿党提出的议案，以推动与此相关的立法，而反对派几乎全部投票表示反对。时任总理利昂内尔·若斯潘（Lionel Jospin）知道在当时左右共治的情况下，他不可能得到上议院的支持，于是放弃了对这一举措的进一步支持。2001 年 3 月，曾经担任过民政与劳动就业部长的菲利浦·塞甘（Philippe Séguin）② 在参加巴黎市长竞选时表示，巴黎人口的混杂已超过其想象，他支持在市镇选举中把选举权扩大到法语区国家的侨民。2002 年春，迫于社会党的压力，当时作为总统候选人的若斯潘在其竞选纲领中提出，给予定期居住在法国 5 年以上的第三国侨民参加地方选举的权利，并在大选过后的一年中致力于此项改革。但在移民问题高级委员会（Haut Conseil à l'intégration）换届时，时任总理让-皮埃尔·拉法兰（Jean Pierre Raffarin）表示，从融入外来移民的角度看，使之入籍法国比赋予他们选举权更恰当一些。同年 11 月，国民议会否决了由社会党提出的赋予第三国侨民选举权的议案。

2005 年 10 月，内政部长萨科齐在接受《世界报》采访时表示，愿意加强具有合法身份的外来移民的权利，并启动了一项针对外来移民参与市镇选举问题的"心平气和地思考"的讨论；时任总理多米尼克·德维尔潘（Dominique de Villepin）对此表示反对，他"相信国籍与公民身份之间存在强大的关联，正是国籍赋予人们在地方或国家重大政治导向问题上发表见解的权利"；时任总统希拉克对此总结道："在法国有关普选权的理念中，选举权是与公民身份密切关联的。我们所实行的融入政策拒绝社群主义（communautarisme）。"据法国公共舆论研究院的民意测验，

---

① 在实践中，尽管"外国人"中已经区分出了"欧洲公民"的群体范畴，但 1998 年以来社会上继续保留了"外国人"（étranger）的说法，不过其含义则通常专指第三国侨民。

② 此人被认为是一个反对建立欧洲联盟的代表性政治人物。

当时有63%的法国人表示支持在法国居住10年以上的第三国侨民享有参加市镇选举的权利。① 2006年3月，法兰西岛的多个城市就赋予第三国侨民选举权问题进行公决，舆论显示支持率不低。6月，萨科齐宣称第三国侨民在市镇选举中的选举权问题并不是其参选法国总统纲领中的内容，也不是他所属的人民运动联盟（UMP）立法项目中的内容。他很清楚，这是一个非常棘手的问题。而到了2007年3月，社会党总统候选人塞戈莱纳·罗亚尔（Ségolène Royal）表示，如果当选将致力于这一改革，并在2008年让第三国侨民参加地方选举。她未能当选，其言论也就无果。2008年6月，在一项有关机构改革议案的决议中，参议院又否决了赋予第三国侨民参与市镇选举的权利。

时至2009年底，移民与国民身份部长埃里克·贝松（Éric Besson）在全国范围内掀起了有关民族身份的大讨论，其焦点就集中在第三国侨民身上，涉及他们的选举权问题，各方意见不一。这场讨论本身遭到很多非议，因为其中心议题偏移成为专门针对外来移民与穆斯林群体的批评，民众对此怀有敌意。次年1月，贝松在其著作《为了民族》（Pour la nation）中又提到赋权第三国侨民参与市镇选举的问题，但在策略上有所调整，主张把这一权利赋予"曾经被法国殖民过的国家、法语区国家、曾经属于法国的国家的侨民"，并在未来的10年内实现这一改革。②

从政治抉择的角度来看，外国人选举权的问题在各党派与政治人物的支持与反对中几经沉浮，始终看不到一股强有力的支持力量。可以说，虽然反对力量也不强势，但倾向于"不支持"的态度是舆论的主流，这也是为什么支持者曾经在此问题上将"外国人"的范围有过限定，舆论所提出的变革方案基本包括三种情况：一是将"外国人"入籍变成"法国人"，使之成为法国公民，其身份的转变也就使得问题实质进入民族国家及其公民权利的范畴之中；二是赋权给曾经被法国殖民过的国家、法语区国家、曾经属于法国的国家的侨民，这样的限定不但强调了与法国

---

① Didier Hassoux, « Le vote des étrangers l'emporterait à la majorité », *Libération*, 31 octobre 2005.

② Paul Oriol, « Le même droit de vote pour tous », *Politis*, 28 janvier 2010.

在文化上的关联,还有政治方面的考虑;三是以第三国侨民在法国的居住时间作为一个标准对被赋权对象加以筛选。在笔者看来,法国社会在此问题上所存有的顾虑,最终都指向一个核心的问题——国家主权的保护。

二 "欧洲公民"在法国的选举权

(一)"欧洲公民"身份及其意义

"欧洲公民"身份取决于每个人的国籍,是民族国家公民身份的补充,并不会以任何方式取代后者。在欧盟框架下,所谓"欧洲公民"更多的是一种司法意义上的身份,但它为欧洲政治一体化奠定了民事与社会基础,有利于加深欧洲认同。这一身份的创设是多年来欧洲认同观念不断加强的结果,其始点可以追溯至1957年签订的《罗马条约》,该条约给予了当时欧共体成员国公民在欧共体各国自由迁移的权利,但这一自由在当时是与特定的经济活动相关联的,比如说有酬劳的工作、服务等。1974年巴黎峰会曾经提到过给予欧共体成员国公民除经济活动以外的特殊权利的问题,后来欧盟的相关条约或法令都在此方面有所拓展,直到1992年《欧洲联盟条约》的签署,首次规定了"欧洲公民"在各成员国享有参加该国市镇选举与欧洲议会选举的权利,并享有与该国公民同等的选举权与被选举权。1997年的《阿姆斯特丹条约》通过《申根法案》深化了欧盟成员国公民自由迁移的权利。1999年在坦佩雷(Tampere)召开的欧盟理事会会议再次确认了创设一个欧洲司法空间的原则,以给予"欧洲公民"利用各国法院的权利。

综观中欧学界对"欧洲公民"身份的观察,他们对此身份的创设及其权利扩张基本是持积极态度的。在马胜利看来,"欧洲公民"身份旨在动员社会力量,其基础是强调欧洲的共同价值和欧洲特性;欧洲各国民族特性的印迹时刻体现在各国民众的精神和生活中,但和外部世界相比欧洲又是一个具有共同政治文化和价值标准的整体,欧洲一体化便建立在这一基础上；传统的公民资格在国族的框架内形成，并主要是政治内容，而欧盟的公民资格有所不同，它先于政治共同体出现，其主要作用是促进"欧洲政治共同体"的建立，使公民自主地行使民主权利。"欧洲公民"资格虽不完善，但关键是有助于加强欧共体意识，它使欧洲人具体地感到自己是这一共同体的成员，促进了他们对欧洲的归属感；"欧洲公民"资格中存在不少矛盾和不足，但它对政治一体化、欧盟机构民主化和促进公民平等权利起了重要作用；《欧洲联盟条约》中规定的相关权利有限，但"欧洲公民"资格的概念具有"扩展和发动价值"。① 阿尔巴诺·卡戴罗（Albano Cordeiro）曾提出，应当建设一种与"人"（la personne）密切关联的公民身份，而不是与民族国家相关联。② 在他看来，17世纪末出现的公民观念是现代性的产物，与民族国家的概念密切相关，而目前在有关公民司法权利的领域中，出现了越来越以人为本而非以民族—国家作为基本判断依据的倾向，并提出应当去除与公民身份相关的领土概念。这样的观念为欧洲政治一体化建设，以及欧洲认同的实现创造了思想与舆论条件，"欧洲公民"身份的创设与这样的思潮是一致的。西维尔·斯特卢戴尔（Sylvie Strudel）认为，"欧洲公民"在各国参与地方选举与欧洲议会选举权的实现，是建设实在的欧洲政治联盟的关键，为审视建设欧洲政治一体化的理论与实践找到了新的机会。③

作为一个共同体，欧洲联盟必须尊重某些共同价值、标准和共同行动的意志，这种意志应通过公民共同体表现出来，而公民共同体只有在制度化的社会生活中才有意义和实效。④ 也正是基于这样的考虑，"欧洲公民"在各成员国参与欧洲议会、各成员国市镇选举的权利被逐步法律化和制度化的变革才有了非常深刻的政治意义。

---

① 马胜利：《欧洲一体化中的"公民欧洲"建设》，《欧洲》1999年第5期。

② Albano Cordeiro, «Pour une citoyenneté attachée à la personne», *Hommes et Migration*, nº 1229, janvier-février 2001.

③ Sylvie Strudel, «Les citoyens européens aux urnes: les usages ambitus de l'article 8b du traité de Maastricht», *Revue internationale de politique comparée*, 2001/1, volume 9.

④ Dominique Schnapper, *La Communauté des citoyens*, Paris: Gallimard, 1994, p. 54.

(二)"欧洲公民"的权利

《欧洲联盟条约》规定,联盟所有活动均应遵守公民平等原则,所有公民均应受到联盟机构、团体、机关和办事机构的同等关注,除此之外,也赋予了他们在民族国家层面之外的新权利,比如,(1)在欧盟各成员国领土范围内自由迁徙与居住的权利;(2)在本国之外的其他成员国居住时,参加该国市镇选举与欧洲议会选举的权利,并与该国公民享有同等的选举权与被选举权;(3)在第三国领土内无本国代表时,享有获得任何成员国外交、领事机构给予跟该国公民同等保护的权利;(4)向欧洲议会请愿和求助于欧盟监察专员的权利;等等。[①]

欧盟的相关法律与条约仅仅是规定了"欧洲公民"参与欧洲议会与各国地方市镇选举的权利,但对于他们能否参与其他选举则由各国来定。在欧洲各国,除市镇选举之外的其他选举与国家主权的关系更为密切,"欧洲公民"未被大范围地赋予这一权利是值得理解的,上述规定反映了欧盟各成员国在协商《欧洲联盟条约》时在国家主权问题上的慎重与忧虑。欧盟每个成员国在赋予其他国家公民在本国参加市镇选举权时,既考虑到了互惠性原则,又严格地把持各自的原则。也正是基于这样的规定,法国对非法国籍公民参加其市镇选举的措施条件进行了上文已经提及的权利限定。法国给予"欧洲公民"市镇选举权,最主要的动因并不是来自法国社会内部,而是出于欧盟框架下的成员国"义务"与对落实在其他成员国生活的法国侨民的互惠性权利的考虑。

(三)法国对"欧洲公民"参加其市镇选举的法律规定

在法国,"欧洲公民"的被选举权与法国公民并不是完全一样的,前者最多可以成为市镇议会的议员,而无法当选为市镇长或其副职,也没

---

① 《欧洲联盟基础条约:经〈里斯本条约〉修订》,程卫东、李靖堃译,社会科学文献出版社2010年版,第63页。

有权利参加总统选举、国会选举、地区议会选举、省议会选举等。①

在"欧洲公民"参加法国市镇选举的资格认定上，长期居住或工作在法国的人当然拥有选举权，但如果当事人在法国拥有实际住所或经常居住在法国，也可以视为居于法国，拥有选举权。"欧洲公民"在法国参加市镇选举，须满足以下几项条件：一是在选民补充名单上注册；二是在其本国与法国没有受到剥夺选举权的惩罚；三是符合在法国参加投票选举的其他法定条件，比如年满18岁等。他们在选民补充名单上注册以后，可以得到一个选民证，以此作为参加投票的凭证。

在欧洲议会选举中，居住在法国的"欧洲公民"必须对其参加选举的所在国进行选择，在同一次选举中，他们只能投一次票，也就是说不能同时在其本国和法国两次参加投票。

另外，尽管法国法律已经赋予了"欧洲公民"参加其市镇选举的权利，但社会舆论对此还是持有否定态度的。在田野调查中笔者发现，这种否定态度主要认为，欧盟在此问题上的制度变革是一种"指手画脚"的干预，影响了他们的正常生活；他们担心的是如何保持"法国特性"的问题，究其根底，还是国家主权的问题。但是也有人支持扩大"欧洲公民"在市镇选举中的权限，以及参加其他选举的权利，只不过，此种舆论声音比较微弱。

三 第三国侨民的选举权问题

在法国，第三国侨民的选举权问题迟迟未有明朗的政治决断，那么原因何在？恐怕对此复杂的问题难有简单的解释，但从社会舆论的交锋与相关政治行动的沉浮中，我们可以窥见一斑。

---

① 除本国公民外，以下国家在其市镇选举中仅赋予"欧洲公民"选举权和被选举权：法国、德国、奥地利、意大利；西班牙、葡萄牙、英国等国家仅赋予居住在其境内的部分国家的侨民选举权和被选举权。比利时、丹麦、卢森堡、荷兰、瑞典，以及瑞士的部分省区给予在其境内居住时间已达数年的所有外国侨民选举权和被选举权。爱尔兰对于在其境内居住时间低于一定年限的外国侨民，不赋予选举权和被选举权。以上资料来源于法国参议院文件：http://www.senat.fr/lc/lc154/lc154.pdf，访问时间：2010年10月10日。

（一）社会舆论的交锋

1999年底，内政部长让－皮埃尔·舍维讷芒（Jean-Pierre Chevènement）提出可能考虑赋予持有10年长居证件的第三国侨民参加市镇选举的权利时，《快报》（*L'Express*）杂志曾借机采访过部分外国居民超过10万人且占其人口数量10%以上的市镇长[①]，他们的意见应当是有代表性的。

反对者中有人坚持选举权应当与国籍身份联系起来；推进第三国侨民的融入，最好的措施就是赋予他们法国国籍，这相对来说是比较容易的。有人认为，赋予第三国侨民参加市镇选举的权利，极右势力会强势反对，将导致在其聚居的社区中引起不安定因素，有损于地方利益；在当时，极右势力已经有所减弱，他们害怕如此改革有可能使其重新抬头。在有些人看来，"欧洲公民"在2001年获得参与市镇选举的权利，并不意味着法国也一定要赋予第三国侨民这一权利。欧洲是建立在制度原则之上的，存在互惠原则，生活在欧洲其他国家的法国公民同样可以参与他们所在国的地方选举，而如今法国与其他非欧盟国家的关系并不是这样。左派阵营致力于推进这样的政治改革，被指为政治操控，借以刺激极右翼，掌控对立面；也有人认为选民阵营的扩大并不会对左派或右派带来好处。

另外，有舆论认为，在法国的政治实践中除了要考虑属人权利（droit du sang）与属地权利（droit du sol）外，还应当考虑意愿权利（droit de la volonté），应当尊重法国的民意，赋予第三国侨民选举权并不代表进步，对于现代民主来说，"人"与"公民"之间的区别具有本质性意义。[②]

而持有保留意见的人认为，给予第三国侨民选举权并不一定有利于他们的融入，因为他们当中的年青一代并不关心投票问题，尤其是那些马格里布后裔，这一现象才是最令人担心的。为了推进第三国侨民的融

[①] Feltin Michel, «Vote des étrangers: les maires divisés», *L'Express*, publié le 23/12/1999.

[②] *La Lettre de la Citoyenneté*, n°104, mars-avril 2010, http://www.lettredelacitoyennete.org/menu104.html, consulté le 10 octobre 2010.

入，在就业、教育方面采取些积极措施应当是有效的。[①]

从支持者的角度来说，有些市镇长认为第三国侨民为其地方社会的发展做出了很大的贡献，他们参与地方市镇选举，表达自己的声音，是再正常不过的，地方舆论也有接受他们的意愿。从此视角看问题的人，不但支持赋予第三国侨民市镇选举权，甚至有的还主张赋予他们参加国家层面选举的权利，但前者是第一步。第三国侨民聚居区的投票率提高，能够帮助这些居民认识到，他们不再被视为二等公民，而极右势力的影响也会就此减弱，甚至一直反抗种族主义并为第三国侨民的融入而呼吁的左派阵营也能从选民阵营的扩大中受益。这一措施同样会极大地改变选举运动的社会氛围，还有助于消除常常把移民与犯罪现象混淆在一起的观念。实际上，他们认为包括"欧洲公民"和第三国侨民在内的外国人参加市镇选举并不能够改变选举结果，他们也会像法国人一样投票。

法国《世界报》的外交专刊曾于2000年1月发表过一篇题为《外国人与选举权》[②]的文章，就反对给予外国人（尤其是第三国侨民）选举权的一些论调进行了批评，指出外国人在其公民身份所属国参与选举与在其居住国参与选举的双重性是具有合法性的，前者是基于他们对自己国家的忠诚，而后者则是基于他们所融入的共同体中政治生活的利益考虑。

尽管有舆论主张从赋予外国人法国国籍的角度来解决他们的选举权问题，从而不至于产生国籍身份与公民权利的矛盾，但是给予外国人法国国籍也会产生另外的问题，尤其是经济、福利等问题。笔者认为这也是法国社会不想触及的一些麻烦问题。当然，无论社会舆论与当局决策是同意还是反对，外国人（尤其是第三国侨民）的选举权问题越来越成为法国社会中一个不能回避的议题。

---

① 根据法国市场与舆情调查机构CSA于2008年进行的一项调查研究，如果要判断居住在法国的非欧盟籍的第三国侨民是否已经融入法国社会的话，人们最看重的是他们在法国是否拥有工作。资料来源：*La Lettre de la citoyenneté*, n° 93, mai-juin 2008, http: //www. lettredelacitoyenete. org/menu93. html，访问时间：2010年10月11日。

② Monique Chemillier-Gendreau, « Quelle citoyenneté universelle adaptée à la pluralité du monde? », in Dayan-Herzbrun, Sonia et Tassin, Etienne (éds.), *Tumultes*, n°24, «citoyennetés cosmopolitiques», Paris: Kimé, 2005.

（二）立法努力与权宜之计

尽管法国社会中支持赋予外国人（尤其是第三国侨民）选举权的声音并不强大，但已有不少政治人物在就此问题的立法方面做出了很多努力。早在 2000 年 5 月，在法国左派的推动下，一项有关第三国侨民选举权的立法议案曾经被国民议会批准通过，然而，这项动议从未被提上参议院的议事日程，也就未能最终得以由国会批准立法；2006 年 1 月，左派参议院议员曾就此议题提交过一项新的议案，但占多数的右派拒绝将之列入参议院的议事日程；2008 年法国在修订宪法时，几项旨在给予第三国侨民市镇选举权的修正案均被否决；2010 年 3 月，法国国民议会又一次否决了一项与之相关的提案。成立于 2002 年的支持外国人选举权的组织"公民选举共同体"（Votation Citoyenne），就此次呼吁要组织地方性的公投，由民意来决定是否给予第三国侨民选举权，但一直未能产生具有积极意义的改观。

实际上，在法国立法给予"欧洲公民"选举权之前，法国部分地区也针对外国人参与地方政治的问题出台了一些权宜政策。1985 年巴勒尔（Mons-en-Barœul）市率先建立了有外国人参与的市镇议会，后来又有数个城市建立了这样的议事机构。[①]

近年来，法国还举行了一些具有象征意义的运动，尤其是法国的人权保护联盟所提出的"公民选举权"运动，努力在全社会中推广这一观念，不少市镇在其涉及多种议题的全民公投中，向在法国居住时间已达一定期限、情况稳定的外国人开放，允许他们参加。

四　讨论：民族国家架构中的权利约束

（一）外国人选举权问题的核心指向：国家主权与政治民主

综观法国社会舆论在外国人选举权问题上的思量，左右派阵营各有

[①] «Conseil des résidents étrangers», *Le magazine des Ulissiens*, octobre 2009, p. 15.

反对或支持的态度，且理由多样，反对者所担心的核心问题实质上指向国家主权的独立与政治民主的维系。[1] 尽管有人担心赋予外国人选举权会对国家主权的稳定产生影响，但长期以来在法国社会中所形成的民主传统，又使得有舆论倾向于支持，因而在此抉择中，博弈的结果是只对"欧洲公民"赋权参加市镇选举，而在国家层面的选举权限上有所保留，并拒绝把这样的权利赋予第三国侨民。在笔者看来，外国人参与选举并不会动摇法国国家主权及其核心政治权力架构。

外国人的选举权问题与移民问题、族裔问题密切相关。很多欧盟国家的民众担心，越来越多的外来移民会挤压自己的生存空间，推动某些外来移民群体所彰显的社群主义的扩张，使自己的国家失去民族特征，丧失自己主体民族的地位，影响其民族内部的一致性和团结性，以及本民族内部的民族感情和认同。另外，大量移民的跨界现象，尤其是非法移民的存在，削弱了民族国家对其疆界的把持，进而影响到了它对自己国家主权的掌控。随着国家安全范畴从传统的军事性威胁向政治、经济、社会等非传统领域拓展，移民问题越来越多地被作为一个国家安全问题加以讨论。移民群体中犯罪现象的长期存在及其日益增长的趋势对社会安全产生了一定的威胁，由此产生的本土民族的排外主义与种族主义情绪也使得欧盟各国民众的心理发生了变化，使之感觉自己受到了伤害。外来移民群体所带来的经济、社会问题，以及对民族认同所产生的影响等，使得普通民众对他们的恐惧心理和排斥态度与日俱增，而各国极右翼政党则抓住这一时机鼓吹排外主义和种族主义，得到了很多拥护和支持，使得各国政治生态发生了改变。[2] 这也是在外国人选举权问题上有些法国人持有反对情绪的社会根源。

在法国本土，有近19%[3]的人口居住在法兰西岛地区，这里不仅人口众多，而且也是外国人与移民数量所占比重最大的地区，鉴于此，这个

---

[1] 民族国家主权的核心利益涉及国家疆界、国内政治、民族认同、文化传统、人口构成和国家安全等多个层面。

[2] 张新平、荆海涛:《移民对欧盟民族国家主权的影响》,《世界民族》2009年第5期。

[3] 据法国2007年人口普查数据，参见 INSEE：http：//www.insee.fr/fr/ppp/bases%2Dde%2Ddonnees/recensement/populations%2Dlegales/france-regions.asp？annee = 2007，访问时间：2010年9月1日。

地区的法国人在外国人选举权问题上的意见有一定的代表性。自 1994 年以来,《公民信笺报》(*Lettre de la Citoyenneté*)经常委托法国著名的市场与民意调查机构(Institut CSA)进行一项有关法国人是否支持赋予外国人选举权的民意调查。据 2008 年的调查结果来看,全国范围内有 56% 的法国人对此持赞成态度,而在法兰西岛地区这一比例为 66%;反对者全国比例为 40%,在该地区反对者占 31%。[1] 由此我们可以看出,如果各政党和政府遵从民意的话,相关法案的修订应当是能够取得积极成效的,但迟迟未能出现积极变革的主要原因,还是在于掌控立法权力的政治精英群体中支持的力量不强。

有学者认为,把外国人排斥在社会政治生活之外,"不仅会危害已经取得的基本民主成就",而且会摧毁基本的道德准则。[2] 在欧洲各国的历史上,人口与族群(民族)的融合一直不断地进行着,只不过相互融合的族群(民族)之间有着相差不大的文化、历史与宗教特性,尽管他们之间彼此有排斥,但相互之间的文化共性让他们最终基本上融于一体。今天的欧洲各国所面对的移民,一部分是欧洲内部的移民,另一部分则是欧洲以外的移民。前者的融入早已不是问题,除了他们在文化的相近之处外,欧盟及各国的政策与法律框架也已经为其融入提供了保障,但另一部分移民群体是很难让欧洲社会接受的,文化上的差异是重要原因,同时也包括很多政治、经济、社会等方面的因素。

随着欧盟一体化的不断增强,各成员国向欧盟的主权让渡日益广泛与深入。但向欧盟所让渡的这些主权并没有真正地威胁到各国的核心政治利益,相反在这些领域内虽然利弊同在,但利大于弊。实际上,欧盟国家主权让渡的过程是一个艰难的利益平衡过程,而且主权让渡的程度与一体化政策的性质并非完全同步,其深度和广度有诸多局限性。[3] 尽管国家主权的概念更多的是出现在国际政治领域中,但在国内政治事务中,

---

[1] 引自 *La Lettre de la Citoyenneté*,n° 93,mai-juin 2008,http://www.lettredelacitoyennete.org/menu93.html,访问时间:2010 年 10 月 11 日。

[2] [英] 斯蒂芬·韦尔托韦茨:《欧洲城市的多元文化政策与公民权利模式》,张大川译,《国际社会科学杂志》(中文版) 1995 年第 2 期。

[3] 刘文秀:《欧盟国家主权让渡的特点、影响及理论思考》,《世界经济与政治》2003 年第 5 期。

涉及外国人参政议政的权利时，国家主权的观念实际上也走到了人们意识的前头。

从其政治实践来看，法国社会担心的是，赋予外国人选举权在一定程度上意味着给予他们一定的政治民主权利，这一权利一旦实现了突破，就会在其不断深入发展与逐渐扩展的过程中，影响到法国国家主权的稳定。如果外国人入籍法国，成为法国的公民，他们享有包括选举权在内的公民的基本权利是理所应当的。而恰恰是通过这一标准的施行，法国可以有充分理由拒绝那些他们不喜欢的外国人入籍，使其无法享有相应的政治民主权利，从而在政治上有力地避免了影响国家主权稳定的因素滋生，同时也以这种方式维系了上文已经提到的主体民族的文化特性，在民族认同与文化传统方面保护了国家主权。

当然，在当下的法国社会中，外国人俨然已经明显地被划分为两个具有重要的区分意义的群体范畴——"欧洲公民"和第三国侨民。上述有关国家主权与政治民主的担忧，不同程度地投身于这两个群体，随着欧洲一体化的逐步加深，欧盟所搭建的政治框架可以缓解法国民众投射在"欧洲公民"群体上的担忧，而这样的缓解并没有从整体上减轻这一担忧，却使得法国民众在维系国家主权与政治民主问题上的情绪更进一步地转移到了第三国侨民身上，这也是后者在法国的选举权一直未能实现突破的一个深层原因。

（二）民族国家：公民身份认同与权利诉求的核心框架

民族国家是当今世界主要的国家形态，在此框架下，公民身份是和特定领土上的居民的民族归属联系在一起的，所有现代国家都对其公民和居住在其领土上的外国人的权利和义务进行了明确的区分。在传统民主政治体制中，公民身份与民族国家的归属联系在一起，而欧盟架构改变了传统的公共领域的确定性和统一性，因此无法依照传统民族国家的方式塑造"欧洲公民"身份。尽管有言论主张在当代全球化得以深入发展的情境下，应当把公民身份与民族国家间的依附关系剥离开来，把前者与"人"密切地关联起来，但在实践中，没有哪一个国家能够做到这一点。

在《人与迁移》杂志于 1998 年发表的专刊《朝向欧洲的移民政治》中，蒂埃里·奥布莱（Thierry Oblet）所作《给予外国人参与地方选举权的象征意义》一文，着重从欧盟内部人口迁移的角度对这一权利的象征性意义进行了分析，指出这一权利的落实有助于欧盟内部的经济与社会文化的发展，但同时也会给各国带来一定的政治问题，因为目前一个国家内部的政治权力基本上还是以民族—国家为基准框架的。①

美国学者约翰·斯托辛格（John Stoessinger）曾讲过，"在我们这个时代，任何个人不再能脱离民族国家体系而生活"，他认为民族国家这一概念包含两个基本内容，一是表达了民族国家主权的属性，二是表示出民族国家具有民族主义的特征。② 在这种有关民族国家的理解中，上述两个维度恰恰解释了法国人为何对外国人的选举权问题有排斥情绪，因为他们要维护自己的民族国家，捍卫主权，而且他们是民族国家的公民，这种情绪是其民族主义的一部分。这两种特性决定了法国人在此问题的态度，表达出他们所不肯让步的主张与应对这一问题的策略。

埃尔韦·安德莱斯（Hervé Andres）所著题为《外国人的选举权：现状与理论基础》③ 的博士学位论文提到，世界上有 1/3 的国家给予了外国人选举权，因此这一实践不能被认为是特殊的；然而却总是受到一定的限制，这体现了认为应当把选举权给予本国公民的意识所具有的约束力量。此文对法国的相关法律、国家与社会内部的诸多矛盾，以及由此激起的有关立宪的讨论等进行了分析，并指出有关外国人选举权问题的核心实质是政治问题，反映出在国籍与公民身份这一对关系背后，是国家主权原则与民主之间的紧张关系问题。

笔者认为，目前的民族国家体系在很长时间内将大致稳定。尽管有言论强调全球性的认同，实现人类的普遍价值与利益，提出民族国家终

---

① Thierry Oblet, « La portée symbolique du droit de vote des étrangers aux élections locales », Hommes et Migrations n°1216, Novembre-Décembre 1998, pp. 104 – 114.

② ［美］约翰·斯托辛格：《民族国家剖析》，蔡鹏鸿译，《现代外国哲学社会科学文摘》1983 年第4 期。

③ Hervé Andres, Le droit de vote des étrangers: état des lieux et fondements théoriques, Doctorat de sciences juridiques et politiques, spécialité de philosophie politique, Université Denis Diderot Paris 7, 2007, http://tel.archives-ouvertes.fr/tel – 00130445, consulté le 1 septembre 2010.

结论，主张取消以主权为特征的民族国家，根本变革现存国际体系。① 国内学者也普遍认为，民族国家本身是一个历史现象，有其产生、发展、消亡的过程，但目前就提出民族国家终结论为时尚早。② 这些论说的重要意义在于，勾画了几种人类社会的结构形式，它们本身表现出的不是人类社会发展中的"应该"或"不应该"的问题，而是一个"可能性"的问题。至于人类社会的发展趋势，应当看到的是目前有一个重要的瓶颈问题，那就是公民身份认同的边界基本上是以民族国家为准的，是群体互动中各类价值判断的基准框架。这一框架或许在人类社会未来的时间段内有所改变，但目前来看，它所涉及的利益问题难以摆脱现有的架构而形成新的平衡，所以民族国家作为一个基准结构，将在一定时间段内约束着公民的身份认同与权利诉求。

针对迈克尔·哈特（Michael Hardt）和安东尼·耐格里（Antonio Negri）在《帝国》一书所提出的今天的世界秩序是由一系列国家和超国家组织组成的"帝国"，"帝国"主权已取代了民族国家主权的看法，戴维·佩纳（David S. Peña）提出，全球化并不一定带来民族国家的衰落。包括联合国、欧盟、世界银行等国际机构在内的国际组织，虽然从地理上超越了单个民族国家的界限，但是并没有摆脱特定民族国家的利益，它们都是世界上最强大的资本贸易国的附属，没有这些国家的资助和保护，这些国际组织就不能正常运作，民族国家和它所资助的超国家组织一起推动了全球化的进程。民族国家的权力构成了民族资本全球化的动力，强大的民族国家还利用上述超国家机构对外施加其影响。全球化与民族国家之间存在共谋关系，是民族国家在后冷战时期保存和增强国家权力的一种手段。③

在当代，民族国家仍旧是国际政治的主体。澳大利亚《论题十一》杂志所刊登的约翰·霍尔（John A. Hall）的《全球化与民族主义》④ 一

---

① 瞿炼：《民族国家的历史命运——西方世界的困惑》，《欧洲》1998 年第 1 期。

② 张建军：《民族国家研究综述》，《中南民族大学学报》（人文社会科学版）2005 年第 2 期。

③ 原文出自美国《政治事务》2002 年第 11 期，引自 ［美］佩纳《民族国家与全球化》，黄晓武编写，《国外理论动态》2003 年第 2 期。

④ John A. Hall, "Globalization and Nationalism", *Thesis Eleven*, n° 63, 2000.

文认为，在当代的资本主义世界中，民族国家仍然具有重要地位。经济全球化的迹象非常明显，其中跨国公司扮演了非常重要的角色，但是这些具有国际业务的所谓"跨国"公司实际上都从属于某一个民族国家，其资产主要分布在母国，收入最终也主要流向母国。这种现象反映的是，在当代社会中，国际利益的核心主体仍然是民族国家。他指出，民族主义是一种极其不稳定的力量，欧洲一体化的发展似乎验证了民族国家日益受到威胁的论调，但实际上，欧盟只是一个地区性、国际性的利益联合体，各民族国家在其中进行重大外交活动的地方，而非超国家的社会组织（其驱动力一直是法国与德国的联合）。欧洲一体化中的主体还是民族国家，各类价值判断的考量基准还是以民族国家为核心的。

欧盟一体化进程中的主要障碍是主权问题，涉及如何保障各民族国家的利益，如何实现欧盟对各国公民基本权利的切实保障等。各民族国家的公民权利是与各国的历史、资源等密切相关的，欧盟难以在这一问题上协商一致，抛开认同问题中的历史维度不谈，新的欧盟建设必然带来新的资源共享与分配方面的矛盾，民族国家框架中的利益边界绝不可能轻易地被各国人民所推翻，各国也不可能出让自己的核心权益。当然，让各国民众享受自己所没有享受到的权益，他们是支持的。因此，互惠原则是非常重要的，但鉴于各国情况不同，真正的平等互惠难以实现。再者，似乎哪个国家也不愿意在涉及其核心利益方面向他国公民开放。

民族国家依旧是当代世界国家组织的主导形式，是保护人的基本权益的基本框架。在世界各国存在利益差异的情况下，民族国家是保护各自群体利益的一道重要防线。出于发展的需要，民族国家间的合作可能存在多种形式（比如欧盟），但其基本的权利主张是以民族国家为主导的，任何一个国家的公民都难以完全逃脱这一框架，而成为某个高于民族国家的组织机构的直接的权利个体。

制度与政策

家庭政策的制度建构

就业政策改革及其治理

第七章

就业政策改革及其治理[*]

导读

  高失业率几乎是过去 40 年间法国劳动力市场的一种常态,其原因是结构性的,比如经济结构深刻转型,并改变了劳动力的行业分布与职业结构,以及劳动力成本高、诸多社会政策存在负面影响等。法国就业政策的既有变革可以概括为三个主要层面:调整总体布局,在宏观层面上促进就业;创造就业岗位,重推中小企业就业;创新用工形式,变革劳动力雇用方式。未来就业政策改革可从以下几个方面寻求出路:调整经济结构,缓解就业问题的结构化束缚;更加突出国家战略引导的角色,加强宏观治理;改革相关社会政策,引导民众转变观念以减少社会层面的阻力;优化就业政策机制,提高其有效性。

---

  [*] 本章相关内容以发表于以下两篇文章:《法国就业政策改革及其治理》,《欧洲研究》2015 年第 1 期;《法国劳动力雇用机制的革新》,《中国劳动关系学院学报》2015 年第 4 期。

自20世纪70年代中期发生首次石油危机后开始出现大规模失业以来，高失业率几乎是40年间法国劳动力市场的一种常态，其历届政府一直积极进行政策改革，以加强就业治理，但失业问题从未在根本上得到改善。导致法国出现高失业的原因是结构性的，涉及经济发展、人口结构、社会制度、劳动观念、就业政策等多个层面。在此结构性困境中，法国就业政策的调整既有创新又有局限，作为了解当代各国在社会治理中应对失业问题一个缩影，值得深入分析和思考。

一　法国就业状况分析

第二次世界大战后，法国在经济发展的"辉煌三十年"间，夯实了社会发展的资本与技术基础，经济结构逐步转型，人口职业结构与社会环境也发生深刻变迁。20世纪70年代中期以前，法国基本上不存在失业问题，实现了所谓的"充分就业"。此后，三次石油危机连续对其经济造成较大破坏，不但增长持续低迷、产业结构深刻转型造成大规模失业，而且劳动力人口的增长也加重了就业负担，他们在知识、技能、观念与分布等方面的变化与其经济结构亦存在诸多不相吻合的地方，失业现象背后的结构性因素不断累积。[①]

（一）劳动力就业格局

法国劳动力人口的就业格局无论是就行业分布、职业结构，还是雇用方式、性别对比而言，在第二次世界大战后都经历了非常显著的变化。从行业分布来看，第三产业就业人口的数量迅猛增长，而农业与工

[①] 本章数据分析以法国本土社会为主；除特别说明外，所有统计数据均引自法国国立统计与经济研究院，并以脚注方式给出原始数据的网络链接，访问时间：2015年1月20日。

业、建筑业的就业人口日渐式微，二者差距越来越大。如今几乎有80%的人口在第三产业就业，而仅有2.5%在农业、12.7%在工业、6.5%在建筑业就业（参见图7—1）。

就职业结构而言，产业工人（ouvriers）数量明显减少、职员（employés）数量大幅增多，人口职业身份更加多元。据相关统计数据，2013年劳动力人口中农业主占2%，手工业者、商人与企业主占6.2%，管理干部与高级知识分子占17.5%，从事中间职业工作者占25.2%，职员占28.3%，工人占20.6%，其他职业群体占0.2%。①

在"辉煌三十年"间，约有20%的劳动力是自雇者（non salariés）②，如今此类群体的比例已几近降至10%，其余近90%是领取工资的雇员（salariés）；20世纪80年代以前，雇用劳动者基本上都签订无固定期限合同（contrat à durée indéterminée），而如今只有大约75%的就业人口签订此类合同，近9%的人签订定期合同（contrat à durée déterminée）。③此外，近几十年来劳动者素质大幅度提高，但与之相伴的是高龄化趋势日益明显；劳动者在身体上的疲劳日益减少，却面临着越来越多的社会压力；人口就业日益向城市集中，女性就业率显著上升，人口就业格局日益分化。④

（二）就业率

自20世纪60年代后半期以来，法国就业率总体下滑，性别差异趋缓，但年龄差异明显，未充分就业现象突出。

就业率自20世纪80年代初开始大幅下滑并持续走低，直至90年代末才开始回升，并基本保持在64%左右。20世纪80年代中期以前，

---

① Institut national de la statistique et des études économiques, « Fiches thématiques-Emploi, salaires », *Insee références*, édition 2014.

② 数据来源：http://www.insee.fr/fr/themes/document.asp?ref_id=irsocmartra13，访问时间：2014年9月1日。

③ 数据来源：http://www.insee.fr/fr/ffc/figure/NATnon03240.xls，访问时间：2014年9月1日。

④ Olivier Marchand, « 50 ans de mutations de l'emploi », *Insee Première*, n° 1312, septembre 2010.

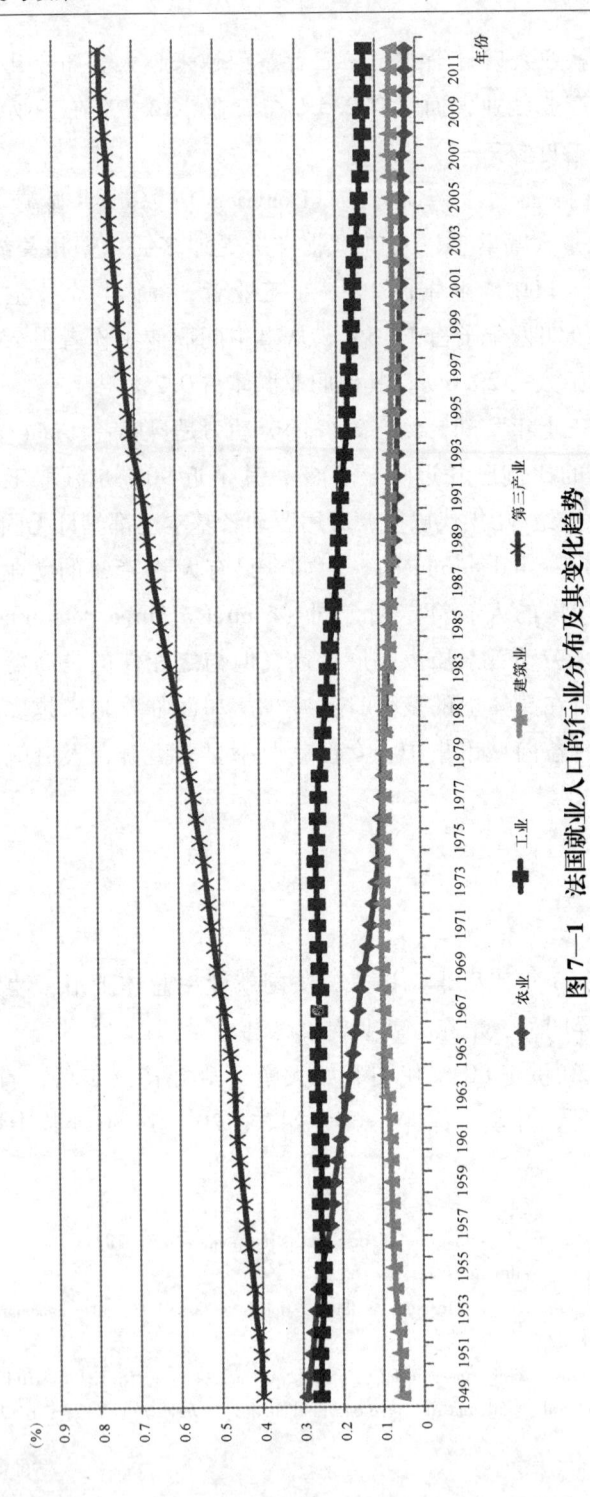

图 7-1 法国就业人口的行业分布及其变化趋势

数据来源：http://www.insee.fr/fr/ffc/ipweb/ip1201/ip1201.xls；http://www.insee.fr/fr/themes/series-longues.asp? indicateur = emploi-total-secteur。

公共部门就业数量增长迅速，此后放缓①，至今基本容纳了 22% 左右的就业人口，而私有部门则提供了近八成的就业岗位。② 与其经济周期相应，法国新增就业岗位的变化基本上是每隔五六年就出现一个大幅增加或停滞甚至是缩减的周期。③ 与欧洲其他国家相比，法国就业率一直相对较低，处于中等水平，近 10 年来排名日趋下降，已连续数年低于欧盟平均水平。④

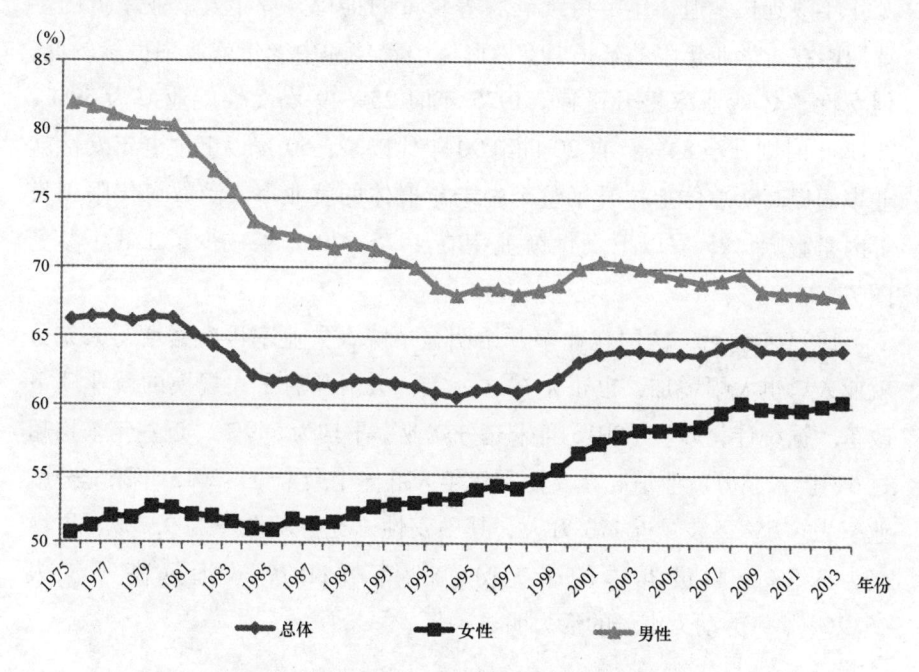

图 7—2　法国 15—64 岁群体就业率变化趋势

数据来源：http://www.insee.fr/fr/ffc/figure/NATnon03171.xls。

---

① 尽管公共部门就业增长速度放缓，但 1980—2002 年公共部门就业率增速仍是整体就业率的 2 倍。

② Julien Pouget, «Secteur public, secteur privé: quelques éléments de comparaisons salariales», Institut national de la statistique et des études économiques, *Les salaires*, édition 2005.

③ 数据来源：http://www.insee.fr/fr/themes/document.asp?ref_id=irsocmartra13，访问时间：2014 年 9 月 1 日。

④ 数据来源：http://www.insee.fr/fr/ffc/figure/CMPnon03179.xls; http://appsso.eurostat.ec.europa.eu/nui/submitViewTableAction.do?dvsc=1，访问时间：2014 年 9 月 1 日。

尽管男性就业率整体高于女性，但自20世纪70年代中期以来，男性就业率持续下滑，而女性就业率则稳步上升，性别差异明显趋缓。在男性群体中，青年人与中老年人就业率相对较低。[1] 中老年男性就业率走低，部分原因与产业结构变化有关，尤其源于手工业、农业领域中一些职业的消失，而且前些年退休制度中一些对中老年有利的机制也促进了他们提早退休。但1995年以后，男性中老年就业率稍有升高，原因在于工作年限延长、退休年龄持续延后等政策的推行。青年人就业率低的主要原因在于学业年限的延长。女性群体中青年和中老年就业率虽然较低，但女性整体就业率提升迅速。1975年时25—49岁女性就业率为59%，2012年时则升至84%。自20世纪90年代以来，50岁以上中老年女性就业率的提高从总体上拉升了整个中老年群体的就业率。受教育年限延长等因素影响，25岁以下女性就业率在1975—2012年减少了1/3（参见图7—2）。

1993年前后，法国就业率开始明显下降，失业率再次猛增，未充分就业人口也大幅增加，也正是在这一年，法国开启了大规模的就业政策改革。据统计，1993—2013年未充分就业率平均为5.9%，近些年来均超过6%。未充分就业情况在女性和青年人群体中最常见。2013年未充分就业率为6.5%，涉及近170万人，其中女性未充分就业率为9.7%、男性仅为3.5%，职员群体的未充分就业率（11.7%）远远高于工人（5.9%）。[2] 劳动力市场的活力明显不足。

（三）失业率

近些年来，法国失业率整体高企，在年龄、性别、职业、地区等方面存在多样性差异。受石油危机、经济周期、产业结构调整等多重因素影响，自20世纪70年代中期开始失业率经历了急速上升的10年，此后

---

[1] 数据来源：http://www.insee.fr/fr/themes/document.asp?ref_id=irsocmartra13，访问时间：2014年9月1日。

[2] Institut national de la statistique et des études économiques, « Fiches thématiques-Emploi, salaires », *Insee références*, Édition 2014.

虽有下降，但20世纪90年代中期又攀至新高，平均高于10%；2000年后几经起伏，受经济危机影响，2009年以来再次高企，2013年为9.8%。2003—2013年长期失业率基本保持在40%以上①，充分折射出劳动力市场的停滞与僵化态势。与欧洲其他国家相比，法国的失业率虽然不是特别突出，但基本上高于同期欧盟平均水平。② 在失业率整体居高不下的背景下，其内部的多样差异更折射出失业问题的复杂性。

1. 年龄差异

在不同年龄段群体中，15—24岁青年人失业率最高，2003—2013年平均为21%，是同期总体失业率的2.5倍③，而同一时期50—64岁中老年人失业率则保持在5.4%左右，平均低于总体失业率3.2个百分点，与青年人相比更是平均低了15.7个百分点。④ 不过，长期失业者主要集中于50岁以上的中老年群体，2003—2013年比例高达58%。⑤ 图7—3显示了法国失业率在不同年龄组群体间变化趋势的差异。

2. 性别差异

女性失业率基本上一直远高于男性，1975—2013年是同期男性失业率的1.4倍，但失业率的性别差异趋缓，甚至自2012年以来首次出现了女性失业率稍低于男性的现象。⑥ 2003—2013年女性长期失业者比重（39.3%）稍低于男性（40.2%），⑦ 折射出法国促进女性就业的特殊政

---

① 数据来源：http://www.insee.fr/fr/ffc/figure/NATCCF03342.xls，访问时间：2014年9月5日。

② 资料来源：http://www.insee.fr/fr/ffc/figure/Chomagelong.xls，访问时间：2014年9月1日。

③ 自1975年以来，15—24岁青年人的失业率一直远远高于总体失业率，平均是同期总体失业率的2.2倍。数据来源：http://www.insee.fr/fr/ffc/figure/NATCCF03338.xls，访问时间：2014年9月1日。

④ 数据来源：http://www.insee.fr/fr/ffc/figure/NATCCF03338.xls，访问时间：2014年9月1日。

⑤ 数据来源：http://www.insee.fr/fr/ffc/figure/NATCCF03342.xls，访问时间：2014年9月5日。

⑥ 数据来源：http://www.insee.fr/fr/ffc/figure/NATCCF03338.xls，访问时间：2014年9月1日。

⑦ 数据来源：http://www.insee.fr/fr/ffc/figure/NATnon03341.xls，访问时间：2014年9月5日。

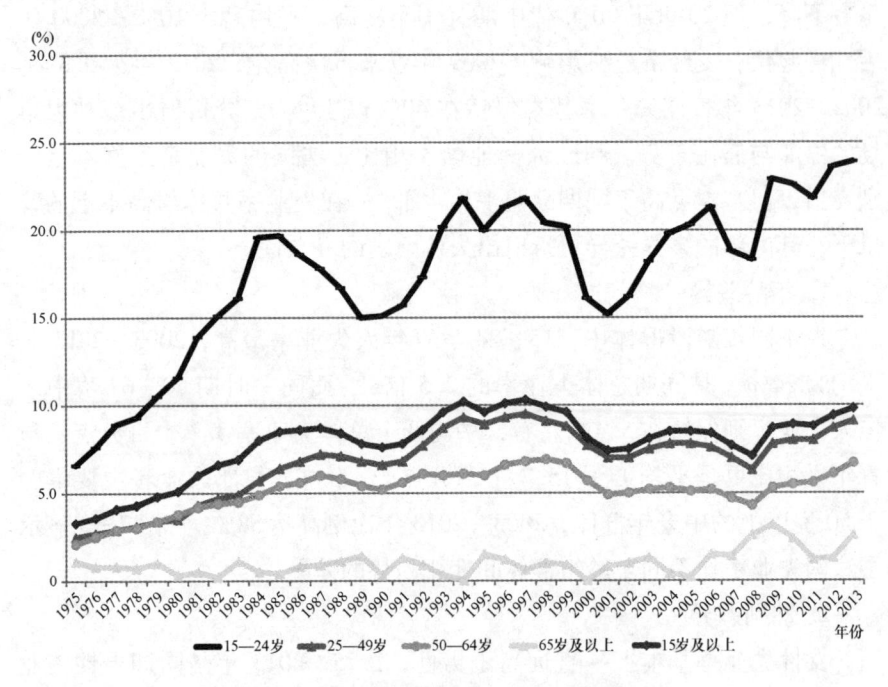

图7—3 法国失业率的年龄组差异

数据来源：http://www.insee.fr/fr/ffc/figure/NATCCF03338.xls。

策所发挥的积极作用，而女性就业率的提升在一定程度上挤压了男性的就业空间。

3. 职业差异

从职业群体的角度来看，工人与职员群体受失业影响最大，而且各群体间失业率差异较大。就2003—2013年的失业情况而言，工人失业率最高，1.4倍于同期总体失业率、3.2倍于管理人员（cadres）失业率；职员群体失业率则与总体失业率基本持平，但平均2.4倍于同期管理人员。① 总体来看，低技能劳动者最容易受到失业威胁。② 如若考察长期失

---

① 数据来源：http://www.insee.fr/fr/ffc/figure/NATASF03362.xls，访问时间：2014年9月1日。

② 移民也是较容易受到失业威胁的群体，其失业率远远高于同期总体失业率，并且几乎是非移民失业率的2倍。资料来源：http://www.insee.fr/fr/ffc/figure/NATnon03346.xls，访问时间：2014年9月1日。

业情况，可以发现手工业者、商人、企业主、管理干部、高级知识分子的长期失业率虽然相对较高，而从事中间职业工作者较低，但各职业群体间的差异并不是特别明显。① 图7—4 显示了法国不同职业群体失业率变化趋势的差异。

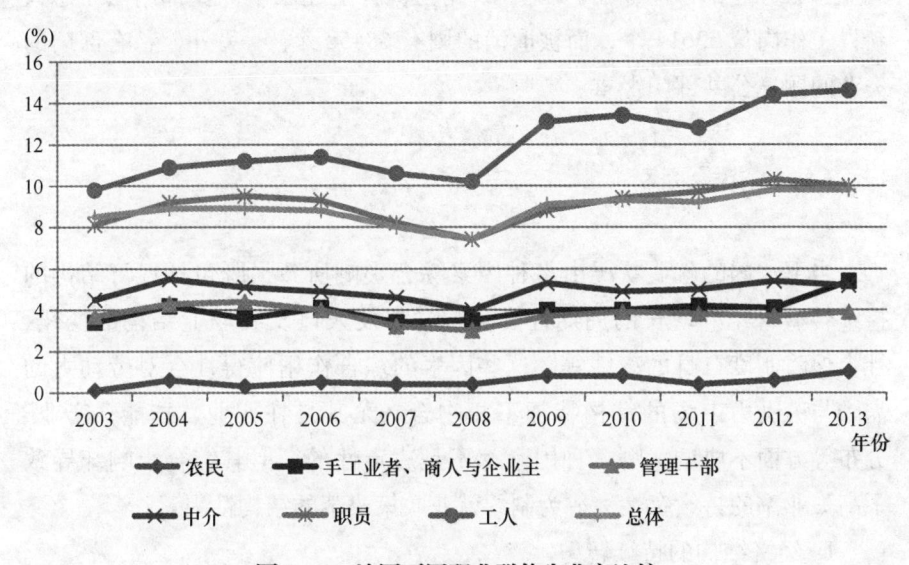

图7—4　法国不同职业群体失业率比较

数据来源：http：//www.insee.fr/fr/ffc/figure/NATASF03362.xls。

4. 地区差异

地区间失业率差异较大。若以行政大区为比较单位，2009—2013 年各大区失业率基本上徘徊于 6%—11%，此前 2003—2008 年则波动于 4%—10%，在 1990—2002 年区别更大，存在 7—8 个百分点的差距。② 如果再缩小比较单位，对省或市镇作以比较，地区间的失业率差异更大，这种差别来自经济发展水平、产业结构、劳动力素质、交通设施、创新能力、区域竞争力等多种因素的综合影响。

---

① 资料来源：http：//www.insee.fr/fr/ffc/figure/NATnon03341.xls，访问时间：2014 年 9 月 5 日。

② 数据来源：http：//www.insee.fr/fr/ffc/figure/t_0707R.xls，访问时间：2014 年 9 月 1 日。

在法国官方机构公布的统计资料中,虽然没有按照行业统计的失业数据,但我们可以通过就业岗位的增加或减少透视一番。总体而言,近些年来各行业虽然新设大量工作岗位,但同时也有更多岗位被取消,受整个经济局势的影响,各行业就业容量总体缩水,失业现象在工业、建筑业、服务业都普遍存在。以 2013 年为例,上述三个产业部门当年总共新设工作岗位 53614 个,而被取消的则有 68458 个。[1] 另外,私有部门的失业问题比公共部门严重。

(四) 背景分析

当下法国的就业状况由多种因素综合影响所致,既包括经济结构的持续转型、经济增长的周期性变化,又涉及人口及其职业结构的变化、社会保障制度自身的束缚等。这些因素的综合作用使得社会对劳动力的需求与劳动力市场的结构特征不相吻合,尤其是在职业、技能、产业、分布等方面不协调,哪一种因素都不是决定性的,但其综合影响却导致了高失业率的持续存在,成为制约就业政策改革的结构性因素。

1. 经济结构的持续转型

法国在第二次世界大战后所实施的一系列"国家计划"在经济发展中起到了举足轻重的作用,由于重视技术革新与基础工业的现代化,吸收外国资本投资,经济恢复迅速,并在 20 世纪 70 年代中期发生石油危机以前保持了较高的增长速度。自 20 世纪 60 年代中期开始,法国的产业结构就发生了明显转变,农业、工业与建筑业在经济发展中的比重日益缩减,整个第三产业越来越成为经济增长的主要支柱,而 20 世纪 80 年代以来信息技术的迅猛发展进一步催化了产业结构的持续转型,以至于劳动力人口过度集中于第三产业,而在经济总体低迷的局势下,第三产业最容易受到冲击,工作岗位起伏变化较大。经济结构的调整规制了人口职业结构的变化,而且在科技持续进步的背景下,传统经济部门对劳动力的需求总体上进一步缩减,这对法国就业格局的基础性影响将长期存在。

---

[1] F/I/E/ - Kurt Salmon, «Créations et destructions d'emplois en France en 2013», *Attractivité des territoires*, mai 2014.

随着产业结构的深刻转型，一些行业逐步消失，各经济部门之间的协调性不佳，也使之减少了创造更多就业岗位的机会。

2. 人口结构的变化

第二次世界大战后，不但经济、社会的持续变化对法国人口的职业结构产生了重大影响，劳动力人口总量平稳上升、出生率持续走低、老龄化趋势严重等深刻变化也加重了失业问题的演化。在"辉煌三十年"期间，法国保持了较高的人口出生率（17‰—20‰），这些人口自20世纪60年代中期就开始大规模进入劳动力市场，在此背景下，法国不但开始缩减对移民劳工的需求，也面临安置大量人口就业的问题，同时失业现象也日益明显。

随着人口数量的持续增长，劳动力人口逐步上升，但占人口总量的比重却在下降。[①] 同时，早在1980年前后就进入"超老龄社会"的法国面临越来越严重的人口老龄化问题，目前老龄人口比重为17.53%，估计到2060年初其本土60岁及以上人口将占1/3。[②] 在此背景下，法国社会养老的负担日益加重，一部分中老年人的（再）就业对其他群体的就业带来负面影响。

3. 劳动力雇用形式多样化

自20世纪80年代以来，法国劳动力雇用形式日益多样化，定期合同、临时工作（intérim）、援助合同（contrat aidé）和学徒工等一些特殊的就业形式发展迅速。据统计，1982—2012年特殊形式就业数量翻了一番多，占就业总数的比重从5%增长至12%。在青年人群体中，特殊就业形式增长尤其快，1990年后成为他们普遍采用的就业途径；2012年15—24岁青年人中有近一半的人以特殊形式就业，而1982年时比重仅为16%。[③] 从1990年到2007年，雇用劳动者临时就业的比例从10%增加到

[①] 1975年时，劳动力人口为2262万人，占其人口总数的比重为58.2%，至2013年升至2857.7万人，比重为56.4%。数据来源：http://www.insee.fr/fr/ffc/figure/NATCCF03170.xls，访问时间：2014年9月1日。

[②] 资料来源：http://www.insee.fr/fr/themes/document.asp?ref_id=ip1320，访问时间：2014年9月1日。

[③] 数据来源：http://www.insee.fr/fr/themes/document.asp?ref_id=irsocmartra13，访问时间：2014年9月5日。

15%，在 20 世纪 60 年代几乎不存在的非全职工作比例也从 12% 提高到 18%。① 如今有 90%②的劳动力雇用是在定期合同或临时合同的框架下签订的，无固定期限合同大幅减少，增加了就业的不稳定性，以至于推升了失业数量。

4. 劳动力成本高影响就业

在法国劳动力成本的基本结构中，劳动者薪酬占 67.3%、雇主所承担的社会分摊金（cotisations sociales）平均占 28.3%。③ 与欧盟其他国家相比，法国劳动力成本较高，主要受到两个因素影响：首先是最低工资制度。最低工资的增长一度超过了通货膨胀和平均工资水平的增长幅度，也领先于欧洲其他国家。最低工资制使得劳动力成本失去了可以灵活调节的特性，很多企业没有雇工的动力。其次是企业须为其所雇劳动者缴纳的社会保险费用过高。劳动者个人职业技能越低，企业为其支付工资时所付出的劳动力成本就相对越高。鉴于此，企业普遍尽可能保持最低额度的用工数量。④

5. 社会（保障）制度的制约

法国的社会制度在某些方面也成为导致出现高失业率、影响就业政策改革成效的结构性因素。就法律制度而言，涉及劳动就业的相关规定有些僵化且过度复杂，限制了企业工用的灵活性。从社会保障制度来看，诸多保护机制碎片化特征明显，在为公民提供全方位社会保护的同时，却也束缚了其劳动力市场的活力，尤其以社会分摊金、最低工资制度、失业津贴、工会主导的劳资谈判等因素的消极影响为代表。当政府提高社会分摊金、最低工资标准时，低技能的劳动力人口首当其冲地成为被解雇的人；而提高失业津贴，则又增加了失业人口的惰性。工会积极参

---

① G. Bouvier et C. Pilarski, « Soixante ans d'économie française: des mutations structurelles profondes », *Insee Première*, n° 1201, juillet 2008.

② Claude Picart, « Une rotation de la main-d'œuvre presque quintuplée en 30 ans », *Document de travail*, Institut national de la statistique et des études économiques, n° F1402, 2014. http://www.insee.fr/fr/ffc/docs_ffc/EMPSAL14b_D1_rotation.pdf.

③ 数据来源：http://www.insee.fr/fr/publications-et-services/sommaire.asp?codesage=EMPSAL12，访问时间：2014 年 9 月 1 日。

④ 在此情形下，往往是那些职业素质较低者被剥夺了就业机会，而这些人又通常是最需要得到社会保障制度扶持的人，他们不就业就会给法国的社会保障制度带来更大的财政压力。

与的劳资谈判往往只强调对于劳动者权益的保护,却不曾从整体上照顾到企业在用工方面的困难,反而打击了企业的用工意愿。社会保障制度是一把双刃剑,如何使之最大化地发挥积极作用,是法国需深入考量的现实问题。

二 就业政策改革的格局与实践

第二次世界大战后,法国特别强调国家在社会重建与经济发展中的作用,因此其就业机制跟经济体制一样,既遵循自由竞争的市场法则,同时又强调政府的介入和干预。进入20世纪90年代后,法国失业率居高不下,1994—1999年平均为10.3%,不但是第二次世界大战后失业率最高的一段时间,而且是在高失业率水平上持续时间最长的时期。虽然政府即时通过发展新兴产业、修订法律制度、改革经济政策、给予财政优惠、进行社会协调等多种杠杆调整就业,但不同举措收效有差异,失业率起伏变化,就业形势严峻的现实没有得到根本性的改善。

1993年时法国不但经济负增长0.6%,失业率更是跃至10%以上。在此局势下,议会于是年底通过了《劳动、就业与职业培训改革五年法案》(Loi n°93-1313)[①],决定设立一个为期5年的转型期,通过加强职业培训、改革税收、鼓励并推动雇主参与就业和职业培训政策的调整等一系列措施协调劳动力市场矛盾,创造就业岗位。该法案成为20世纪90年代以来法国就业政策密集改革的开端。

(一) 调整总体布局:在宏观层面上促进就业

法国在就业政策改革中,多有一些涉及宏观领域变革的考量与设计,以适应社会的现代性变迁,为深入推进人口就业创设基础性的社会环境。

---

① 资料来源:http://www.legifrance.gouv.fr/jo_pdf.do?cidTexte=JORFTEXT000000864578,访问时间:2014年9月5日。

1. 调整产业布局，引导劳动力就业在行业、地域等方面的流动

早在20世纪80年代以前，法国就开始对其煤炭、钢铁、纺织、造船等传统产业部门进行产业方向或技术结构方面的调整与革新，20世纪80年代中期则开始集中推进老工业基地的转型，发展中小企业和市场前景看好的产业部门，并努力开拓国际市场。① 20世纪90年代又进一步调整产业结构，重点扶持发展电子、信息和通信等高新技术产业，近些年来发展"绿色经济"等新兴产业也成为法国就业政策调整的重要杠杆。如今，法国的产业优势主要集中在文化、奢侈品、医药、航天航空、核能和旅游等领域，具有强劲的国际竞争力，也是未来拓展就业规模的重要部门，目前这些行业中排名居前200位的大型企业在商贸领域中提供了28%的就业岗位。②

在产业布局的调整中，法国通过投资优惠、减免税款、颁发奖金等措施引导资本投资、人口流动等，以改善其就业布局。在此思路下，政府把一部分资本引向欠发达地区，加快地方城市的发展，疏散人口过于集中的现状，缓解大城市人口就业压力。产业布局的调整可能会在短期内加剧失业，造成阵痛，但因其有益于改善人口就业结构，长远来看有利于促进就业，20世纪90年代后期法国失业率明显下降也得益于此。

2. 就业政策去中央集权化，增加其灵活性

法国尝试将就业政策方面的部分行政权限交给地方政府，以加强各地因地制宜完善就业政策的能力。比如，在1993年《劳动、就业与职业培训改革五年法案》中，就开始尝试将职业培训（重要的就业杠杆政策之一）方面的行政权限交予地方政府。为促进青年人就业，这部法案规定把一些涉及青年人职业培训的权限由中央政府转移至大区政府，并提供必要的财政支持，包括培训学习的费用、人员经费、管理经费等。同时，在谋划新的用工形式时，法国对部分合同进行工资补贴，其中也要求地方政府分担。目前，法国各地失业率差异较大，不仅仅是因为其经

---

① 周淑景：《法国工业转型地区增加就业的措施》，《外国经济与管理》1999年第2期。

② Louis Gallois, «Pacte pour la compétitivité de l'industrie française», le 5 novembre 2012. 可参阅电子文本：http://www.ladocumentationfrancaise.fr/docfra/rapport_telechargement/var/storage/rapports-publics/124000591/0000.pdf。

济发展水平与产业结构有差异，在目前法律与就业制度下，各地也难以因地制宜地创新就业政策。因此，就业政策去中央集权化日益成为法国宏观政策调整的内容。

3. 倡导新理念，改善劳资关系

法国特别注意着眼于改善劳资关系的目标，推广和倡导新理念，尤其是社会团结、安全就业等，以此带动机制创新。在劳资关系成为影响法国就业政策改革的重要因素的当下，类似理念的推行是逐步盘活劳动力市场的关键切入点。

2005年1月出台的《社会团结规划法案》[①] 瞄准促进就业和福利住房建设两个问题，特别强调"社会团结"的理念，动员社会各方积极参与，共同应对包括失业在内的社会问题，折射出法国就业政策调整与其他社会政策的关联并进。在此理念指导下，为促进青年就业，该法案还提出发展新的就业形式，特别设立"未来合同"（contrat d'avenir），并借此机制由政府决定定向帮助特定群体就业，以及改善学徒工待遇，通过税收减免鼓励雇主提高其报酬等。

2012年，法国又力推"安全就业"的理念，要求企业签订就业方面的责任公约。当年11月出台的《促进增长、竞争力和就业的国家公约》[②] 强调保证民众就业的稳定性，目标是让所有法国人能找到一份稳定、有上升空间且报酬合理的工作。政府努力避免失业者长期失业，防止他们成为社会边缘人，这既是维护社会稳定的一种措施，也是人本理念的体现。同时，政府强调加强企业与社会伙伴之间的对话与合作，尤其努力促使企业雇工时签订无固定期限合同，以确保工作的稳定性；也呼吁民众要与企业共同应对经济局势变动，帮助企业克服时局困难，使之不辞退员工。

4. 改革失业保障制度

法国于1958年创立失业保险制度的目标是，以国家支持和社会契

---

① 资料来源：http://www.legifrance.gouv.fr/affichTexte.do?cidTexte=JORFTEXT000000806166&dateTexte=&categorieLien=id，访问时间：2014年9月1日。

② 具体内容可参考法国政府文件：« Pacte national pour la croissance, la compétitivité et l'emploi »，http://competitivite.gouv.fr/documents/commun/transversal/Dossier-presse-competitivite.pdf。

约制为基础,为失业人员提供补偿,促进他们再就业,并与社会保障制度的其他方面一起成为维护社会稳定的杠杆。但是,这一制度对促进就业的负面影响也日益明显,主要表现为一部分人对制度的滥用。虽然法国对其失业保障制度进行过多次改革,但总体而言力度不大,50年间其政策机制没有显著变化。1982年首次对失业保障制度的享益机制进行限制性调整,严格受益者资格,减少失业保险金额度,延迟支付时间;20世纪90年代出台的一些新规定则进一步递减失业保险的额度,2000年以来的改革不但在上述举措方面更进一步,还开始特别强调对失业者的监督。

由于长期失业者人数越来越多,法国不得不加大力度改革失业保障制度,以免这些人失去再就业的动力与能力,滥用失业保障制度。2008年以来的诸多改革,先后在不同程度上严格把关政府发放的失业津贴的支付条件,包括要求失业人员进行求职登记、定期提交求职计划、接受职业指导和培训、不得无故多次拒绝职业介绍等。新机制鼓励失业者尽早再就业,失业时间越长对他们越不利;待业时间越长,他们从就业服务部门那里获得的工作在劳动条件与薪酬水准方面就越苛刻,甚至还会面临停发失业救济金的风险。在新机制下,政府还监控滥用失业救济的人员。鉴于法国目前的失业状况,面向失业人员的就业奖励机制与惩罚机制相比,后者应对失业的成效可能要优于前者。在宏观上改革并严格失业保障制度的规范与实施,尽管遭到了一些社会层面的不满,但长远来看,对法国实现促进就业的目标是有益的。

(二) 创造就业岗位:重推中小企业就业

法国的就业人口基本上集中在私有部门,因此推动企业创造就业岗位就成为治理失业问题的政策重心。但企业所能提供就业岗位的多少直接受到经济局势的影响,也受到经济、财政与社会制度的制约,所以在失业严重的局势下,法国积极改革企业制度,扶持中小企业发展,以提高就业岗位数量。

1. 发展中小企业,创造就业岗位

在法国,中小型企业被认为是"创造就业岗位的机器",其数量几乎占企业总数的99.9%，大型企业仅有2000家左右，占0.1%。早在1996年时，中小企业产值已占法国新增产值的83%，容纳了84%的就业人口，其中员工数量在50人以下的企业占1/3。①

近些年来，法国在鼓励创办企业以拉动就业方面的举措主要包括降低创业门槛、简化创业程序、给予创业优惠和创业指导等。为鼓励企业提高雇工积极性，政府同样采取减免税收与社会分摊金、财政补贴与奖励、提供金融支持等优惠措施。其政策思路基本上是以促进创办企业、帮助企业发展、降低用工成本等为主，只是政策优惠范畴及其具体额度在不同时期有所调整。特别值得注意的是，在降低企业用工成本方面，法国除了减免企业的税费负担外，还对特定员工进行工资补贴。综合来看，扩大中小企业的雇工能力仍是未来法国就业政策的一个重点。

2. 扶持潜在就业领域的成长

在促进就业方面，法国除了立足于经济部门外，还在社会领域内扶持一些潜在促进就业的行业发展。1992年时法国就颁布涉及家庭雇工资助的法律，鼓励众多家庭雇用帮工，并给予政策优惠。一个家庭若雇用一个帮工，其需支出的保险费可减免50%，这在一定程度上推动了家庭劳务市场的发展，促进了就业。如今，社会服务领域内的就业存在较大潜力，比如养老、教育、医疗健康等，它们均是未来促进就业增长的重要行业。

促进公益部门就业也是其就业政策的重要支柱。据统计，2012年非营利部门（合作社、互助机构、社团组织、基金会等）提供了10%的就业岗位，② 其中社团组织是提供就业的生力军，16.5万个社团组织提供了180万个就业岗位，即大约有13%的社团组织提供就业机会，其数量占私有部门就业岗位的17%。社团组织更容易吸引和解决女性就业的问题，同时也是中老年群体就业的有利领域。虽然也受到经济危机的影响，但与私有部门内就业趋势的变化相比，社团领域的就业表现较为稳定，并且总体上增长明显。比较统计数据可知，2014年法国社团组织提供的就

---

① 李玉平：《法国中小型企业发展的政策》，《欧洲》1998年第6期。
② 数据来源：http://www.insee.fr/fr/themes/detail.asp?ref_id=eco-sociale，访问时间：2014年9月5日。

业岗位较2006年增长了近10%，而整个私有部门的就业数量在这8年前后则变化不大。

（三）创新用工形式：变革劳动力雇用方式

法国失业问题严重，在某些层面上与其劳动力雇用方式的僵化有关，近些年来政府开始从创新用工形式着手革新就业政策。自20世纪90年代以来，法国多次通过设立新的合同形式来革新其劳动力雇用机制，应对失业、促进就业。这些工作合同分别突出不同的雇用机制、薪酬制度、就业保护等，既动员了雇主，又激励了求职者。但很遗憾的是，有些工作合同的落实并未实现原先的预期目标，这充分说明法国就业形势的复杂，及其社会制度本身对就业政策改革的阻力。

1. 新雇用合同

"新雇用合同"（Contrat nouvelle ambauche）是在法国时任总理德维尔潘的推动下产生的，其基本设想最初成形于2005年4月，经内阁会议讨论通过后，于当年8月4日以政府法令（ordonnance）的形式予以颁布实施①，并于当年底得到了法国议会的默许批准。

新雇用合同制度面向所有劳动者，适用于员工数量少于20人的中小企业和微型企业。作为一种新的用工机制，其政策核心是为鼓励企业扩招员工，允许它们以新雇用合同的方式招募，并为雇员设立为期两年的"职业巩固期"（consolidation de l'emploi），在此期间雇主可以随时无理由辞退员工，且不受法国《劳动法》中有关企业解雇员工条款的限制。

虽然新雇用合同在本质上属于无固定期限的长期工作合同，但这种合同机制却因其具有的两个重要特征而遭到社会层面的强烈不满。这两个特征包括：一是企业主可以无理由解雇员工；二是新员工必须经历为期两年的"职业巩固期"（实际上就是用工试用期）。在"职业巩固期"期间，企业主若要辞退员工，可以没有任何理由，不受其《劳动法》中相关条款的限制，只需一个简短的预先通知书，并向被辞退员工支付一

---

① 2005年7月26日，法国颁法（Loi n°2005-846）赋权政府，可以通过政府法令的形式颁布新规，施行就业方面的紧急政策举措。

笔相当于其工资毛收入8%额度的补偿金即可。而在"职业巩固"期内，若是被雇员工自己提出辞职，则不会享受任何失业津贴，也不必提前通知企业主。这一点亦被认为是对劳动者权益的侵犯，因为依照此前的法律规定，劳动者只要工作时间超过6个月，即可获得享受失业津贴的权利。这项改革，在当时涉及法国96%的企业，以及29%的企业雇员。①

这种合同机制在企业解雇员工的程序上，逃脱了常规的做法，本可以避免法国在劳动保护方面标准过高对促进就业所带来的负面影响，可是却遭受到强烈的反对。工会组织与左派政党严厉批评这项改革有可能导致不稳定状态，以及出现劳动条件恶劣、无酬劳工作、雇主因其个人喜好随意辞退员工等情况，担心青年群体会成为廉价劳动力，并批评此举违反诸多法律，违背平等、公平的原则。很多社会机构也普遍认为这种合同机制是不稳定的工作合同，持有这类合同的劳动者在申请租房、银行借贷时，都会遇到因为被认定"工作不稳定"而遭到拒绝的情况。由此看来，法国诸多社会制度本身的僵化也为其劳动力改革制造了阻力。

从用工机制革新本身而言，新雇用合同可谓是意在盘活劳动力市场的新举措，但它之所以遭遇失败，主要是来自社会层面的压力，既有社会保障制度在劳动保护方面所积累的保守传统——实际上有些已经成为劳动力市场改革的"包袱"，又有来自民众观念层面的阻力，长期在高福利制度下工作和生活、受到严格的劳动制度保护的一部分法国人已经习惯于此，失去了接受挑战的意愿和勇气。

即便是在尝试签订新雇用合同的群体中，能够坚持下来的也不多，由此很明显看得出新机制的现实成效并不高。根据法国劳动部门的一项调查②，在2005年开始施行该制度时签署的诸多新雇用合同的劳动者中，6个月后离职者占30%（其中有60%的人是在被雇用后的前3个月内离职的），高于同期的无固定期限合同，略低于固定期限合同；一

---

① 参见法国政府企业服务网：http://archives.entreprises.gouv.fr/2012/www.pme.gouv.fr/economie/chiffresclefstpe/tpe_pme.pdf#page=5&zoom=auto, 71, -6v，访问时间：2014年12月20日。

② Ministère de l'emploi, de la cohésion sociale et du logement, «Le contrat nouvelles embauches un an après», *Premières synthèses*, mars 2007, n° 09.1.

年后只有50%的人依然在同一家企业工作，25%自己提出辞职，另有25%被辞退。

在坚持了不到3年后，新雇用合同制度最终被2008年6月25日颁布的一项瞄准法国劳动力市场现代化的法律（Loi n°2008-596）废除。不过，总体来看，新雇用合同是有利于激励企业增加就业岗位的。在一些企业雇主看来，新雇用合同制度摆脱了在解雇员工时烦琐的法律程序，有益于盘活劳动力市场，淘汰不合格员工。在上述调查中，有8%的企业主是受到新雇用合同制度的激励才雇工的，还有20%的雇主在此机制下提前雇工。但是，这种机制对有些企业也没有太多的吸引力，它们对此改革持保留态度，更关心的则是政府给予更多的政策优惠，尤其是税收与社会分摊金的减免，以进一步降低劳动力成本，增加其用工的动力。

实际上，法国当时的改革在其酝酿期间，就已受到国际社会的欢迎和支持，甚至有些看法还认为改革力度仍可以再大一些，还可以走得更远一些。比如，当时国际货币基金组织相关专家表示，这项改革为法国劳动力市场改革找到了新的动力与调整方向，是降低高失业率必不可少的举措，并提出可不必对新雇用合同的适用范围与期限进行限定——意即延长为期两年的试用期，并将此机制拓展到员工数量在20人以上的企业，这样还可以进一步放宽政策，使之成效更大。[1]

2005年，法国政府曾希望以新雇用合同机制的革新，带动其他方面的改革，但这次改革的失败使其后续目标落空。当时，法国政府意欲进一步推进的改革包括：整合各类合同机制，以简化用工机制，全面推进降低劳动力成本的改革；加强公共就业服务体系的改革；增强失业人员再就业的动力，并加强对失业人员中不积极再就业者的惩罚，对政府发放的失业救济津贴的额度封顶，并施行递减的救济机制；等等。[2]

2. 首次雇用合同

在新雇用合同制度遭到法国社会强烈反对的情况下，德维尔潘政府

---

[1] «Le FMI applaudit», *L'Humanité*, 22 juillet 2005.

[2] Ibid.

又于 2006 年 1 月提出设立"首次雇用合同"（Contrat première embauche）制度。这种新的用工机制在当年 3 月 31 日颁布的《机会平等法》（Loi n° 2006－396）中得到法律层面上的确认。

首次雇用合同是一种与新雇用合同平行的用工制度，二者的政策核心基本一致——被雇用员工需经过为期两年的"职业巩固期"，在此期间雇主有可以不需任何理由辞退雇员，以摆脱《劳动法》有关雇员辞退的烦琐程序，快速淘汰企业中不具备竞争力的冗员；其区别在于：新雇用合同涉及所有劳动者，而首次雇用合同制度则只是面向 26 岁以下的青年人，而且适用范围则只限于员工数量在 20 人以上的私有企业。同时，政府还给予优惠政策，即签订首次雇用合同的雇主，可以在三年内免除应为其所雇员工缴纳的社会分摊金。

在反对新雇用合同的情绪还未平息之际，首次雇用合同制度的推出同样引起了法国社会的强烈反对，尤以年轻的在校大学生、中学生为主，随后又得到一些工会组织、左派政党的支持，反对者坚持认为，这类合同机制使得企业辞退员工的行为变得更加容易，导致企业滥用其权力解雇其员工，对青年人就业非常不利，更会使他们处于不稳定的生活境地。在多重社会压力下，首次雇用合同制度在出台后不久，就于 2006 年 4 月 10 日被政府新政所取代，以帮助那些在就业中处于困难境地的青年人更好地融入劳动力市场。

首次雇用合同制度的失败，同样深刻地反映出了法国就业政策改革的困难所在，不但既有社会制度本身在劳动就业保护方面的过高标准迫使政府进行机制革新，以规避社会制度所带来的负面影响，而且普通民众的反对尤其强烈——他们"有保障的生活"使之日渐失去了接受挑战的勇气，在就业出现严重困难的情况下，国家利益与个体利益之间难以协调平衡，拥有"惰性"者已无法接受不稳定的用工制度。但是，首次雇用合同在机制设计上有益于培养青年人在择业过程中的竞争意识，使之自觉、积极地提升自身的职业技能，确保个人就业的安全性。由此也能看出，法国就业政策改革首先要面对的就是来自民众间过于保守的观念。

3. 未来就业合同

在就业领域内，"未来合同"的概念最早出现于 2005 年右翼总统希拉克时期颁布的《社会团结规划法案》中，设立这种雇用机制的目的是在政府主导下，帮助那些就业困难的特定群体。享受此类特殊用工机制的群体主要是享受政府提供的就业团结收入（revenu de solidarité active）、边缘父母津贴（Allocation de parent isolé）、特殊团结津贴（Allocation de solidarité spécifique）、成年残疾津贴（Allocation adulte handicapé）等福利待遇者。国家对在此机制下签订的用工合同的期限、工作时长、工资标准等进行了限定，并给予工资补贴、税收与社会分摊金免除等优惠措施。①

社会党总统奥朗德上任后，专门针对青年人失业问题，进一步发展了这类用工机制，并提出"未来就业"合同的概念。该类合同期限至少1年，最长可为3年（包括延长和续签时间），受益群体主要是16岁至25岁的青年中专业技能较为缺乏者。

企业主若以未来就业合同的形式雇用青年人，只需承担被雇员工工资的25%，其余部分由地方政府或国家支付，同时还享受税收优惠、社会分摊金减免、发放奖金等激励措施。接受这种合同机制就业的青年人同时也享受一些鼓励政策，比如每周工作时长为26小时，按最低工资标准（Smic）领取报酬，同时还可以继续享受政府颁发的其他津贴等。法国政府着力推出这样的用工机制，最主要的考虑就是鼓励和推动青年人再就业，以避免部分青年人未就业就失业，帮助一部分人摆脱长期难以有效地融入劳动力市场的困境。

4. 代际合同

青年人与中老年人就业是近年来法国就业政策重点关注的两大群体。虽然中老年人的失业率较低（近10年来徘徊于5%—7%，平均6.2%②），但受到退休制度、养老制度等改革的影响，中老年人就业的需求大幅度增加，与本就困难的青年人就业在一定程度上存在结构性的竞争关系，很多企业中这两类群体的用工偏好不同。在此局势下，法国于

---

① 参见法国企业管理人员服务网：http://www.journaldunet.com/management/pratique/contrats/68/le-contrat-d-avenir.html，访问时间：2014年12月20日。

② Institut national de la statistique et des études économiques，http://www.insee.fr/fr/ffc/figure/NATnon03346.xls，consulté le 20 décembre 2014.

2012年底推出了一项建立"代际合同"（Contrat de génération）的就业政策改革方案①，将青年人就业与中老年人就业综合起来考虑，并于2013年3月1日颁布了《代际合同法》（Loi n° 2013-185）②。

作为一种促进就业的制度设计，代际合同的目标是在员工数量不超过300人的企业中，创立由青年人和具有较高职业技能的中老年人共享的工作岗位，以鼓励企业雇用青年人、维系中老年人的就业。其目标有三：一是促进青年人以无固定期限合同的形式就业；二是维系和促进中老年群体的就业；三是传承职业技能。

对于享受这一机制下政府援助的企业，必须满足以下条件：一是在接受援助之前的6个月内没有出现经济性裁员，二是在接受援助期间不辞退年龄在57岁以上的员工（残障人士为55岁）。③ 同时，相关企业还必须在2015年3月31日之前就代际合同的施行协商达成新的劳资协议，否则将会受到政府财政方面的惩罚。劳资协议的内容主要包括保证青年人可持续就业的措施、维系中老年就业的举措、技能传承的举措等。

在代际合同机制下，受益的青年人须年龄在30岁以下，企业须以无固定期限合同的形式招募他们，且一般为全职工作。如果每周工作时间不低于全职工作时间的4/5，也可以签订非全日制工作合同。代际合同的相关方，即职业资质高的中老年员工，须拥有无固定期限合同，并且年龄须在57岁以上（残障人士为55岁）。代际合同制度对企业的资助期限最长为3年，每签一份代际合同，企业每年可获得4000欧元奖励。为保证这项改革举措顺利实施，政府动员相关部门对企业落实合同的情况随时进行监督，要求企业及时向公共就业部门的监督机构递交相关材料，以证明签订代际合同的青年人和中老年人一直在岗工作。

这项改革鼓励企业将招募青年人就业视为其自身发展的一种机遇和

---

① 参见法国国民议会网站：http://www.assemblee-nationale.fr/14/projets/pl0492.asp，访问时间：2014年12月20日。

② 参见法国法律门户网站：http://www.legifrance.gouv.fr/affichTexte.do;jsessionid=?cidTexte=JORFTEXT000027123803，访问时间：2014年12月20日。

③ 参见法国公共服务门户网站：http://vosdroits.service-public.fr/professionnels-entreprises/F31262.xhtml，访问时间：2014年12月20日。

投资,重新评估高资质的中老年员工对企业发展的价值,把青年人与中老年人联合起来协同安置就业,对于法国的经济发展是一种推动力量。据政府估计,自2013年到2020年,将先后有超过500万人退休,而这项改革将保证同时有近600万名青年人进入职场,并且使之提前掌握了必需的职业技能,这种职业技能传承的方式是法国经济、社会发展的一种必须。[1]

5. 用工服务支票

早在1994年时,负责社会保障缴纳与家庭津贴管理的机构Urssaf就开始推行专门用于支付家政服务费用的一种特殊支票,后来法国将此机制进一步拓展,变革成为通用的用工服务支票(Chèque emploi service universel),将之全面推向跟"服务于人"(services a la personne)相关的雇工行为,主要包括面向家庭的服务(照看孩子、学业辅导、家务协助、孩子外出陪护)、面向日常生活的服务(房屋维护、家庭卫生保健、打理花园、做饭、购物、临时看护),以及面向老年人与残障人士的服务等。用工服务支票不但是法国政府推出的"社会团结"计划的组成部分,更是促进就业的重要杠杆。

自2000年开始,法国政府就开始将发展"服务于人"的相关行业作为维系社会团结、拓展就业的政策重点。据法国社保机构Acoss发表的一份有关家庭雇工的统计数据,2004年时,法国存在雇工行为的个体雇主已经涉及170万个家庭,2005年则增长了5%。[2] 由此,法国更加坚定了发展这一行业的信心。在此背景下,2005年7月,法国专门颁布了一项鼓励"服务于人"的相关产业发展、巩固社会团结的法律(Loi n°2005 - 841),规定自2006年1月1日起正式施行用工服务支票制度。此后,法国每年都要对此机制进行适当调整,尽管后来受经济危机的影响,法国民众个体雇工的行为减少,但这类涉及社会服务的行业仍旧是法国为实现加强社会团结、促进就业等目标所重点考量的行业。

---

[1] 参见法国国民议会网站:http://www.assemblee-nationale.fr/14/projets/pl0492.asp,访问时间:2014年12月20日。

[2] 参见法国家政服务网:http://letarif.com/histoire-plan-borloo - 2005 - 2009,访问时间:2014年12月20日。

用工服务支票拥有两个重要的特点：一是所有支票都是预付费的，二是用支票支付被雇人员的报酬，实际上也是对雇用行为进行申报的方式，这样可以免除"打黑工"现象中偷税漏税的行为。该支票既可用于支付个人佣工的工资，亦可用以跟提供家政服务的社团组织、企业等进行费用结算，使用起来便利、安全，还可以免税。使用者可以享受的税收优惠额度虽然在数量上有年度最高限额，但其比例可高达雇工费用的50%，并且还有可能免除部分雇主应当缴纳的社会分摊金等。

在力推这一新机制的时任就业、社会团结和住房部部长让-路易·博洛（Jean-Louis Borloo）看来，企业可以直接向其员工提供已预存费用的用工服务支票作为公司福利，员工则可用它支付所雇家政服务人员的工资，这样还有益于"使普通民众以低廉的价格和最快的速度获得家政服务及其他社会体系的服务"。①

用工服务支票制度方便了个体雇主结算其个人雇工的相关费用，不但是劳务支付制度的革新，更是法国政府促进就业的一种创新手段。发展社会服务、家政服务等行业一直被法国政府认为是具有巨大经济、就业潜力的领域，这类行业所创造的就业岗位不会像普通企业的用工岗位一样会随着产业变迁流出法国社会，而且也是着力促进女性就业的重点行业，同时还可以使在此领域内原本早就存在的"地下"用工透明化，虽然政府给予了大量的财政优惠，但实则有益于政府财政收入的增加。

未来就业合同、代际合同等都属于援助合同的范畴。实际上，所有在政府财政支持、减免税收和社会分摊金等优惠措施的框架下签订的工作合同都属于援助合同，虽然这些机制有益于就业，但在一定程度上加重了政府的财政负担，短期内有明显促进就业的效果，能否存在长效影响，还需假以时日观察。

法国在治理失业问题中政策倾斜的重点是扶持青年人、长期失业者、女性、缺乏专业技能者和残障人士等群体就业，针对不同群体政策调整的内容不同。上述诸多劳动力雇用机制的革新，在某种程度上是专门瞄准特定群体的，体现了有针对性调整就业政策的思路。

---

① 《法国推出"用工信用卡"催生50万家政就业岗位》，新华网（http://news.xinhuanet.com/world/2006-02/15/content_4182859.htm），访问时间：2014年12月20日。

三 政策变革的困境与治理

法国的失业问题不可能在短期内就能从根本上得到缓解，其就业政策的革新也不得不正视导致出现大量失业的结构性因素，既包括国家、企业、民众等多层行为主体，也涉及经济结构、社会制度、就业机制等多种政策客体。未来法国就业政策变革的困境与治理或可从以下几个层面理解。

（一）调整经济结构，缓解就业问题的结构化束缚

应对失业问题的根本出路在于发展经济，创造需求以带动就业岗位的增加。而要使法国经济走出低迷态势，则需进一步调整经济结构，在推进优势产业深入发展的同时，拓展新兴产业的繁荣。2012年法国投资委员路易·加卢瓦（Louis Gallois）向时任总理提交的《振兴法国产业竞争力报告》[①] 指出，促进法国产业发展要注意以下关键因素：一是保持相关经济政策的稳定性，创设有利的投资环境，尤其要特别重视为企业减负，激发其投资信心。法国企业税负在欧盟国家中较高，企业要缴纳的税收名目繁多，高福利、高税收使之不堪重负。二是加强产业部门的团结，推进各地方政府之间的协作，促进大中型企业数量的增长，使之成为带动新增就业的中坚力量。

调整经济结构、走出增长的低迷态势并非易事，这也是法国就业政策的根本性困境。《振兴法国产业竞争力报告》特别提出，"没有过时的产业，只有过时的技术"，加入创新、技术、质量与服务等要素就会使一些产业再次焕发活力，法国有很多传统产业领域内的企业已在此方面做出了榜样。革新产业结构，投资是关键，这是法国经济发展中一个重要

---

① Louis Gallois, «Pacte pour la compétitivité de l'industrie française», le 5 novembre 2012. 可参阅电子文本：http://www.ladocumentationfrancaise.fr/docfra/rapport_telechargement/var/storage/rapports-publics/124000591/0000.pdf。

的突破方向。

（二）更加突出国家战略引导的角色，加强宏观治理

国家权力在法国就业政策中所发挥的积极作用很大，政府对劳动力市场的战略性干预较多，比如修订法律、动员财政、调节税收与社会分摊金、给予资助与奖励、提供金融服务等，同时也革新就业领域内中央集权的体制，还改革劳动力雇用机制，引导企业与民众转变用工和就业理念等。不过，加强就业政策中的国家战略引导，对财政投入的依赖较大。现阶段，通过财政投入刺激就业增长，在法国政府那里也多有难处。一方面，经济增长缓慢，财政收入本就不足，加之对企业众多的税收减免措施，财力更加有限；另一方面，法国也必须遵守欧盟规定的财政赤字上限不得超过3%的规定，如何在本身捉襟见肘的财政支出中为刺激就业找到资源就是一个很大的问题，这也是其国家战略考量中应有的议题。

（三）改革相关社会政策，引导民众转变观念以减少社会层面的阻力

法国在劳动者权益保护方面的制度建设较为完善、标准较高，这是其社会制度的优势，但在经济局势持续低迷的阶段，这种制度在有些方面则表现得过于保守、僵化，形成巨大阻力。比如，政府能够认识到必须要降低劳动力成本，但在强大的社会压力面前却无力在改革中触及最低工资制度[①]；工会组织在劳动保护方面的力量过于强大，给政府就业政策改革造成的负面影响较大。

尽管法国也改革其失业保障制度，但力度仍然不够，比如对领取失业保险与社会救济金的条件限制并不严格，在领取时间与期限、额度等方面规定都较为宽松，对失业者不接受就业服务部门所荐工作的惩罚力

---

① Norbert Holcoblat, « Les politiques de l'emploi en France depuis 1974 », *Problème économique*, no. 2509, 1997.

度也不大。法国并不是欧洲国家中失业救济金最高的国家，但在法国办理失业保险速度最快、失业保险补偿期限最长，容易加大部分民众对此制度的依赖。

由于法国社会保障制度的碎片化较为严重，任何一次改革总会伴有特殊情况，需要特殊政策，这样就在一定范围内中和了改革的力度，客观上给就业政策改革带来了阻力。而难以对社会保障制度进行根本性改革的原因则在于民众观念的保守，如何引导民众转变观念以减少对于诸多有益革新的社会阻力，是未来法国就业治理中的一个关键问题。

（四）优化就业政策机制，提高其有效性

在经济不景气、出现大量失业的情况下，国家的公共财政与社会保障制度负担很重，因此能否减少失业人数，适当减轻其经济压力，将之转移至企业，是一个现实问题。法国政府努力促进就业的直接目标也在于此。但是大部分新增就业是在政府为企业减负、加大财政开支的宏观调控政策下形成的，大都不是企业因扩大生产而出现的对于劳动力的必然需求，并不是真正意义上的有效就业，可持续性不强，长远来看反而会在整体上增大社会保障制度与国家财政的负担。这是法国就业政策机制本身所面临的一种困境。

还有一种困境，即是诸多涉及就业问题的政策改革处于多重困难交织的情势，比如促进青年人就业在客观上需要加快代际更替，即意味着老年人不延迟退休，而社会养老负担的加重则要求老年人延长工作年限。如何在这种相互矛盾的境地中优化就业政策机制本身，提高其有效性，以真正地促进就业，是法国目前需要解决的一个兼具理论与现实意义的问题。

四 观察与思考

欧洲各国就业政策改革的基本领域与范畴，及其具体措施，具有较大的相似性，但各国所面临的社会背景不同、所能采取的政策协调机制

也存在较大差异。

法国就业政策的改革须直面其多年累积起来的历史包袱，纵使社会环境发生了深刻变革，其社会制度的僵化也难以使之在短时间内发生较大改变。对于法国就业政策改革的评价，绝不能脱离其复杂的历史与社会背景，只有如此，才能发现其改革创新的趋势及其对制度传统的把持，以及相互之间的制衡，从中理解到现代社会中就业问题及其治理的复杂性。

在法国劳动力雇用机制改革中出现的各类合同，基本上是在政府财政援助、减免税收和社会分摊金等优惠措施的框架下签订的，它们都属于"援助合同"，对政府的财政投入有很大依赖，这就势必加大了本就沉重的公共支出的负担，是否存在促进经济发展的长效机制，还需进一步观察。但是未来就业合同、代际合同、用工服务支票等举措在短期内可以促进就业，稍微缓解其社会保障制度的财政压力。

综合来看，在其就业政策改革中，法国特别强调了国家在战略引导方面的作用，不但在劳动力雇用机制改革方面谋求创新，注入新的理念，而且还加大财政投入，并就其干预方式进行改革，鲜明地凸显出法国在劳动力市场改革方面求新求变的思路。有些机制革新虽然失败了，但作为一种尝试，它们衬托出了法国目前所面临的困难重重的结构性影响因素的存在及其表征，也给法国进一步改革指明了方向。我们能看得到法国社会制度的僵化、民众观念保守等负面影响的力量十分强大，综合协调改革社会制度、引导民众转变观念以适应当代社会局势的变迁，应当是未来法国社会发展的重点领域之一。

第八章

家庭政策的制度建构[*]

导读

  法国的家庭政策起源较早，经历了一个不断调整、转型与完善的变革过程，其政策目标也从最初关注人口再生产、维系家庭稳定等，逐步拓展到全面实现人的基本权利、追求社会公正等多重目标，在不同时代背景下，通过具体的政策举措积极回应现实中的家庭与社会问题。其政策内容以体现为货币补贴的诸多家庭补助为主，并辅以税费减免政策，以及面向家庭设立的制度安排、服务机制与设施建设等。作为一套具有普惠性特征又施行目标群体特殊照顾的政策体系，法国的家庭政策表现出一定的灵活性，并形成了国家主导、社会参与的制度格局，实现了广泛的协作机制，为其立法革新、政策调整、制度完善奠定了基础。

---

[*] 本章核心内容曾以《法国家庭政策的制度建构：理念与经验》为题，发表于《国外社会科学》2017 年第 4 期。

法国的家庭政策不但起源较早,而且其制度体系与法律建设也较为完善,是一个着眼于"人"、以向家庭提供全面帮助为核心,兼顾保护儿童与妇女权益,以及应对贫困、不平等等社会问题的制度体系,其逐步完善与调整的过程是对法国社会在不同时代所面临的家庭与社会问题的制度回应。各类家庭补助(prestations familiales),以及与之相应的税费政策、制度安排与相应的基础建设,是法国家庭政策的主要组成部分,总体上表现为一系列相呼应、互协调的政策集合。这一制度体系表现出相当的灵活性,但是由于面向家庭的帮扶机制与家庭补助名目繁多,发放条件与计算标准也非常复杂,也呈现烦冗的碎片化特征。不过,作为一个在国家主导、社会力量广泛参与的机制下实现的制度体系,诸多参与主体之间的良性互动机制则为实现制度本身所力图追求的社会团结、公平正义的价值,以及家庭问题的治理,奠定了重要基础。

一 法国家庭问题的基本维度

家庭问题是社会问题的重要范畴。伴随着社会变迁,法国在家庭范畴内不断出现一些新问题,后者多与不同时代的社会问题关联密切,家庭政策的变革即是对这些问题的回应,试图基于国家公共政策的建构,提出制度性的治理方案。综合来看,法国的家庭问题主要体现在以下几个方面。

一是人口再生产。早在19世纪,法国开始关注家庭问题时,人口再生产就是最为重要的政策目标。法国的人口出生率自19世纪初就开始慢慢下降,到1870年前后法国已不再是欧洲人口大国,随之人口老龄化也在19世纪末开始出现,在工业化进程不断加速的背景下,劳动力人口缺乏对法国经济社会的发展带来阻力。后来,在20世纪发生的两次世界大战中,法国人口损失惨重。因此,第二次世界大战后法国建立的家庭政策明确提出鼓励生育的目标,以促进人口再生产,维系社会稳定。尽管如此,法国的人口出生率一直呈现起伏状下降的趋势,而且势头较猛。

而与之相伴的则是人口死亡率的持续下降。在这两种趋势的综合作用下，1980年以后，法国60岁以上人口的比重急速上升，从1980年的17%持续增加到2017年的25.5%。如何应对人口出生率不断下降、人口老龄化持续上升的问题，始终是法国人口再生产的重要议题。尽管移民曾经在相当长的时间内解决了法国劳动力人口缺乏的问题，而且移民群体的人口结构总体较为年轻，但是依靠移民解决人口再生产问题，并不是法国的政策选择，而且如今社会移民问题早已成为一个特别棘手的社会问题，在政治、经济、社会、文化等多个层面对法国产生诸多深刻影响。

二是家庭生活与职业工作之间的协调。在第二次世界大战前后，随着雇用制度的深入发展，法国从事领取薪酬的雇用劳动的人口大规模增加，其中女性从事职业工作的数量与人口比例更是明显上升。[①] 在此背景下，年轻父母开始在家庭与工作之间遭遇多重冲突，尤其体现在时间管理矛盾与家庭经济收入差异等方面。因此，通过提供家庭补助对诸多家庭予以经济补贴，借以帮助他们协调家庭生活与职业工作之间的矛盾，尤其是着眼于解决在子女养育等方面的问题，就成为法国家庭政策的重要面向。直到现在，这一政策面向依然未变，只不过其背后的价值考量不再仅仅是出于促进人口再生产，更包括了对于家庭价值、社会公正等因素的强调。

三是低收入家庭的贫困问题与社会不平等问题。在不同的历史时代，总有一些家庭由于收入微薄而面临着贫困危险。当然，在不同时代，法国对贫困线的认定标准也不同。目前法国官方认定的贫困线相当于平均收入水平的60%，其具体数额每年都会有变动。以2014年为例，这一标准对应着人均月收入为1008欧元的水平，低于此标准即被视作处于贫困状态。照此标准，从法国国立统计与经济研究院公布的统计数据来看，2014年法国约有880万人口生活在贫困线以下，贫困率为14.1%。总体而言，法国贫困人口比例总体上呈下降趋势，但自20世纪90年代以来，随着经济状况的变化，不时出现起伏波动，总体上在14%上下徘徊。[②] 为

---

① 张金岭：《法国就业政策改革及其治理》，《欧洲研究》2015年第1期。
② Institut national de la statistique et des études économiques, *Tableaux de l'économie française*, Édition 2017.

了防止诸多家庭走向贫困，尤其是不能让多子女家庭因为多生多养而贫困，法国的家庭政策一直注意应对在不同时代所出现的家庭贫困问题，通过家庭政策进行适当的财富再分配。经济社会的发展并没有给法国所有公民及其家庭带来同样的实惠，社会不平等也是造成家庭贫困的原因之一。所以，其家庭政策也特别注意通过家庭津贴、住房津贴等纠正社会不平等所造成的负面影响，避免部分家庭陷入更困难的境地。

四是儿童权益保护与性别平等。作为民族的希望，法国儿童受到多重制度性保护，但是这个群体依然面临着诸多问题，比如贫困问题、家庭暴力问题、教育问题等。据法国国家经济统计与研究院统计资料，2014年法国有280万儿童生活在贫困家庭中，儿童贫困比例为19.8%，他们大多生活在单亲家庭中。[1] 儿童贫困问题多与其父母和其他家庭成员的就业状况及其收入水平有关，贫困儿童常见于家庭成员中有一个及以上成年人处于失业状态的家庭。在家庭政策框架下，法国致力于维系儿童权益的政策举措包括发放生育津贴、父母亲产假、家庭津贴、幼儿看护津贴、单亲家庭补助、入学津贴等，其中多数政策主要着眼于3岁以下的儿童。同时，很多政策尤其注意到了家庭范畴内性别平等的问题，既强调父母双亲相对家庭事务所拥有的同等的权利和义务，又给予女性特别的照顾，促进性别平等的实现。另外，男女两性在劳动就业、薪资水平之间的差异，以及父母在家庭事务中所投入的时间与精力的差别及其与职业工作之间的冲突，为家庭的稳定带来了一些负面影响，诸多家庭政策的介入也是为了尽可能地减少这些差异造成的不良影响。

二 法国家庭政策的框架体系

法国的家庭政策具有普惠性特征，所有家庭均可根据各自的具体状况享受一定的政策福利，但其中不同范畴、不同层次的政策面向则指向

---

[1] Institut national de la statistique et des études économiques, *Tableaux de l'économie française*, Édition 2017.

于不同的家庭、着眼于应对不同的家庭问题。因此，法国的家庭政策是一套具有普惠性亦有区别性的政策体系。

（一）范围内容

基于宏观视角来考察，法国家庭政策的基本内容主要涉及三个层面[①]：一是各类家庭补助，旨在补偿诸多家庭为生养、教育子女而产生的费用开支，维系家庭稳定；二是各类税费减免政策，旨在根据诸多家庭的实际负担减免相关税费，以实现财富再分配的目标；三是面向家庭设立的各类制度安排、服务机制与设施建设，比如各类带薪休假制度、幼儿保育服务、幼儿园或社区中心建设、青少年文化宫建设等。其中，家庭补助与税费减免是家庭政策体系中最为核心的内容。

法国家庭政策中的诸多补助主要来源于社会保险制度中家庭分支的资金收入，国家财政仅支付其中一小部分，并对不足部分予以补贴。在家庭政策所设立的众多补贴和津贴中，家庭津贴（allocations familiales）是直接服务于人口再生产的，也是最为核心的家庭补助（prestations familiales）的范畴。目前，家庭津贴的享益范围仅面向至少拥有两个20岁以下子女的家庭。[②] 家庭津贴每月发放，受益家庭所能获取的津贴额度取决于家庭收入情况、需要抚养的子女数量及其年龄等因素。家庭津贴的发放范围、标准等经历过很多次立法调整，但它所内含的鼓励生育、为多子女家庭提供经济帮助的政策目标基本未变。

从另外一个视角来看，在法国的家庭政策体系中，基本上每一类政策举措都对应着相应的补助制度，以面向家庭直接提供资金帮助，属于货币政策。而各类制度安排、服务机制与设施建设等则表现为非货币政策，它们在法国家庭政策的历史演变中扮演着日益重要的角色。

---

① 相关资料可参见 Familles de France, «La politique familiale en France», janvier 2014, http://www.familles-de-france.org/sites/default/files/PF_2014-01_la-politique-familiale-en-France-syntheses.pdf, 访问时间：2017年1月20日。

② 相关资料可参见法国公共服务官方网站：Le site officiel de l'administration française, «Allocations familiales», 3 avril 2017, https://www.service-public.fr/particuliers/vosdroits/F13213, 访问时间：2017年4月7日。

（二）政策目标

法国家庭政策的基本目标直接指向于对家庭问题的治理。总体而言，主要包括四项：一是促进人口再生产。无论是通过家庭津贴来鼓励生育，还是支持女性从事职业工作，以及通过父母带薪假、多元化的幼儿看护方式等举措协调年轻父母们在家庭生活与职业工作之间的平衡，均是为人口再生产创设条件。二是为公民成长提供纵贯一生的陪伴。对于法国人来说，从出生（甚至是母亲怀孕期间）开始，到上幼儿园、接受教育、就业工作，直至退休，在人生的不同阶段，均有相应的家庭政策相伴支持，这是一种投资于"人"的具有长远目标的社会行动。三是维系家庭的稳定及其传统价值。法国的家庭政策强调作为社会基本单位的家庭的重要性，诸多补助的发放均是以家庭为单位进行量化审核的，在综合考量其收入水平与支出负担的基础上，计算其税费优惠的额度、核定各类家庭补助的标准等，这种做法实际上是为千千万万的家庭提供了一种日常性的支持，以帮助他们应对生活中的各类事件，维系家庭稳定。同时，从子女的生养到上学、工作，从家庭的住房到家庭生活的时间协调，以及保护家庭生活中男女两性的平等，强化父母履行为人父母的责任和义务，促进家庭和谐等，种种举措都着眼于强化家庭的传统价值。四是追求社会公正。诸多家庭补助机制旨在补偿家庭支出，减少家庭贫困，反对社会排斥与不平等，以求社会团结与可持续发展。

当然，这些政策目标并非从一开始就有了如此全面、清晰的结构，而是经历了一个逐步发展、完善的过程。而且，在不同的历史时期，其着重点不同。早在19世纪，由一些企业提供的各类家庭补助主要关注和救助其雇员中的贫困家庭；到20世纪30年代，在法国确立真正意义上的家庭政策时，所明确的政策目标主要集中于促进人口增长，为家庭提供经济救助；第二次世界大战后，随着社会保险制度的确立，家庭政策的基本内容又增加了鼓励女性参与职业活动，协助父母在家庭事务与职业工作之间的平衡、保证性别平等等内容；到20世纪50年代，法国开始面向家庭施行全面的救助政策；再到20世纪70年代末，家庭政策的调整则更注意瞄准低收入家庭，为贫困家庭提供差异化的救助；再后来，到20

世纪90年代，家庭政策更加注重从社会团结与协调的角度进行调整，在保护家庭多元化的同时，维护家庭的基本价值。至此，法国的家庭政策已形成了较为完善的目标体系。

法国的家庭政策既有一如既往的目标，比如促进人口再生产、协调家庭与工作之间的平衡等，亦有随时代变化不断调节的内容，比如促进性别平等、减少贫困、反对社会排斥等。但总体而言，其基本的价值关怀与诉求具有始终如一的属性，即维系家庭稳定，并保护其传统价值。

（三）制度原则

法国家庭政策的建构渗透着四项制度原则[①]，折射出这一制度体系内在的价值追求。

一是全面公正的原则。全面公正是法国大革命中诞生的《人权宣言》所确立的人的基本权利的固有属性，也是第二次世界大战后法国创建社会保险制度的重要基础。确保劳动者及其家庭有能力应对生活中的诸多不测，为他们提供一定的经济资助以助其生养子女和赡养家庭等，明确写入法国《社会保险法典》，同时在法国《宪法》中也有条款对劳动者尤其是儿童、母亲、老年人等群体的权益保护做出了明确阐述，这些都是着眼于全面实现人的基本权利的具体体现。被纳入法国社会保险制度的家庭政策正是在家庭范畴内促进人的基本权利全面实现的重要维度。

二是纵向团结的原则。法国注重强调通过家庭政策在富人和穷人之间施行财富再分配，其基本机制是倚赖于施行累进制的个人所得税（impôt sur le revenu）制度。作为一种直接税，个人所得税体现的就是一种再分配的逻辑，收入高者多缴税，收入低者少缴税，从而在富人与穷人之间形成了一种纵向团结的机制。1914年7月，个人所得税的确立即取代了此前一系列对公民之间的公平问题少有考量的税收类别。

三是横向团结的原则。法国的家庭政策强调没有未成年子女的家庭和拥有未成年子女的家庭之间的横向团结，以便协调这些家庭之间的收

---

① 相关资料可参见 Familles de France, « La politique familiale en France », janvier 2014.

入差异。横向团结的原则源于家庭收支商数的确立，它明确提出，家庭税赋标准取决于其缴税能力，而非仅仅是收入水平。也就是说，家庭的开支负担也要予以考虑，尤其是与生养孩子有关的支出，这就涉及家庭的规模及其未成年子女的数量，家庭成员中成年人的就业状况与收入水平等多种因素。在横向团结的原则下，家庭政策有助于实现不同家庭之间"平等的生活水准遵循平等的缴税率"的状态。

四是普遍施惠的原则。法国家庭政策中所包含的各类补助、制度机制等都不是选择性的，而是面向所有相关家庭，任何家庭均可根据自己的实际情况享受相应的家庭政策。尽管政策本身在具体操作上存在一定的差异，但这种差异并不包含歧视性或不平等待遇的政策取向，而是充分考虑到不同家庭的收入水平、家庭负担等因素，通过对不同家庭的区别对待以更好地体现公平的原则，更好地实现财富再分配。

三 法国家庭政策的制度沿革

法国的家庭政策在20世纪初正式确立之前，其雏形早已在社会中存在多年。作为由国家主导的一项基本政策，法国的家庭政策在法律与制度层面被明确之后，持续经历着不断完善与调整的过程。其制度框架的变革是与法国经济社会的变迁基本同步的，体现出国家制度在宏观层面上对不同时代家庭事务基本需求的回应；而具体的政策举措，尤其是诸多家庭补助发放条件与量化标准的调整，既是家庭政策对法国经济、社会发展的一种适应，也折射出它在家庭范畴内维系公正与平衡的价值考量。[①]

法国家庭政策的起源至少可以追溯到法兰西第二帝国时期。应对人口出生率下降的问题，促进人口再生产，是其家庭政策酝酿发轫之际最

---

① 文中有关法国家庭政策与家事法变革的史实材料，除特别说明外，综合参阅以下资料：1. 法国公共生活官方网站：Direction de l'information légale et administrative, «Chronologie-La politique de la famille (1932 – 2014)», 28/10/2014, http: //www.vie-publique.fr/politiques-publiques/famille/chronologie/，访问时间：2017年4月5日；2. Familles de France, «La politique familiale en France», janvier 2014；3. 法国法律服务官方网站：www.legifrance.gouv.fr，访问时间：2017年4月5日。

为核心的政策关怀。法国社会很早就面临人口问题。从 19 世纪中期到第二次世界大战结束，其人口出生率持续大幅度下降，从 26.1‰ 落至 14.9‰，人口自然增长率落后于同一时期的很多欧洲国家。[①] 此外，人权理念的兴起、教会的现代性适应[②]、民众的权利意识等因素逐步强化了法国社会对家庭稳定、劳工保护、反对贫困等问题的关怀，进而推动了家庭政策的兴起。19 世纪末，一些企业主开始向多子女工人家庭发放津贴，以减轻他们在家庭事务方面的经济负担。[③] 1932 年，法国立法要求每一个企业必须要加入一个家庭津贴清算机构（caisse de compensation）。

经过几十年的探索、沉淀和积累，1939 年 7 月 29 日，法国政府颁布具有法律效力的政府命令，确立《家庭与出生率法典》（*Code de la famille et de la natalité françaises*，简称《家庭法典》），这标志着法国开始建立起真正的家庭政策。这部法令带有明确的提高人口出生率的目标，不但提高了多子女家庭的津贴发放额度，还建立了首次生育奖励（prime à la première naissance），并将 1938 年设立的针对没有工作的家庭主妇的额外津贴转变为家庭主妇津贴（allocation de mère au foyer），同时还将享受家庭补助的对象扩大到所有的工薪阶层、雇主、居住在法国的个体户、农

---

① 王家宝:《难解的人口难题：论法国的家庭政策》,《社会学研究》1996 年第 5 期。
② 1891 年 5 月，教皇利奥十三世（Léon XIII, 1810 – 1903）发布《新事通谕》（*Rerum Novarum*，又称《劳工通谕》），要求企业主在计算工人薪酬时虑及劳工及其家庭的需求，并鼓励各国面向劳工采取更有力的国家干预政策，比如劳工保护（周日休息）、建立家庭津贴制度、创立劳工社团等。
③ 1891 年，法国香槟地区（Champagne）一家大型棉纺厂的老板莱昂·阿梅尔（Léon Harmel）首先建立了一个"家庭补助管理机构"（Caisse de famille），旨在为担负子女养育责任的雇员发放家庭补助（现金补贴或实物帮助），并将之委托给一个工人委员会来管理。这是法国最早出现的家庭津贴管理机构。企业主向雇员发放家庭补助，首先体现了法国社会已长久存在的慈善之举，但在当时工业社会大步前进的时代背景下，这一举措背后却包含着企业主在经济考量与人力资源管理等方面的精心算计——发放家庭补助的经济代价远比普遍增长工资要小得多。在 19 世纪末和第一次世界大战前，由于人口出生率低导致的劳动力短缺，为法国的经济发展带来阻力。为此，法国从欧洲国家大量招募移民劳动，形成了两次移民浪潮。第二次世界大战结束后，依然是出于经济发展对劳动力的旺盛需求，法国又从欧洲以外的诸多国家大量引入移民劳动，形成第三次移民浪潮。而且，具有慈善特征的家庭补助还带有强烈的人文关怀的色彩，是争取高质量人力资源的有效手段。实际上，恰是这种得失之间的比较与利益权衡逐步推动企业主向雇员发放家庭补助成为一种普遍制度。到第一次世界大战前夕，法国已有 40 多家企业向雇员发放家庭补助。

业工人等。

1945年10月4日，政府颁布法令建立社会保险制度（sécurité sociale）①，并明确将家庭政策纳入其中形成家庭分支，由此也结束了雇主在家庭津贴方面的垄断。在社会保险制度的框架下，法国调整了家庭津贴管理机构的行政体系与资助方式，并将之前要求各企业建立的家庭津贴管理机构整合进社会保险制度所确立的统一、集中化管理的结构之中。此后，在其家庭政策体系内，法国设立了名目繁多的家庭补助金。

家庭收支商数（quotient familial）的建立是法国家庭政策发展中的一个重要里程碑。在皮埃尔·拉罗克（Pierre Laroque）的大力倡导下，1945年12月31日法国颁布的年度财政预算法确立了作为家庭纳税标准的家庭收支商数，根据纳税人的家庭收入和子女数量来衡量其家庭负担，并给予缴税优惠，该商数也成为此后各类家庭补助发放的计算标准，直到今天这依然是一种独具法国特色的制度。家庭收支商数有利于综合考量诸多家庭收入与负担的情况，使各家庭所缴税费更加合理，其初衷是为生养子女的家庭提供优惠政策、鼓励生育，并由此实现分配公正的基本原则。

后来，法国家庭政策所针对的社会与家庭问题范畴日益扩大，逐步把与人口再生产、家庭稳定、社会救助等诸多内容纳入整个政策体系之中。1956年1月24日，政府颁布法令，将《家庭法典》更名为《家庭与社会救助法典》（Code de la famille et de l'aide sociale）。很明显，原先以提高人口出生率为核心的家庭政策，逐步瞄准为家庭提供各类社会救助，以应对在社会变迁中家庭面临的诸多问题。

随着人口数量的增长，尤其是人口寿命的延长，从20世纪60年代开始，法国社会保险制度中的医疗保险与养老补助两大分支的支出不断增长，在社会保障系统的预算中所占份额越来越大，这影响到了家庭津贴的支出。在此局势下，尽管受到财政危机的限制，法国维系其积极的家

---

① 两次世界大战的发生在法国社会中逐步强化了对集体和社会团结等价值理念的重视。在此背景下，着眼于新兴经济格局的完善，对劳动者施行保护以帮助他们应对因家庭负担、疾病、衰老等问题而遭遇的不稳定、不安全的生活困境，逐步成为法国社会的共识，尤其成为诸多雇主所认可的价值取向，因而由雇主施行的诸多社会保护举措日渐盛行，后来逐步演变为法国社会保险制度的雏形。相关资料可参阅［法］拉罗克《法国的家庭体制和家庭政策》，殷世才译，《国外社会科学》1982年第8期。

庭政策的意愿却十分强烈。由此，法国政府在家庭政策方面进行了适宜性的调整，优先向经济条件最差的群体进行社会再分配。在此期间，部分立法还着眼于家庭内部权利关系的调整，涉及夫妻之间、父母与子女之间的关系。在家庭内部，夫妻之间的性别平等越来越受到关注，儿童权益也日益受到重视，同时父母养育子女的义务与责任也日渐得以强调。

20世纪70年代，法国的家庭政策经历了重要的拓展与调整。家庭政策进行重新定位，虽然国家将享受家庭政策的权利扩大至所有人口，优先考虑多子女家庭的需求，但也开始有针对性地瞄准不同的目标群体，以解决他们所面临的不同的家庭问题。考虑到政策成本，以及法国社会开始出现的结构性失业的影响，各类家庭补助的发放开始根据社会保险制度家庭分支的收入情况进行调整。在此期间，政府不再大幅度提高家庭补助金额度，以避免其额度增长会高于消费物价指数。如此一来，社会保险制度的家庭分支就出现了收入盈余。而由于其他分支财政需求日益增长，家庭分支的资金被转移至其他分支。由于人口持续增长，从20世纪70年代初开始，法国的人口政策已不再仅仅围绕于提高出生率的目标。1978年初，法国设立了家庭补充津贴（complément familial），明确优先照顾拥有3个及以上子女的家庭，并替代了先前的单一工资津贴、家庭主妇津贴和孩子看护津贴等，以更具整合性的举措鼓励生育，遏制出生率走低的趋势。

从20世纪80年代初到90年代中期，在家庭领域内，法国社会出现了两种明显的变化：一是传统家庭的式微，以婚姻为纽带的家庭日益减少。①

---

① 自20世纪80年代以来，法国家庭形态的多元化发展迅速。政府先后推出公民结合合同（contrat d'union civile，CUC）、社会结合合同（Contrat d'union sociale，CUS）、社会生活合同（Contrat de vie sociale，CVS）、共同利益合同（Pacte d'intérêt commun，PIC）等民事契约制度，用以保护未婚同居者及其所组家庭的合法权益。上述民事契约制度在保护非传统型家庭的权益方面做出了有益的尝试，并为后来确立的更为广泛的民事结合制度奠定了基础。1999年底，法国开始施行民事结合合同（Pacte civil de solidarité，PACS），这在更广泛的层面上推动了非婚姻家庭的流行。尽管有很多观点认为，上述制度的确立主要是为了在某种形式上承认并保护同性恋家庭的社会权益，但在现实中很多异性恋者成为这些制度的受益者。当然，上述制度虽然在不同层面上将同性恋家庭置于国家许可的社会制度的保护之下，但根本性的法律突破还是2013年通过的同性婚姻法。在同性恋婚姻立法的前前后后，反对者曾多次组织大规模抗议活动，认为同性婚姻会破坏传统的家庭价值，破坏家庭结构和社会稳定，对社会文明产生消极影响，但法国的家庭政策对这样的家庭一直秉持一视同仁的原则。

二是人口增长呈现下降趋势，而 19 世纪末就已开始的人口老龄化趋势则日益加重。在此期间，法国家庭政策变革的基调是增加家庭补助，遏制人口出生率的下降，强化保护儿童权益。

社会党执政后，从 1981 年起对家庭政策进行了重大改革，既提高家庭补助额度，又简化其管理制度。政府希望借助于各类家庭补助来刺激生育，缓和不同家庭因规模和收入差距所带来的不平等状况，加强社会团结，由此开始减少需要考察家庭收入状况的家庭补助的数量。与此同时，家务劳动的价值越来越被正视。如何在工作和家庭事务（尤其照顾年幼的孩子）之间找到平衡，既是相关家庭所关心的问题，也是国家和政府所关心的问题，逐步成为一个重要的公共议题。由此，家庭政策的一个重要面向就是为从事家务劳动居多的女性提供经济补偿，这既可减少女性因从事家务劳动而遭受的经济收入损失，也有助于加强家庭生活中男女之间的性别平等。

从 20 世纪 90 年代初期开始，随着法国经济形势的总体下滑，失业问题日益严重，失业率大幅度提升，达到历史新高，徘徊在 10% 左右。与此同时，老龄人口比重持续上升，到 1990 年时，60 岁以上人口比例已突破 19%，到 1995 年时则达到 20%。[1] 在此局势下，法国财政收入大幅减少，社会保障制度面临很大的经济压力。由此，法国家庭政策的调整经历了紧缩后又放宽松的变革。在此阶段，家庭政策调整总体上比较频繁，多次调整家庭补助的类别结构，并对受益家庭的范围、资助标准等持续进行调整。这实际上是法国政府在家庭范畴内考量并适应其财力水平的一种反映。最终来看，是其政策关怀与基本财政能力的一种博弈和妥协。由于财政压力所致，20 世纪 90 年代法国非货币家庭政策日益见多。政策改革不再集中于通过发放补助来解决各类问题，而是通过非货币的政策机制来实现。

2000 年 12 月 21 日，法国又颁布法令将《家庭法典》明确为《社会行动与家庭法典》（*code de action sociale et des familles*）。修订后的《家庭法典》变化的不仅仅是名称，更重要的是法国家庭政策目标的调整。原

---

[1] Nathalie Blanpain, Olivier Chardon, « Projections de population à l'horizon 2060 », *Insee Première*, No. 1320, le 27 octobre 2010.

先，法国强调在整体上促进家庭事业的发展，因此之前《家庭法典》的名称中一直使用单数的"家庭"（la famille）一词。1956年颁布的《家庭法典》中使用的"社会救助"（aide sociale）的概念，背后的含义是强调对于家庭的帮助，尤其是经济层面的救助，帮助诸多家庭应对经济问题，协调生育子女后父母（尤其是母亲）在家庭事务、养育子女和职业工作之间的平衡。而且，在1956年版的《家庭法典》中，"家庭"被置于"社会救助"之前，说明家庭政策的核心更聚焦于家庭事务本身。2000年底更名后的《家庭法典》，则将原先单数的"家庭"替换为复数的"家庭"，其间隐含的变化是，家庭政策更加注意考量不同家庭的具体情况，实施差异化的政策，以满足他们的不同需求，由此突显了家庭政策从强调整体性向关注个别性的转变。这进一步折射了早已开始的家庭政策的碎片化。同时，"社会救助"的表述被"社会行动"（action sociale）所取代，这说明法国更注意将家庭政策纳入整个社会领域内予以考量，其制定与实施更加注意与其他社会领域的协调，同其他社会政策的配合，突出了社会治理的维度。而且，"家庭"被置于"社会行动"之后，这更说明法国尤其强调在统一的社会行动中协调家庭政策。此种变化，也是法国对其社会演变的一种应对。提高出生率，促进人口增长，已不再是法国家庭政策中最为核心的目标。而提升人口质量，保证家庭与社会的和谐，通过家庭政策的协调去平衡日益尖锐的贫富分化、社会不平等等社会问题，日益突显其重要性与紧迫性。因此，法国的家庭政策越来越多地将部分政策目标倾注于此。

近10年来，法国家庭政策的变革突出强调其政策内容的协调性，以平衡经济发展低迷、失业率居高不下、家庭领域内的民生问题日益突出等问题。由于政府一直致力于减少社会保险制度中家庭分支的财政赤字，法国改革其名目繁多的家庭津贴的基调是紧缩，不但取消了一部分家庭补助，还缩小了部分家庭补助的发放范围，削减相关补助的额度等。

四　法国家庭政策中的议题争议

在法国的家庭政策中，有些争议议题长期伴随着立法与政策变革的历程，其内含的政策取向折射出不同时代背景下法国对家庭问题的回应，及其所注重的价值诉求。

（一）国家是否应当介入家庭领域

在家庭政策的问题上，法国社会中实际是存在多种不同认识的。一些坚定的自由主义者认为，子女养育与家庭赡养始终是一个私有领域的问题，是父母与其家庭自身的责任，国家与政府不应当介入。但也有很多人坚持认为，家庭问题涉及一个民族人口再生产的数量与质量，关乎社会建设的诸多方面，具有一定的公共性，通过发放家庭补助带动解决与之相关的社会问题，相对而言是一种成本较低的方式。

早在20世纪初，就有人积极支持面向家庭发放补助金，尽管当时持有异议者大有人在，但越来越成为共识的一种倾向是，家庭问题绝非仅仅是一个私有领域的问题，更是一个社会问题，从国家与民族的角度来看，是一个公共问题。1908年，国民议会议员朱尔-奥古斯特·勒弥尔（Jules-Auguste Lemire）曾在议会演讲时指出：家庭补助金既不是一种救济，亦不是一种补偿；赡养一个家庭也是一种社会服务，对社会有益，所以家庭补助金应当被视为公民提供服务所得的报酬。他也认为，家庭补助是一种交易公正（justice commutative，使双方得失相等）的体现，意在让公民在家庭事务中所付出的劳动与服务跟其所获得的收入相对等。[①]

伴随着家庭补助政策变得日益普遍，其间所蕴含的面向贫困家庭的"慈善"观念逐步被其世俗化的变体"公道"（équité）或"团结"（solidarité）所代替。而"公道"与"团结"的价值诉求则要求对相关家庭的经济能力进行核查，以便决定其是否可以享受家庭补助，以及相应的补助标准与额度。这样的理念也是法国家庭政策施行差异化补助机制的原因所在。

在人口大幅减少、出生率不高的背景下，很多人尤其看重家庭补助在促进人口再生产方面的积极作用。为保持法国在国际上的大国地位，

---

① Jacques Bichot, «Histoire et évolution de la politique familiale en France», www.uniondesfamilles.org/histoire-politique-familiale-france.htm, consulté le 10 janvier 2017.

其人口比例在世界人口总量中的比例也不能减少。这是包括戴高乐在内的诸多政治精英的看法。而且，也有很多人认为，低生育率会影响经济活力，以及早已创建的退休金制度，只有保持较高的人口生育水平才能解决这一问题。由此，作为一种促进人口再生产的机制，家庭补助在某种意义上成了为国家和社会生养孩子而付出劳动、提供服务的一种劳动所得。这种观念进一步维护了家庭补助金的社会正当性与合法性，国家介入家庭领域也有了依据。

（二）如何让家庭政策更有成效

综合考察法国的家庭政策，我们可以发现存在这样一对矛盾：一方面，国家倡导和鼓励多生育，因为人口资源是珍贵的财富和资本；而另一方面，在一些普通民众看来，多生育子女会使其经济收入受损、生活水准下降，因此其生育意愿总体上不强。① 如何能够让家庭政策同时回应这两个问题，一直是法国政策变革的重要议题。经过几十年的经验累积，法国越来越认识到，仅仅是为家庭提供经济帮助，创造各类条件保证年轻父母能够从事职业工作等业已施行的举措，并未触及问题的根本。

若要同时回应上述两个问题，必须要在根本上解决生育子女与经济生活之间的矛盾，要从基本理念和制度设计上进行深刻改革。就此，有人提出，在家庭政策中，法国应当特别重视和强调"公正交换"（échange équitable）的理念，其核心的价值诉求是，当父母和当劳动者同样都是有用的，养育子女也是一种应当受到同等重视的劳动与服务。因此，家庭政策改革的方向并不仅仅是要促进年轻父母从事职业工作的灵活性，而是充分考虑到父母在生养子女、教育子女中的劳动与经济付出的重要性，同样将之作为审核他们退休金时所要考量的要素。这样才能

---

① 法国民众对人口再生产问题充满理性的社会—经济考量对此现象起到了重要的推动作用。人们将多生多育视为生活条件改善、社会地位提升的重要阻力，越是想出人头地者越就是想少生孩子，甚至不要孩子。近代以来，法国人总体上趋向于少生少育甚至是不生不育，就因此理。相关资料可参阅王家宝《难解的人口难题：论法国的家庭政策》，《社会学研究》1996年第5期。

真正地在国家、社会与公民个体之间形成一种公正的劳动与服务交换。①

(三) 家庭政策的经济考量

鉴于法国的家庭政策以货币政策为主,与各类家庭补助有关的经济考量一直受到广泛争议,其中有两个议题最为重要:一是家庭补助的发放是否要考虑家庭收入;二是家庭津贴是否要课税。

对于发放家庭补助是否考虑家庭收入的问题,早在1972年时,法国社会就已开始思考。哪些家庭补助必须考虑到家庭收入情况,以便有针对性地促进人口再生产,为有需求的多子女家庭提供经济帮助,并体现社会公平?哪些家庭补助不必考虑家庭收入情况,面向所有符合条件的家庭发放,以更大程度地彰显家庭政策的普惠性?对于是否考虑家庭收入的问题,在不同的历史时期,不同的经济局势下,针对不同的补助类别,法国政府曾做出过频繁的调整。家庭补助的发放是否考虑家庭收入,问题的关键并不在于"应该不应该",而在于财力是否允许。在财源充足的情况下,法国家庭补助的发放是较为宽松的。

与上述问题相关,法国也一度考虑过是否要对家庭津贴课税的问题。对家庭津贴课税的想法,首次出现在1997年时任总理阿兰·朱佩(Alain Juppé)有关社会保险制度改革的总体规划中。此举主要是应对当时所面临的财政压力。当时,有关家庭津贴是否要征税问题的讨论曾出现过多种不同的声音。时任法国审计法院总检察长的埃莱娜·吉斯罗(Hélène Gisserot)在一份提交全国家庭事务大会的报告中指出,不建议对家庭津贴进行征税,但不反对对那些具有替代性工资性质的补助进行征税。此种意见即便是得到了一些人的支持,但面对更多的反对声音,如此动议最终还是被法国政府所放弃了。

是否考量家庭收入、是否征税等因素并不是影响法国家庭政策价值取向主导方向的决定性因素,只不过它们在不同时期由于经济局势所导致的财政状况差异,会表现出不同的影响力。

---

① Jacques Bichot, « Histoire et évolution de la politique familiale en France », www.uniondesfamilles.org/histoire-politique-familiale-france.htm, consulté le 10 janvier 2017.

五 法国家庭政策的结构特征

尽管法国的家庭政策经历了复杂的变革,却在核心理念、制度格局、政策体系、价值取向等方面呈现出一些鲜明的特征,同时也在某些方面折射出值得借鉴的经验。

(一) 核心理念:促进人口再生产,维系家庭的价值与稳定

促进人口再生产一直是法国家庭政策的核心目标,始终贯穿其中。尽管法国一直鼓励生育,但其出生率其实是一直呈下降趋势的。从 1947 年的 21.4‰,逐步下降到 1959 年的 18.3‰,再到 1969 年的 16.7‰,到 1979 年时已降至 14.1‰,此后一路下滑,从 13.4‰(1990 年)降至 13.1‰(2000 年),再至 12.8‰(2010 年),直至目前的 11.5‰(2016 年)。① 与此同时,自 20 世纪 70 年代中期以来,其总和生育率一直维持在 2 以下,其中 90 年代最低,平均值仅为 1.73。② 在经济增长缓慢、失业率越来越高的背景下,受消费主义的影响,人们的生育意愿越来越低,多生养孩子不但会影响生活质量,还会占用个人可以支配的休闲时间。生育意愿的下降主要表现在法国本土民众之中,而外来移民及其后裔的生育意愿却较为强烈,如此趋势不但会潜在地影响法国的民族结构,还会引发社会舆论针对外来移民群体的批评,认为后者导致了社会保障制度的财政负担增长,扰乱了正常的社会团结的秩序。

无论如何,法国的家庭政策在人口再生产问题上一直保持着较为清楚的目标取向。如果说,20 世纪 50 年代以前法国家庭政策的重心是促进人口出生率的提升,那么 80 年代后,尤其是自 90 年代以来,诸多政策则

---

① 法国国立统计与经济研究院公布的数据资料:https://www.insee.fr/fr/statistiques/fichier/1892117/fm_dod_taux.xls,访问时间:2017 年 1 月 10 日。

② Institut national de la statistique et des études économiques, « Indicateur conjoncturel de fécondité-France métropolitaine », 17/01/2017, http://www.bdm.insee.fr/bdm2/affichageSeries.action?idbank=001686825&codeGroupe=1504, consulté le 20 mars 2017.

是为了遏制生育率的下降。

提升人口质量是促进人口再生产的内在追求之一，法国的政策建构主要以促进儿童成长与教育为导向。从直接发放幼儿看护津贴并改革其机制，到采取多种途径建设幼儿园、育婴保姆资质认定，再到父母带薪育儿假等举措，均是为儿童创设良好的成长环境，尤其重视和强调家庭对儿童成长的重要性。

在促进人口再生产之外，法国的家庭政策也特别强调这样一种核心理念——维系家庭的价值与稳定，及其对于社会发展的推动力。解决好家庭问题，是应对社会问题的一条重要途径。法国家庭政策强调维护家庭内部的男女两性平等，并通过强调父母权威的概念，突出对于父母在养育子女方面所平等担负的同等权利、义务与责任的强调。其政策机制着重于协调父母（尤其是母亲）在家庭生活与职业工作之间的冲突，通过诸多津贴补偿父母因家庭事务尤其是养育子女而遭受的收入损失，还为父母养育子女或照看生产子女而设置带薪假期等。这些政策机制从家庭关系、经济补偿、制度安排等方面肯定了家庭的重要价值，并着力维系家庭的稳定。

（二）制度格局：国家主导、社会力量参与

法国家庭政策的雏形源自企业社会责任的兴起，后来又被纳入国家政策的框架之中，其演变历程基本上呈现了一个从企业责任到国家责任、从私有领域到公共领域的过程。

纵观法国的家庭政策体系可以发现，这是一个国家主导、社会力量广泛参与的制度格局。基于法国民族国家建构的历史积淀，国家一直被视为超越法国公民个人利益总和的集体利益的监护者和保障者。[1] 受此影响，国家对家庭事务的介入具有源自社会底层的民意诉求。国家的介入

---

[1] 相关资料参见［法］让-皮埃尔·戈丹《何谓治理》，钟震宇译，社会科学文献出版社2010年版；［法］让-皮埃尔·戈丹《现代的治理，昨天和今天：借重法国政府政策得以明确的几点认识》，陈思编译，载俞可平主编《治理与善治》，社会科学文献出版社2000年版，第283页。

旨在努力保证公平，维护家庭事务中的公平与正义，实现社会团结。社会保险制度家庭分支的资金主要来源于雇主缴纳的税费，在资金不足的情况下，国家财政予以补贴，当资金出现盈余时，政府也会适当提高家庭补助的额度或增加新的补贴类别，或者将部分资金导入其他用途，以实现更大范围内的社会团结。同时，家庭津贴管理机构在法律上并不是一个公立机构，而是一个具有公共事业性质的私立机构，这也在一定程度上保证了其独立性，以及多方为家庭事务所缴纳之税费资金的安全。借此机制背后的契约关系，国家与社会便形成了一种协作关系。在国家主导、社会参与的格局下，法国家庭政策的发展实现了国家、社会、家庭与个人之间的统筹与协调。

在多方行动主体的参与下，法国的家庭政策实质上是一种由国家主导的具有经济社会伙伴关系性质的政策。除了国家与政府之外，社会保险制度中的诸多机构，以及家庭领域内的诸多社团组织，都为家庭政策的日益完善提供了不可或缺的保障。

特别重要的是，在法国，领取所有的家庭补助均是以公民守法、按时缴纳相关税费为前提的。也就是说，首先必须是一个遵纪守法、合格的好公民，才有资格享受相应的社会福利。这也是由国家制度保障公平与公正的一种良性机制。

（三）政策体系：货币补贴为主，制度安排与设施建设为辅

在法国的家庭政策体系中，为家庭所提供的帮助，主要表现为以货币为主的直接经济补贴。根据法国家庭津贴管理机构公布的统计资料[①]，2012年法国发放的各类家庭补助总额占其GDP总量的3.74%（1951年时为3.69%），其中家庭津贴占2.01%，住房津贴占0.83%，最低收入补贴（minima sociaux）占0.9%。家庭收支商数作为法国家庭政策中货

---

① Caisse Nationale des Allocations Familiales, «Prestations familiales et sociales (2012) – Statistiques nationales, Janvier 2014», http://www.caf.fr/sites/default/files/cnaf/Documents/Dser/donnees_tous_regimes/Brochure_Prestations_Familiales_et_Sociales_2012_Statistiques_nationales_140129.pdf, consulté le 10 janvier 2017.

币补贴标准的一个重要指导线，它将家庭视作基本的政策单位，不但每一个家庭的缴税标准要以此作为基本参考，名目繁多的家庭补助金的计算亦以此为基础，综合考量家庭的总体收入情况及其在养育子女方面的基本负担，以期公平公正地对待每一个家庭。

在直接的货币补贴之外，还有很多着眼于解决家庭问题的诸多制度安排与基础设施建设，比如通过制度引导改革幼儿看护机制，推动建设幼儿园，创建多种类型的父母带薪假，以确保在制度层面上为父母处理家庭事务留出合法合理的时间等，这些制度救助的变革体现了法国家庭政策对家庭需求的全面考量与回应需求的灵活特性。

（四）价值取向：兼顾社会团结、公平正义等多重诉求

在普遍施惠的家庭政策框架内，个人所得税与家庭收支商数制度成为强化社会团结的重要机制。个人所得税制度施行累进制，突出了不同收入群体之间的纵向团结。家庭收支商数强调综合考量公民个体的收入水平及其家庭负担情况，也就是家庭的生活水准，既以此作为公民缴纳个人所得税的标准，又将之作为核定诸多家庭补助的基础。在这两种机制的合力下，税收优惠机制向家庭负担重的群体倾斜，既以家庭为单位维系了公民生活水平的相对稳定，又对具有同等家庭生活水准的公民缴税进行了平衡。

法国的家庭政策既具有普惠性质，又表现出对特定目标人群施行特殊照顾的特性。所有家庭均可根据自己的实际情况在家庭政策框架内享受家庭福利的权利，但在具体操作上则会施行有所区分的策略。尽管有些政策举措集中面向于特定的目标群体，其背后的基本理念却是普惠的，目的就是要通过形式多样、机制灵活的家庭补助制度，借助于财富再分配，实现人口发展、家庭稳定、社会团结等多重政策目标，以及公平、正义等多重道德目标。针对特定目标群体的政策面向恰是充分考虑不同群体的不同需求，更加公正地实现人的基本权利的必要机制。

六　结语

在不同的历史时代，法国家庭问题的表征重点不同，家庭政策的变革也因时而应。纵观法国社会的持续变迁，社会事实层面的变化积聚了家庭政策变革的基本动力，观念层面的变化则为制度建构提供了基本方向。其家庭政策所经历的持续变革，既是对不同历史时代家庭问题的回应，也是对法国经济、社会发展的适应，还是对人的基本权利、社会正义与社会可持续发展等基本理念的捍卫。全面公正、社会团结和普遍施惠的基本原则夯实了法国家庭政策体系的制度基础。内含其中的价值取向强调了公民在家庭范畴内诸多劳动的价值，将之视作对民族和国家有益的社会服务，家庭政策中的诸多经济补助则成为国家为公民的此种付出所提供的报酬，这是制度对公民与国家之间公正交换的保证。

法国的家庭政策表现为一个综合的制度体系，既包含直接面向家庭发放的名目繁多的家庭补助，又辅以相关税费减免政策，还有表现为非货币政策的制度安排、服务机制与设施建设等。该制度体系虽然具有碎片化特征，但国家主导、社会力量广泛参与的制度格局却使之具有鲜明的灵活性，形成了多主体参与的治理机制。综合来看，法国家庭政策在核心理念、制度格局、政策体系与价值取向等方面所表现出来的诸多结构特征，对于当代中国社会家庭政策的调整与变革而言，表现为重要的知识借鉴。

政府与社会

公共津贴作为政府与社会合作的制度平台

社团组织的多元形态及其发展

第九章

社团组织的多元形态及其发展[*]

导读

  社团组织在法国人的社会生活中占有重要的位置，它们不但类型多样、数量众多，形成了遍布全国的网络体系，其实践活动所涉领域也非常广泛，它们既影响着公民的私人生活，又承担着一定的公共使命，尤其是在提供社会服务、参与社会管理方面发挥着重要的作用；社团组织也为法国社会提供了数量巨大的就业岗位；法国公民的结社实践受到法律的保护，社团组织的创建与发展既受到相关法令的规范和制约，又受到保护和鼓励；法国人不但参与社团活动的积极性高，而且有很多人乐意在社团活动中提供志愿服务；政府不但在机构设置上建有一些管理社团组织并为之提供服务的部门，同时也在经费支持上给予了很大的帮助，各市镇政府是社团组织发展的第一大合作伙伴。社团组织的积极实践为法国社会的发展提供了很多源自民间的动力与可能性。当然，法国社团组织的发展也面临着一些时代性问题，处于不断的变革之中。

---

  [*] 本章核心内容曾以《法国社团组织的现状与发展》为题，发表于黄晓勇主编《中国民间组织报告（2011~2012）》，社会科学文献出版社2012年版。

无论是在历史上，还是在当下，社团组织在法国人的生活中均占据着重要的位置，是法国公民参与社会互动、介入公共生活的中坚力量，同时还在提供社会服务、传承文化、参与社会治理和社会监督、提供就业等方面发挥着重要的作用。①

从普通公民的角度来说，他们总体上十分重视自己的结社生活，积极参与社团活动，有的是为了在职业生活与家庭生活之外寻求自身能力与生活范畴的拓展，另外有些人则是着眼于聚合众人的知识、经验等力量，以集体的方式参与社会事务，维护公民的权益，并成为公民与国家、政府之间沟通与交流的重要中介。

法国的社团组织全面地渗透进公民的日常生活之中，在影响着公民的私人生活的同时，也一直承接着重要的公共使命，日益成为政府管理公共事务与深化社会治理的重要伙伴。

一　法国社团组织的基本概念及其历史发展

在法国，人们普遍认为，人一直是需要相互协作的，即便是在古老的埃及，在建造金字塔时，也曾经有过多种形式的协作组织，这是互助类社团组织的雏形。在中世纪时代，人们的经济与政治生活很大程度地依赖于各种形式的组织，它们均具有协作的性质，比如公社（communes）、善会（confréries）、修道院（monastères）、行会（corporations）等等。

法国在第三共和国时期确立了公民自由结社的权利。1901年颁布的《非营利社团法》（*Loi Association* 1901）强烈地体现出自由主义与社会契

---

① 法国律师保罗·努利森（Paul Nourrisson）曾讲到，早在中世纪，法国最主要的经济、政治进步都依赖于各类社团组织：公社、修道院、行会等。Paul Nourrisson, *Histoire de la liberté d'association en France depuis* 1789, Paris: Sirey, 1920.

约论的思想。① 该法承认了公民结社的自由——公民的结社行为不需要得到任何授权或批准，但其结社的目标必须具有正当性、合法性，并遵守现行法令与规章制度。如果社团组织的成立或社会实践不合法，负责该事务的省政府（或专区政府）有权利向法官起诉，后者是唯一有权力禁止或解散某个社团组织的人。

（一）《非营利社团法》

在法国，结社是一种公共权利的表达，也是法国宪法赋予其公民的基本权利之一。

1901年7月1日，法国颁布的《非营利社团法》是在时任内政部长皮埃尔·瓦尔德克－卢梭（Pierre Waldeck-Rousseau）的推动与主持下由议会批准②颁布的，它较为全面地对公民结社及其成立的非营利社团组织进行了详细界定。依照这部法律而建立的社团组织都应是以非营利为目的的。该法律的相关条款后来虽经历过多次修改，有些章节也被废除，但其基本精神和框架没有发生根本性变化。不过，这部法律并不适用于在下莱茵、上莱茵和摩泽尔等三个省③注册的社团组织，后者均受其地方性法律的约束。④

与《非营利社团法》相配合，1901年8月16日出台的法令（décret du 16 août 1901），也是涉及法国公民结社权利的一部重要的法律文本。该法令对进一步落实《非营利社团法》的相关精神与原则进行了具体的

---

① 实际上，在1901年《非营利社团法》颁布之前，法国曾经长期存在反结社的现象。在19世纪，法国所有的政权都曾颁布过限制或禁止结社活动的法令。参见乐启良《近代法国结社观念》，上海社会科学院出版社2009年版，第7页。

② 在1901年7月1日最终颁布《非营利社团法》之前法国议会曾经收到过33个结社法提案。参见乐启良《近代法国结社观念》，上海社会科学院出版社2009年版，第11页。

③ 下莱茵省（Bas-Rhin）和上莱茵省（Haut-Rhin）隶属于阿尔萨斯（Alsace）大区，摩泽尔省（Moselle）隶属于洛林（Lorraine）大区。

④ 这三个省之所以有其特殊性，是与其历史有关的。在这三个省中，社团组织的注册成立需要通过其所在省的初审法庭（Tribunal d'instance）申请。初审法庭在通过社团组织的申报材料后，将之转到省政府，由省政府审查是否符合法国的法律，尤其是是否有悖于公共安全。在省政府批准同意并在相关政府公报中公示后，社团组织才算是正式成立。

解释与规定。[1]

(二) 社团组织的概念

依照《非营利社团法》的界定[2]，社团组织是一种社会契约，它是在两人及多人之间建立的，通过其成员间的共同知识与活动，长期致力于非营利的目的。一个社团组织可以用多种名称来为自己命名，如协会、联谊会、俱乐部、理事会、团、组、队、社、联盟、联合会等。

社团组织作为一种在两个及以上多人之间建立的社会契约，其自身包含有三个方面的重要内容：一是结社人共同的知识或活动，这是他们结社协作的基础性要素之一；二是其长期性；三是其非营利性的目标。《非营利社团法》所界定的社团组织，与法国的《商业法典》（Code du commerce）以及《民事法典》（Code civil）中所规定的以营利为目标的社会组织不同，也与基金会不一样。[3]

在法国普遍存在的工会也是一种非营利性的社会组织，但它与社团组织不一样。依照相关法律规定，工会是从事同一职业或相近职业，以及相关职业的人，所组成的一种社会组织，以维护其成员的共同职业利益为目标，工会的创立必须要得到政府的批准才行；法国政府于1884年3月21日颁布了《瓦尔德克－卢梭法》（loi du 21 mars 1884 de Waldeck-Rousseau），赋予法国公民建立工会组织的权利。如今，在法国《劳动法典》（Code du travail）中有涉及工会组织的很多法律条款。而社团组织可以集合起各行各业的人，并可以自由地确定其自身的宗旨与目标（前提是遵守法律，维护良好的道德风尚）；社团组织的成立不必向政府申报，

---

[1] 参见法律文本：http://www.legifrance.gouv.fr/texteconsolide/AAHBN.htm，访问时间：2010年10月20日。

[2] 其法律文本可参见：http://www.legifrance.gouv.fr/texteconsolide/AAEBG.htm，访问时间：2010年10月20日；另外相关材料参见：Suzanne Lannerée, *Les Associations de la loi de 1901, les fondations (privée et d'entreprises, de la loi de 1987) constitution, statut, fonctionnement, dissolution* (4ᵉ édition), Paris: Éditions du Puits Fleuri, 1995。

[3] 在法国，除了《非营利社团法》外，《商业法典》和《民事法典》中也有相关条款涉及公民的结社实践。

只有在意欲获得法人资质的情况下才须向政府申报。当然，从实践与法律的角度来说，工会与社团组织在很多方面都有不同之处，法律的一些具体规定也不一样。社团组织与政党组织也不一样，后者是政治性的组织机构，代表着两个范畴意义上的概念：一是具有相同政治信仰的人的联合体，二是政治的组织形式与民主的运作机构。

（三）社团组织的创建

在法国，公民结社是私法领域内的一种社会契约。公民有自由加入某个社团组织的权利，但必须得到该组织的允许，也有在任何时候自行决定退出该组织的自由。尽管法国公民有自由结社的权利，但《非营利社团法》规定，任何社团组织，若其目标宗旨不具备合法性，或者违反法律、违反良好的道德风尚，或者从事有损于国家疆域完整与共和国政体的活动，都是无效的。任何无效的社团组织均可被要求依法解散。

实际上，《非营利社团法》对于社团组织的相关规定基本上只是框架性的，并给予了社团组织创建人很多自由，比如：在遵守法律的前提下自行创建；自由选择社团组织的目标与使命，可以在法律允许的范围内在所有社会领域内进行活动实践；自由决定社团组织的运作模式、内部规定；可以对其目标、组织与运作模式进行调整；公民结社有向政府部门申报或不申报的自由，只不过，向政府部门申报的社团组织可以拥有法人地位。[①]

社团组织若要获得法人资质，必须履行一定的程序：成立时须向社团组织所在地所归属的省政府（Préfecture）或专区政府（Sous-Préfecture）进行申报，内容包括社团组织的名称、目标、机构所在地，以及社团组织负责人的姓名、职业、住址和国籍等。

但凡向省政府或专区政府申报创建社团组织时，都必须得提交拟定的成文章程。社团组织所拟定的章程内容，应当包括社团组织的名称、

---

① 虽然《非营利社团法》规定法国公民的结社是自由的，并不需要获得任何批准，也不需要事先向政府申报，但社团组织只有在符合某些特定条件的情况下才享有法人资质（capacité juridique）。经过申报而成立的社团组织，作为法人具有一定的民事行为责任与权利。

机构所在地址、宗旨等，以及涉及其自身的其他重要文件。① 省政府或专区政府依法登记社团组织章程及其调整与变动，以及有关其领导人的诸多信息，但没有任何权力对社团组织进行控制。

社团组织法定身份的获得，以政府公报为准。当然，在《非营利社团法》中，有关社团组织的申报还有其他一些详细的规定，比如自申报之日起3个月内，社团组织的领导机构若有变动，其章程若有调整，须向政府申报。另外，只有向政府申报过的社团组织才可以拥有雇用工作人员的资格。

按规定进行申报的任何社团组织，都可以获得法人资格，没有必要获取其他特别的许可，便可进行法律诉讼，获取直接的捐赠（dons manuels），包括公共机构的捐赠，可以有偿获取资产，还可以拥有与管理以下事项（当然来自除国家、大区、省、市镇等政府部门及其公共权力机构的公共津贴以外）：一是社团组织成员的会费；二是社团组织管理机构及其成员大会所需的建筑场所；三是为实现其目的而必需的不动产。

不但社团组织的创建与解散不是必须得向政府申报，其自身运转也不一定必须得由一个领导机构或理事委员会管理。在社团组织内部，等级结构不是必需的，社团组织的组织形式也可以是横向的。依照《非营利社团法》创建的社团组织，唯一必须要按规定设立的职位便是负责人的身份。当然，对于负责人的职位身份，具体名称可以不拘一格，比如会长、主席、主任或其他头衔。

加入社团组织的"人"，不仅仅局限于自然人（personnes physiques/individus，个体），还可以是法人。一般来说，创建社团组织所需的最少人数为两人，只要两人之间相互达成协议即可。当然，对于某些领域范畴内的社团组织，有相关法律规定要求须具有更多的成员数量。此外，《非营利社团法》还对宗教团体（congrégation religieuse）能否获得社团组织的地位作了规定，后者在国家最高行政法院相关法令的承认下，可以获得法定身份。

---

① 社团组织若向政府申报创立，可以在省政府（或专区政府）那里取得一个社团组织章程的模本，以方便其准备各类文件资料，但这些章程模本并不是必须要遵守的，社团组织完全可以依照自己的具体情况来确定内容与表达方式，但其中必须要包含上文中提到的最基本的事项。

按照《非营利社团法》规定，社团组织的活动必须是以非营利为目的的，但是为了维持其自身的运作与发展，它们也可以从事一些营利性的活动，可以通过各类方式（如经营活动等）拥有适当的收入，拥有一定数量的雇用员工（不过，社团组织的会长和副会长是不能领取报酬的）。在大多数情况下，这种经营活动是不需要纳税的。[1] 不过，法律对社团组织进行经营性活动所获利润（excédent d'exploitation，经营盈余）的用途是有限定的——不能在社团组织成员之间分配，只能用于社团组织的活动及其自身发展。因此，社团组织的"创收"活动主要是为其自身赢取活动经费。

社团组织可以拥有不同的社会身份或地位。从社团组织的成立是否申报的角度来看，可以分为申报的社团组织（association déclarée）、未申报的社团组织（也指事实存在的社团组织，association de fait ou non déclarée）。未申报的社团组织可以收取其会员的会费，但不能享受来自公共部门的公共津贴或补助。当然，非营利性社团组织所具备的法人资质是有限的，与商业机构（sociétés commerciales）的法人资质相比，它不能加入商会，不能签署商业租约，不能在其成员与领导人之间分配其财产与利润。社团组织在解散时，其资产必须得给予与该社团组织不存在任何关系的另外一个人（自然人或法人），禁止在该社团组织的成员之间，以及与之相关的当事人的父母或其亲属之间分配这些资产。

需要说明的是，有些社团组织的创建、运作与会员吸纳是需要遵守某些特定的法律规定的。比如，体育运动类社团组织在某些技术、设备方面必须得达到一定的标准和要求；与环境保护、消费者权益保护等相关的社团组织的申报成立，政府也有一些与其活动领域相关的特殊要求。

---

[1] 但在有些情况下，依照法国的税收制度，非营利性社团组织的经营活动也需要交税。这是一个比较繁复的问题，比如说，它们有时可以不用交商业税（impôts commerciaux），但需要缴纳法人税（impôt sur les sociétés），同时法律对其经营活动的额度有数量上的限定，一旦超过一定的额度，则须缴纳某些税种，比如增值税（TVA）、营业税（taxe professionnelle）等。比如说，社团组织若从事餐饮、住宿等活动，或售卖其财产的年营业额超过 76224 欧元，或者在其他各类服务性经营活动中年获利超过 26680 欧元，则须交增值税。如果年营业额超过 38112 欧元，需要交营业税。

另外，未成年人也可以加入社团组织，并有可能被选举成为理事委员会的成员。未成年人加入社团组织所缴纳的会费不能太高（相当于他们的零花钱），而且他们的民事责任得继续由其监护人来承担。甚至，未成年人也可以创建和管理一个社团组织。然而，鉴于他们还没有民事责任能力，在这种情况下，须由具有监护能力的成年人来承担社团组织的民事责任。

法国存在众多由未成年人建立和管理的社团组织，比如青少年协会（junior association），它们受到青少年社团组织网络（réseau national des juniors associations）[1]的支持。这是一个全国范围内的社团组织，由5个社团组织（或社团联盟）共同协作专门为青少年群体创建的，它为由12岁至18岁的青少年组成的社团组织提供支持和帮助，全国各地的青少年社团组织实际上也是这个社团组织网络的不同分支。

二　多样的社团组织及其运转

进入20世纪，法国社会先后建立了大量的社团组织，经过第二次世界大战的创伤，仍然有不少社团组织幸运地存活了下来，或者转入地下以秘密的形式重新组建。第二次世界大战结束以后，法国公民的结社运动迎来了新一轮突飞猛进的发展，尤其是在青少年发展、儿童保护、体育运动、文化活动与国民教育等领域内。

---

[1] 青少年社团组织网络实际上也是一家社团组织，成立于1998年，跟法国政府负责青少年与公民结社事务的部门合作。其使命是，在尊重共和国基本价值的前提下，鼓励青少年的言论自由、创新精神和结社生活的延续；为未满18岁的青少年创建一个公民性的空间；为众多的青少年社团组织成为《非营利社团法》框架下的社团组织提供便利。这个青少年社团组织网络由5家社团组织（联盟）组成：一是教育联盟（La Ligue de l'enseignement），它聚集了3万余家社团组织，旨在从事公民培训活动；二是法国青少年与文化之家联合会（La Confédération des M. J. C. de France），它得到众多地区级社团联盟与近千个社团组织的支持；三是法国社区中心与社会文化联盟（La Fédération des Centres sociaux et socioculturels de France），它由千余家社区中心与地方性社团联盟组成；四是墨芽协会（Jets d'Encre），这是一家旨在在全国范围内推进和保护青少年创新出版的协会；五是法国青少年与文化之家联盟（La Fédération Française des M. J. C）。法国青少年社团组织网络的机构网站为：http://www.juniorassociation.org/ewb_pages/q/qui-sommes-nous.php，访问时间：2010年10月25日。

自 20 世纪 70 年代以来，法国公民的结社运动表现出非常显著的生命力与活力。在此后 40 多年的时间里，新建的社团组织非常多，它们在社会发展与治理中的作用也越来越大。

根据法国研究与互助协会（Recherches & Solidarités）[①] 的研究结果，2010 年时，法国有超过 120 万家社团组织常年活跃在各个领域，有一半法国人加入了社团组织。21 世纪前 10 年间，平均每年出现 7 万家新创建的社团组织。[②]

（一）社团组织的类型与规模

在法国，社团组织的类别范畴很多。在有关社团组织的各种分类、统计中，标准不同，所产生的结果也不一样。同一个社团组织有可能会划分进不同的类别领域。比较常见的基本的分类范畴涉及文化活动、体育运动、休闲娱乐、社会生活、健康卫生、教育培训、就业帮助、地方发展、经济互助、环境保护、生活质量，以及人道主义、友谊拓展、遗产保护、政治活动、宗教活动、科学研究、基本权利保护、国际关系等。其中，活跃在文化活动、体育运动、休闲娱乐等领域内的社团组织所占比重较大，而进入 21 世纪以来，教育培训、环境保护、基本权利保护、地方发展等领域内的社团组织，在法国社会中发挥着越来越积极的社会影响。

从社团组织所涉及的活动领域来看，大部分集中在体育运动、文化活动、社会生活、权益保护、社会行动与健康、培训与就业、慈善与人道主义行动、地方经济与发展等方面。[③] 依照法国国立统计与经济研究院的统计，有四类范畴的社团组织占据主导地位，它们分别是体育运动类、

---

① Recherches & Solidarités 本身是一家具有社团组织性质的研究机构，是社会保险机构中央办公室（Agence centrale des organismes de sécurité sociale）和农业社会互助中央管理机构（Caisse centrale de la mutualité sociale agricole）的合作伙伴。它每年都会发布涉及各个社会经济领域的就业数据。

② 资料来源：Cécile Bazin et Jacques Malet, « La France associative en mouvement » (8ème édition), novembre 2010, http://www.associations.gouv.fr/IMG/pdf/France_associative_2010.pdf, 访问时间：2010 年 8 月 5 日。

③ 资料来源：http://cpca.asso.fr/spip.php?article2237, http://www.associations.gouv.fr/51-le-poids-economique-et-social-des.html, 访问时间：2010 年 10 月 25 日。

老年人①活动类、文化活动类和休闲娱乐类。②

2000年后，法国社团组织的创建进入了高峰期，尤其是较20世纪90年代末有了很大增长。其间，社团组织的创建在法国南方明显多于北方，并自南向北呈现递减趋势。在每1万人口中，2009—2010年新建社团组织的平均数量分别是：南部地区高于12个，中部地区平均数保持在10.4个到11.8个之间，而北部地区基本上平均低于8.7个。③

依照表9—1中的统计数据，我们可以发现，有1/3强的新建社团组织活跃在文化活动、体育运动等领域内。实际上，这一增长趋势也基本反映出了法国社团组织总体上的类型分布。

表9—1　　　2009—2010年度法国新建社团组织的类别比重　　（单位:%）

社团组织类别或领域	比重
文化活动	22.7
体育运动、户外活动	15.4
休闲	13.8
社会	7.9
健康	4.3
教育、培训	5.4
经济	4.7
就业帮助、地方发展、经济互动	2.6
环保、生活质量	3.8
其他（思考、友谊、遗产保护、政治活动、宗教活动、研究、基本权利保护等）	19.3
总体	100

数据来源：Cécile Bazin et Jacques Malet, «La France associative en mouvement» (8ème édition), novembre 2010, http://www.associations.gouv.fr/IMG/pdf/France_associative_2010.pdf。

---

①　在法国，常用第三年龄段（3e âge）的说法指代60岁及其以上年龄段群体。
②　资料来源：Institut national de la statistique et des études économiques, statistiques sur les ressources et les conditions de vie (SRCV-SILC), http://www.insee.fr/fr/themes/tableau.asp?reg_id=0&ref_id=NATCCF05527，访问时间：2010年10月25日。
③　在持续出现新的社团组织的同时，法国也有一些社团组织因各种原因而解散。同一研究结果显示，2009年大约有5.2%的社团组织解散。Cécile Bazin et Jacques Malet, «La France associative en mouvement» (8ème édition), novembre 2010, http://www.associations.gouv.fr/IMG/pdf/France_associative_2010.pdf。

法国的社团组织规模大小各异，有的可能只有会员寥寥数人，有的则有上千甚至上万会员，并有专门的雇员负责社团运转的管理、统筹等工作。实际上，有没有雇用员工，往往能成为判断社团组织规模大小的一个经验标准。是否拥有雇用员工也能够折射出社团组织提供服务与开展活动的能力大小。大多数拥有雇用员工的社团组织都会进行一些经营性的活动，一方面确保其组织自身的生存与运作，能够持续地提供服务，另一方面也拓展自己的能力，积累持续发展的经费资源。后一种现象，在法国越来越成为一个涉及社团组织的角色、功能与制度改革的热门话题。[1]

从法国研究与互助协会所公布的调查研究的结果来看，在众多雇有员工的社团组织中，有53%的员工数量在3人以下，3—6人者占15%，6—10人者占10%，10—20人者占10%，20—50人者占8%，50—100人者占3%，100人以上者占1%。[2]

（二）社团组织的经费预算

据2008年公布的一项研究结果，法国社团组织每年的经费预算平均为590亿欧元左右，在世界性金融与经济危机爆发前数年间平均每年增长2.5%，比法国的国民生产总值（PIB）增长还要快。[3] 从法国国民互助信贷银行（Crédit Mutuel）发布的研究结果[4]来看，60%以上的社团组织平均每年的经费预算低于1万欧元。社团组织的经费预算大小与其是否依靠雇用员工的工作来运转具有很大的相关性。总体而言，仅有5%的社团

---

[1] 参见：http://www.maif.fr/associations/guides-de-fonctionnement/financements-externes-publics/financements-externes-publics-financements-proximite.html，访问时间：2010年8月5日。

[2] Cécile Bazin et Jacques Malet, «La France associative en mouvement», 8ème édition, Novembre 2010, http://www.associations.gouv.fr/IMG/pdf/France_associative_2010.pdf.

[3] Jean-Louis Langlais, « Pour un partenariat renouvelé entre l'Etat et les associations », juin 2008. http://lesrapports.ladocumentationfrancaise.fr/BRP/084000531/0000.pdf.

[4] «Les ressources des associations: mesures et évolution», *Partenaire Associations* (la lettre du Service Partenaire Associations du Crédit Mutuel), novembre 2007, https://www.associatheque.fr/fr/fichiers/lpa/LPA_nov2007.pdf.

组织年度预算在 20 万欧元以上，在拥有雇用员工的社团组织中，这一比例达至 28%（相关数据参见表 9—2）。

表 9—2　　　　　　　　社团组织的经费预算　　　　　　（单位:%、个）

社团组织的年度开支（欧元）	无雇用员工的社团组织	有雇用员工的社团组织	总体
少于 1000	18	1	16
1000 至 5000	37	6	32
5000 至 1 万	16	8	15
1 万至 5 万	25	30	26
5 万至 10 万	2	14	4
10 万至 20 万	1	14	3
20 万至 50 万	0	15	3
50 万及以上	—	13	2
比例总数	100	100	100
社团组织数量	92.8 万	17.2 万	110 万

数据来源:《Les ressources des associations: mesures et évolution》, *Partenaire Associations*（la lettre du Service Partenaire Associations du Crédit Mutuel）, novembre 2007, https://www.associatheque.fr/fr/fichiers/lpa/LPA_nov2007.pdf。

表 9—3　　　　各类社团组织的年度平均经费预算
（按社团组织的活动领域与是否提供就业岗位分类）

活动领域	没有雇用员工的社团组织（A）（欧元）	拥有雇用员工的社团组织（B）（欧元）	加权平均数（欧元）	两类社团组织的经费预算比例（B/A 的倍数）
人道主义	15936	388517	65259	24
社会行动/健康	14055	567633	173868	40
权益保护	4871	256522	15290	5
教育/培训/就业	10693	553895	198310	52
体育运动	17124	104608	33169	6
文化	9601	123475	27064	13
休闲与社会生活	11648	195862	26844	17

续表

活动领域	没有雇用员工的社团组织（A）（欧元）	拥有雇用员工的社团组织（B）（欧元）	加权平均数（欧元）	两类社团组织的经费预算比例（B/A 的倍数）
经济利益保护	11553	315821	94210	27
其他	12376	130607	22713	11
加权平均数	11715	282091	53992	24

数据来源：《Les ressources des associations: mesures et évolution》, *Partenaire Associations* (la lettre du Service Partenaire Associations du Crédit Mutuel), novembre 2007, https://www.associatheque.fr/fr/fichiers/lpa/LPA_ nov2007.pdf。

从表 9—3 可以看出，拥有雇用员工的社团组织所掌握的经费资源基本上是没有雇用员工的社团组织的几倍甚至是几十倍，尤其体现在教育、培训、就业，以及社会行动、健康等领域。拥有雇用员工的社团组织的经费预算远多于没有雇用员工者，这也就意味着前者的活动能力、社会影响力等远大于后者，而且它们面向社会提供的服务越来越专业，能力建设越来越强。经费支持的相对充裕是这些社团组织开展活动的物质基础，拥有固定员工也从人力资源的方面保证了它们的有效运作。

（三）社团组织的资金来源

在法国，社团组织拥有多种形式的资金筹措渠道，比如政府提供的公共资金、企业或基金会的捐款、个人捐款、会员会费，以及各种形式的国外资金等。但有些资金来源渠道并非所有社团组织都可以享有的，比如政府提供的各类津贴只是对具备一定资质的社团组织发放，在此情况下，政府会考察社团组织的活动领域、知名度、自身能力、项目目标等，企业或基金会的资助往往也只选择与其相关目标定位关系密切的社团组织。总体来看，从政府那里获取的公共经费支持是社团领域非常重要资金来源。法国的社团组织也可以获得来自欧盟层面的经费支持，后者通过欧洲社会基金（Fonds social européen）资助一部分社团组织开展活动，扶持其发展。①

法国学者维维亚娜·切尔诺诺格（Viviane Tchernonog）于 2007 年完成的一项研究②显示，经费开支在社团组织众多活动领域之间的流向比重存在不均衡现象。由表 9—4 中的数据可以看出，社团领域内有超过 1/3 的经费开支集中在社会行动与健康范畴内的社团组织中，其次是体育运动，以及教育、培训与就业等领域，比重均为 15%，文化活动与休闲、社会生活等范畴内的社团组织所使用的经费大约分别占有 10% 的比重。

表 9—4　　　　　　　　社团组织经费流向比较　　　　　　　　（单位:%）

开支领域（社团活动领域）	比例
经济利益保护	6
休闲与社会生活	9
文化活动	9
体育运动	15
人道主义行动	5
社会行动与健康	36
权益保护	4
教育、培训与就业	15
其他	1

数据来源：《Les ressources des associations：mesures et évolution》，*Partenaire Associations*（la lettre du Service Partenaire Associations du Crédit Mutuel），novembre 2007，https：//www.associatheque.fr/fr/fichiers/lpa/LPA_nov2007.pdf。

社团组织的经费大都是其业务收入（recettes d'activité），其来源有可能是公共部门，也有可能是私有领域。综合来看，在社团领域内，有一半以上的经费支持是直接或间接地来源于公共部门的。这些经费并不都是由公共部门以对社团组织直接的经费支持的形式发放的，因为有一部

---

① 相关内容参见：http：//www.fse.gouv.fr/vous-etes-candidat/le-fse-pour-qui-pour-quoi-pour-moi/article/associations，访问时间：2010 年 8 月 5 日。
② 《Les ressources des associations：mesures et évolution》，*Partenaire Associations*（la lettre du Service Partenaire Associations du Crédit Mutuel），novembre 2007，https：//www.associatheque.fr/fr/fichiers/lpa/LPA_nov2007.pdf。

分经费体现为国家向社团组织购买服务的费用。

以 2007 年的调查数据为例,社团组织所能掌握和使用的经费资源有 34% 的经费直接源自公共部门的津贴,有 49% 的经费是通过各种形式而获得的"经营性"进款,捐赠而来的经费资源只占到 5%,另外会员会费也占了比较大的比重,约为 12%(相关数据参见表 9—5)。

表 9—5　　　　　　　社团组织经费来源构成　　　　　　（单位:%）

经费来源	公共津贴	业务收入（公共、私有）	捐赠	会员会费
比例	34	49	5	12

说明:"公共津贴"在此仅指以津贴形式发放的经费支持,并不包括各种以合同的形式签订的因政府向社团组织购买服务而拨付的款项;"业务收入"包括来自公共部门与私有领域的"经营性"收入。

数据来源:《Les ressources des associations: mesures et évolution》, *Partenaire Associations*（la lettre du Service Partenaire Associations du Crédit Mutuel）, novembre 2007, https://www.associatheque.fr/fr/fichiers/lpa/LPA_nov2007.pdf。

活动领域不同的社团组织,其经费来源差异较大。上述调查数据显示,在体育运动、权益保护等领域的社团组织中,成员所缴纳的会费占有重要的比例,这些会费通常含有成员参与有偿服务的协议价费用。与人道主义关怀相关的社团组织,它们接受捐赠的费用占其经费资源的 1/4。教育/培训/就业、社会行动/健康等领域的社团组织,则较多地依靠其业务收入来筹集经费,而且在社会行动/健康领域内社团组织的预算规模很大。公共津贴在各个领域的社团组织中均占有较大的比重。表 9—6 较为清晰地呈现了这一状况。

表 9—6　　　　　不同活动领域内社团组织经费来源的构成

（单位:%、亿欧元）

活动领域	会费	捐赠	业务收入	公共津贴	经费开支
人道主义行动	2	26	38	34	27
社会行动/健康	3	4	54	39	215
权益保护	24	7	45	25	26

续表

活动领域	会费	捐赠	业务收入	公共津贴	经费开支
教育/培训/就业	4	2	65	29	89
体育运动	38	6	32	24	88
文化	17	5	38	40	55
休闲与社会生活	18	2	50	31	53
经济利益保护	11	2	45	43	38
其他	11	9	59	22	3
总体	12	5	49	34	594

说明:"公共津贴"在此仅指以津贴形式发放的经费支持,并不包括各种以合同的形式签订的因政府向社团组织购买服务而拨付的款项;"业务收入"包括来自公共部门与私有领域的"经营性"收入。

数据来源:《Les ressources des associations: mesures et évolution》, *Partenaire Associations* (la lettre du Service Partenaire Associations du Crédit Mutuel), novembre 2007, https://www.associatheque.fr/fr/fichiers/lpa/LPA_nov2007.pdf。

上文已经提到,法国社团领域内的经费资源大部分集中在拥有雇用员工的社团组织、规模较大的社团组织,以及在社会行动与健康领域内开展活动的社团组织中(实际上,这三类社团组织互有交叉)。有15.6%的社团组织拥有占总体81.7%的经费资源,其余18.3%的经费资源则由数量占84.4%的社团组织所拥有。[1]

法国政府所施行的个人、企业向社团组织进行捐赠而享受减免税收的政策,使得很多个体与企业长期积极向社团组织捐赠财物。2010年时,尽管法国处在经济危机的大环境中,社团组织的捐赠者基本上依然保持着比较积极的态度(相关数据参见表9—7)。

在2010年全球经济仍处于危机,尤其是欧洲、世界经济状况不佳的背景下,仍有很多企业与个人依然像往年一样,继续向社团组织给予捐赠。从表9—7来看,年均捐赠额在150欧元以上的捐赠者中,有70%的

---

[1] 《Les ressources des associations: mesures et évolution》, *Partenaire Associations* (la lettre du Service Partenaire Associations du Crédit Mutuel), novembre 2007, https://www.associatheque.fr/fr/fichiers/lpa/LPA_nov2007.pdf。

捐赠额度与往年一样，有12%比往年捐赠得还要多，也有差不多数量的企业与个人（11%）比往年捐赠得少；在年均捐赠额低于150欧元的群体中，有49%的捐赠额度与往年持平，有5%的比往年捐赠得多，而比往年捐赠得少的企业与个人有15%，还有6%表示无法捐赠。但总体来看，在经济危机的背景下，法国企业与个人对社团组织能有如此捐赠热情与支持力度是难能可贵的。

表9—7　　　　法国公众向社团组织进行捐赠的态度变化　　　（单位:%）

	年平均捐赠额低于150欧元	年平均捐赠额在150欧元以上
比往年捐赠得多	5	12
捐赠的基本同往年一样	49	70
比往年捐赠得少	15	11
今年，我无法捐赠	6	1
我没办法回答	22	5
我不想回答	3	1
总体	100	100

数据来源：Cécile Bazin et Jacques Malet, «Repères sur les associations en 2010», Recherches & Solidarités, http://www.recherches-solidarites.org/media/library/reperes_surlesassociations_2010_v5.pdf.

经费支持是社团组织发展的一个重要因素，如何能够开拓资源为社团组织赢得更多的经费支持，是大多数社团组织负责人非常重视的一项工作。根据法国研究与互助协会的一项调查结果，很多社团组织的负责人认为自己所在的社团组织所拥有的经费支持并不充足。2008年春天的调查显示，认为拥有足够或差不多充足的经费支持的社团组织仅占60%、2009年春下降为57%、2010年春又上升为64%。据2010年春天的调查结果看，在没有雇用的专职工作人员的社团组织中，有57%认为拥有足够或差不多充足的经费支持，而在拥有专职工作人员的社团组织中，这一比例为52%。根据调查结果来看，2009年，法国社团组织普遍遇到了经费困难，虽然此后情况有所好转，但在不同的社团组织之间，情况差异较大：有超过30%的没有雇用工作人员的社团组织和将近50%的拥有雇用工作人员的社团组织仍然面临一定的财政困难。总体来看，就经济状况而言，有52%的社团组织运转良好，偶尔会遇到困难者占35%，经验遇到困难的有6%，有很大困难的约有2%。[①] 这一状况在某种程度上源于当时正在发酵的金融危机与经济危机对社团领域所产生的直接或间接影响。

不少活跃于社会服务、权益保护等领域内的社团组织，其运转较多地依赖于与公共部门签订的合作协议，用其自身的活动实践换取公共资源，政府也借以向它们购买服务，回应民众的现实需求，推动社会治理的有效实施等。长期以来，法国一直有舆论主张，虽然社团组织是一种非政府性质的民间组织，但在其经费来源问题上，没有必要把公共部门支持与私有领域支持对立起来。由于很多社团组织的活动实践涉及公共利益，它们当然需要公共资源（比如公共财政）的支持。[②]

法国著名民调机构 Institut CSA 早在2007年发布的一项调查结果[③]显示，有大约71%的民众对社团组织持有特别重要的信任，认为社团组织与其自身之间的距离更亲近。从经验观察来看，社团组织是很多法国人参与社会生活甚至与公共部门进行互动的重要中介。有2/3的人认为社团组织拥有重要的经济角色。这主要表现在社团组织在促进就业、活跃经济等方面的作用。法国多数民众不希望社团组织的发展出现后退，并积极捍卫在公共领域与私有领域之间的第三部门的利益。为此，他们期待包括公共部门在内的整个社会对社团组织的积极支持。在很多人看来，社团组织的活动越能触及公共利益，来自公共部门对于社团组织的财政支持就越表现出合法性。

当然，法国社会普遍对社团组织持有信任态度的同时，也会要求它们能够继续拓展渠道，让自己的经费来源多样化，保持服务于法国社会的活力，并增加其开支的透明度，加强自身管理，健康运转。

---

① Cécile Bazin et Jacques Malet, « Repères sur les associations en 2010 », Recherches & Solidarités, http://www.recherches-solidarites.org/media/library/reperes_surlesassociations_2010_v5.pdf.

② 参考资料：http://www.credit-cooperatif.coop/fileadmin/doc/3_QUEST_HSIBILLE.pdf.

③ 相关内容参见：http://www.credit-cooperatif.coop/fileadmin/doc/ETUDE_FR_ASSO_SYNTHESE.pdf 和 http://www.credit-cooperatif.coop/fileadmin/doc/3_QUEST_HSIBILLE.pdf.

（四）公共部门的经费支持

在法国，公共资源在社团领域内的分布比较集中。大部分社团组织的运作是没有公共资源支持的，或者说支持是非常少的。公共资源在社团领域内基本上集中到了一少部分社团组织身上，而这些社团组织的活动与为之提供支持的公共机构的工作与职责密切相关。[①]

从公共部门的经费支持来看，市镇政府是法国人结社实践中最主要的经费支持者，其他公共权力机构（国家/中央政府、地区、省）也是各社团组织筹措经费时所不能绕过的重要伙伴，各社团组织从与其在地缘上最接近的公共权力机构那里得到的经费支持最多。根据切尔诺诺格的一项调查研究显示，拥有雇用员工和未拥有雇用员工的社团组织所得到的经费支持的情况有很大不同，没有雇用员工的社团组织的运作几乎完全是依靠地方公共权力机构的支持（市镇、省等），而于拥有雇用员工的社团组织来说，国家/中央政府在其运作中扮演着重要的角色。

依照切尔诺诺格发布的 2007 年的研究成果[②]来看，在之前 6 年间，法国社团领域所拥有的经费资源持续增长，平均每年的增长比例为 2.5%，是同期法国国民生产总值的 2 倍。在这一时期，公共部门对社团组织的经费支持以每年 1.6% 的速度增长，非常接近于同期国民生产总值的增长。可以说，法国公共部门对社团领域的支持力度是很大的。但是，公共部门对社团组织的支持往往表现出结构化的倾向。举例来说，在社会行动与健康领域内，国家通过向各省政府拨款的形式给予相关社团组织以支持，而且该领域内的社团组织向省政府等部门申请公共经费的支持时，其项目计划必须与公共部门的相关工作保持衔接。另外，在同一时期，法国社团领域所获得的私有资源的支持也持续增长，其速度是公共经费支持的 2 倍多，年平均增长率为 3.5%。

---

① 《L'état du financement public des associations》，https：//www.associatheque.fr/fr/fichiers/etudes/etat-financement-public-associations-cnrs.pdf.

② 《Les ressources des associations：mesures et évolution》，*Partenaire Associations*（la lettre du Service Partenaire Associations du Crédit Mutuel），novembre 2007，https：//www.associatheque.fr/fr/fichiers/lpa/LPA_ nov2007.pdf.

从表9—8可以看出，虽然法国公共部门对社团组织的经费支持持续增长，但2005年来自国家（中央政府）的经费支持反而减少了。这一现象的发生与法国涉及经费管理的法律变革（Loi organique n°2001-692 du 1 août 2001 relative aux lois de finances）有关。大区政府、省政府等地方行政机构对社团组织经费支持的增长与多种因素有关，其中很重要的一点是法国地方分权的结果，地方分权赋予了地方各级政府更多的支持社团组织的能力，同时地方政府的介入也可以缓冲国家投入减少给社团领域所带来的诸多问题。

表9—8　　　　法国社团组织经费来源的增长情况（2005年数据）　　（单位：%）

经费渠道	增长比例
会费	7
地区政府	6.7
省政府	3.4
来自私有部门的业务收入	3.1
总体	2.5
公共经费总体情况	1.6
市镇政府	1.1
国家	-0.9
各类社会组织	-1.5

数据来源：《Les ressources des associations：mesures et évolution》，*Partenaire Associations*（la lettre du Service Partenaire Associations du Crédit Mutuel），novembre 2007，https：//www.associatheque.fr/fr/fichiers/lpa/LPA_nov2007.pdf；《L'état du financement public des associations》，https：//www.associatheque.fr/fr/fichiers/etudes/etat-financement-public-associations-cnrs.pdf。

公共部门对社团组织经费支持的重心日益由国家（中央政府）向地方政府过渡，显示出法国社团领域内经费支持模式的转型。国家从宏观上界定社团组织发展的基本方向与政策，并在全国范围内实施，而地方政府倾向于发展与地方利益密切相关的项目计划，倾向于通过向社团组织招标的方式来实现一些社会性目标。

2008年发生的经济危机迅速并直接影响到了国家对于社团组织的经费支持，以及其他各类社会组织对社团领域的资助。但在地方政府层面上，对于社团组织的经费支持并没有受到太大的变化。

在法国，国家对于社团组织的发展是全面支持的，尤其支持规模较大的社团组织。不过，国家的支持有其优先领域，比如社会行动、教育、健康和文化等，而在大区、省和市镇等不同层级的地方政府那里，则另有不同的优先领域，比如大区政府更倾向于优先资助在培训、文化等领域内开展活动的社团组织，省政府更倾向于支持参与社会行动的社团组织，而市镇政府优先资助的领域则因地制宜的情况更为普遍。①

三 社团组织的网络体系

法国的社团组织不但种类繁多，涉及的活动领域范畴广泛，其规模大小也差异不一；同一类别、性质或范畴相近的社团组织还会在市镇、省、大区（区域）、全国甚至是欧洲等层面上结成不同类型的联合会、联盟等，形成了一个联系密切的网络体系。这一网络体系基本上可以用"社团组织—地方联盟—全国联盟"的模式来概括。社团组织通常会依照其宗旨、政治倾向或亲缘、活动领域与业务范畴，以及社会身份或地位的不同而聚合起来，以便能够采取一些集体性的活动。据统计，有56%的社团组织还以社团本身的身份加入一定的社团联盟或社团网络。②

除了众多的社团组织及其联盟之外，在法国还有很多专门从事社团组织事务协调的机构，比如非常有代表性的"常设社团协调大会"（Conférence permanente des coordinations associatives，以下简称CPCA）③等。实际上，这类机构本身的性质也是社团组织。④

---

① 《Les ressources des associations: mesures et évolution》, *Partenaire Associations*（la lettre du Service Partenaire Associations du Crédit Mutuel），novembre 2007，https: //www. associatheque. fr/fr/fichiers/lpa/LPA_ nov2007. pdf.
② 参见法国政府网站：http: //www. associations. gouv. fr，访问时间：2011年8月5日。
③ "常设社团协调大会"已于2012年更名为"社团运动"（Le Mouvement associatif）。鉴于此章主要内容完成于2011年，故保留"常设社团协调大会"（CPCA）的称谓。
④ 此外，法国的社团组织跟欧盟层面上涉及社团事务的相关机构联系与合作也比较多，比如欧洲经济和社会委员会（Comité économique et social européen）、欧盟委员会（Commission européenne）、欧洲议会（Parlement européen）等。

CPCA 成立于 1992 年，是在诸多社团组织协调机构负责人的提议下创建的，其宗旨是推进公民的结社自由及其结社实践，意在代表法国结社运动的意愿与声音，并在社会中宣传这一运动的价值与利益所在。它立意成为法国社会中一个探讨、评估与界定社团组织定位与角色的处所，并在民主实践与互助精神实践方面推进真正意义上的公民对话，这是作为 CPCA 成员的诸多社团组织协调机构长期对话、共同工作的目标。

目前，CPCA 聚合了 16 家全国性的社团组织协调机构，代表着近 700 家社团联盟，60 万余家社团组织。这些社团组织协调机构代表了法国公民结社及其活动领域的多样性，涉及国民教育、文化行动、体育运动、乡村发展、国际互助、女性权益、公共卫生与社会行动、大学生生活、反歧视斗争、消费者权益保护、人权保护等众多领域。实际上，CPCA 本身还是其他一些社团组织或机构的机构会员，如企业与社会经济体理事会（Conseil des entreprises et groupement de l'économie sociale）等，在更广阔的领域内代表其成员参与更多样的互动。

为了能够较好地推进和实现这些基本目标，CPCA 的工作主要围绕以下几方面展开：着眼于公共利益，推进持续的结社生活，不寻求营利性目标；捍卫社团组织的基本价值：互助、公民性参与、反对种族主义、性别主义、排外主义和个人主义的过分行为，捍卫一个更加社会的欧洲（Europe plus sociale），寻求国际合作；为作为其成员的社团组织协调机构搭建和组织一些对话平台，帮助它们在一些关键问题上摆脱普遍性的困难；围绕其在公民性介入与管理方面的特性，为社团组织探寻发展前景；通过拓展合作伙伴，与拥有共同的价值观念、从事相同的工作目标的机构合作，尤其是在社会经济领域内。

CPCA 内部设有三个重要的机构，以确保其正常运作：全体成员大会（Assemblée générale）、理事会（Conseil d'administration）和执行委员会（Comité exécutif）。全体成员大会每年举行一次，有时也会组织临时性的特别大会。大会确定 CPCA 主要的工作方向，讨论其工作报告，并对其财务情况进行审计。理事会由每个成员机构的代表（共 16 名）组成，按其章程，理事会每年至少举行三次会议，但实际上每月举行一次会议，理事会负责 CPCA 机构成员的管理，理事会主席每届任期为两年。执行委员会由理事会任命，具体负责 CPCA 运行的一些事务性工作，如日常行政管理与经费问题、公民对话、参与与宣传等工作。执行委员会每月开一次会议。

作为一个全国性的社团组织联盟，CPCA 不仅密切与法国的一些社会经济体，以及国家经济社会与环境委员会的合作，还通过其地方分支机构深化与地方政府的合作，同时也积极参与欧洲层面的事务，以维护和捍卫社团组织的利益。

四 法国人结社生活的多元形态

结社是法国人社会生活中的一个重要组成部分。无论是从其职业活动或是家庭生活的角度来观察，还是基于公共领域或是私有领域的视角来审视，参与社团组织是一项非常重要的社会性内容。不过，他们的结社实践在活动频率、参与领域等方面存有差异，比如不同的年龄群体、职业群体、学历群体之间的结社情况不一样。

（一）法国人参与社团活动的频率

依照法国国立统计与经济研究院对 2008 年的统计数据来看，当年在年满 16 岁及以上的法国人口中，有 1/3 的人至少加入了一个社团组织，占其当年人口总数近 1/4。如若考虑到同时加入多个社团组织的情况，法国的社团组织至少计有 2100 万人次参加。另外，法国人参与社团组织活动的频率在性别层面表现的差别不大（相关数据参见表 9—9）。

表 9—9　　法国人参与社团组织活动的频率（按性别）　　（单位：%）

	2008 年数据		
	女性	男性	总体
经常参加	72	71	71
常年不时地参加	14	14	14

续表

	2008 年数据		
	女性	男性	总体
仅在特定的时间段内或假期内参加	3	4	4
偶尔参加或很少参加	7	7	7
从不参加	4	4	4

数据来源：Institut national de la statistique et des études économiques, «Statistiques sur les ressources et les conditions de vie» (SRCV-SILC), http: //www. insee. fr/fr/themes/tableau. asp? reg_ id = 0&ref_ id = NATCCF05527。

从表9—9来看，2008年在已经至少加入一个社团组织的年满16岁及以上的法国人当中，有71%的人在全年内经常性地参加社团活动，不时参加活动的占14%，仅在特定的时间段内或假期内参加社团活动的占4%，偶尔参加或很少参加的占7%，加入了某个社团但从不参加活动的占4%。由此可见，社团组织在法国人的社会实践中是非常重要的，结社实践在很大的人口规模上影响着法国人的社会生活。

综合来看，在法国人口中，加入社团组织的比例随着年龄的增长而增长，并在60岁至75岁的人群中达到高峰。加入社团组织的现象，更常见于高学历者、企业干部，以及各类中间职业从业者，还有来自富裕阶层的群体。在加入社团组织的群体当中，超过一半的人为其所属的社团组织提供志愿服务。[①]

（二）法国人参与各类社团活动的情况

在法国社会中，普遍存在这样一种观念，社团参与（participation associative）有助于提高生活质量，尤其是从社会契约与社区融入的角度而言。加入社团组织不仅可以帮助人们密切与社会的联系，同时还可以使之更好地介入社会（比如通过各类权益保护组织，以及从事卫生与社会

[①] 资料来源：Institut national de la statistique et des études économiques, *Enquête SRCV-SILC 2008*, http: //www. insee. fr/fr/themes/document. asp? reg_ id = 0&ref_ id = ip1327，访问时间：2011年8月5日。

行动的社团组织等),尝试担当一定的责任(比如担任社团组织的负责人或会计等)。

一直以来,在法国的社团组织当中,占主导地位的是在体育运动、文化活动与休闲娱乐等领域内活动的社团组织,它们拥有整个社团领域一半以上的成员。综合考察各类社团组织,法国男性居民加入社团组织的比例要比女性高,前者为35.6%,后者为29.9%(相关数据参见表9—10)。男性主要青睐各类体育运动协会、休闲协会,以及与其职业有关的协会(而且在这些社团组织当中,男性也占大多数);女性则更青睐定位于各类社会性目标的社团组织,比如老年人活动、各类权利与共同利益保护类组织等。在众多体育运动类协会中,男女两性之间的参与比例差距较大,前者为15.4%,后者为9.5%。

表9—10　　2008年法国民众参与不同社团组织的比例差异
(按年龄与性别统计)　　　　(单位:%)

	总体	公共卫生行动、社会或人道主义行动、慈善行动	体育	文化	休闲	权利与共同利益保护	老年人活动	工会、职业群体
性别								
男性	35.6	3.5	15.4	5.5	5.0	2.2	8.3	8.1
女性	29.9	4.6	9.5	6.3	4.5	2.7	10.7	6.5
年龄								
16—24岁	26.3	2.1	17.1	4.6	2.7	0.7	—	1.9
25—39岁	32.7	3.4	14.1	5.4	3.2	3.3	—	8.6
40—59岁	34.4	4.0	12.7	6.0	5.0	3.0	—	11.8
60—74岁	36.9	6.9	10.7	8.7	7.9	2.3	7.3	2.6
75岁及以上	27.6	3.4	4.0	3.6	4.5	1.5	13.6	1.7
总体	32.6	4.1	12.3	5.9	4.7	2.5	9.6	7.3

数据来源:Institut national de la statistique et des études économiques, *Enquête SRCV-SILC 2008*, http://www.insee.fr/fr/themes/document.asp?reg_id=0&ref_id=ip1327。

(三) 各类社团组织中成员的参与情况

同一社团组织成员参加社团活动的情况各有不同，不同社团组织之间的比较也显示出其成员在参与规模与程度方面的差异。

加入体育运动、文化活动或宗教类社团组织的人，一般多数会经常参加活动。但同样的现象并非发生在其他以社会性、人道主义、环境保护等为目标的社团组织中。在很多社团组织中，有一少部分人仅仅是加入其中，并不参加活动，对他们而言，加入这样的社团组织更主要地是为了支持某些事业，而不是亲自参加活动实践，这种现象在以下几类社团组织中所占比例不少：在环境保护类社团组织中占15%，在与公共卫生和社会性目标有关的社团组织中占有13%，在各类行业联合会中也占13%（相关数据参见表9—11）。

表9—11　　　　2008年各类社团组织中成员的参与情况　　　（单位:%）

社团组织类型	经常参加	常年不时地参加	仅在特定的时间段内或假期内参加	偶然参加或很少参加	仅仅加入
公共卫生行动、社会或人道主义行动、慈善行动	55	16	4	12	13
体育运动	81	10	3	4	2
文化活动	69	16	5	8	3
休闲娱乐	66	19	7	7	2
权利与共同利益保护	56	18	3	14	8
老年人社团组织、与老年人有关的休闲类社团组织	62	19	3	12	3
工会、职业群体	50	18	3	16	13
宗教团体、教区组织	74	14	2	6	4
环境保护	46	22	6	11	15

数据来源：Institut national de la statistique et des études économiques, *Enquête SRCV-SILC 2008*, http://www.insee.fr/fr/themes/document.asp?reg_id=0&ref_id=ip1327。

（四）不同年龄段群体参与社团组织的比例

法国人加入社团组织的比例随着年龄的增长而有所提高，60岁至74岁年龄段群体参与比例最高。① 从2008年的统计数据来看，在16岁至24岁年龄段中，法国人参与社团组织的比例为26.3%，在60岁至74岁的群体中，这一比例提高到36.9%，而75岁及以上年龄段的参与比例又下降为27.6%，他们主要是参与和老年人活动有关的社团组织。

对于在权利与公共利益保护领域内活动的社团组织而言，它们的成员主要集中在25岁至59岁。出现这一现象的原因主要在于，各类学生家长协会、职业性社团组织等吸纳了很多学生家长、在职人员等。体育运动类协会吸引的主要是年轻人，在16岁至24岁的年龄段内，有17.1%的人参加此类社团组织，在60岁至74岁的年龄段内，有10.7%的人参加，而在75岁及以上年龄段内，则只有3%。体育类社团组织也是年轻人参与最多的一类。

法国人同时参加多个社团组织的现象较为普遍。但只有约1/5的年轻人同时参加多个社团组织，而在40岁以上的年龄段内，有1/3的人参加多个社团组织，在60岁至74岁的年龄组内，参加多个社团组织的比例则高达2/5。家庭结构对于法国人参与社团组织的影响很小，单亲家庭成员的参与比例稍低于其他群体。②

在所有参加社团组织的法国人当中，参加一个、两个或三个及以上社团组织的比例情况，在不同年龄段群体之间表现出较大差异（相关数据参见表9—12）。

依照法国国立统计与经济研究院的统计资料来看，在巴黎这样的大都市中，人们参与社团组织的比例相对较低（30%）。跟全部人口参加社团组织的情况一样，大城市中的人也主要是参与各种体育运动类的社团

---

① 资料来源：Institut national de la statistique et des études économiques, *Enquête SRCV-SILC 2008*, http://www.insee.fr/fr/themes/document.asp?reg_id=0&ref_id=ip1327，访问时间：2011年8月5日。

② 同上。

组织，即便如此，其参与比例也较平均水平低 1.6 个百分点，而在老年人活动领域内，大城市所显现出来的差异最为明显。

表 9—12　　　　社团组织成员参与社团数量比较（2008）　　　（单位:%）

年龄组	只参加一个社团组织	参加两个社团组织	参加三个及以上社团组织
16—24 岁	80.4	15.4	4.2
25—39 岁	75.0	20.3	2.7
40—59 岁	69.1	20.5	10.4
60—74 岁	59.1	26.3	14.6
75 岁及以上	68.6	17.3	14.1
总体	69.5	20.9	9.6

数据来源：Institut national de la statistique et des études économiques, *Enquête SRCV-SILC 2008*, http://www.insee.fr/fr/themes/document.asp?reg_id=0&ref_id=ip1327。

与此相反，在乡村城镇中，人们参加社团组织的比例较高，尤其是在老年人活动领域内（在 60 岁及以上年龄组内，参与率达 18.2%，而全国的平均水平不到 10%），另外在休闲娱乐领域内，乡村城镇中的参与率也有一定的显著性。在人口介于 5 万人至 20 万人的城镇中，社团组织大量存在，尤其是一些与公共卫生、社会性目标有关的社团组织，以及体育运动类社团组织等，居民参加社团组织的比例比其他不同规模的城镇稍微显著（相关数据参见表 9—13）。

表 9—13　　不同规模的城镇居民参与不同类型社团组织的比例（2008）　　（单位:%）

	总体	公共卫生行动、社会或人道主义行动、慈善行动	体育	文化	休闲	权利与共同利益保护	老年人活动	工会、职业群体
乡村城镇	35.4	3.6	12.7	5.0	6.4	2.5	18.2	6.7
大城镇								
人口少于 1 万的城镇	33.7	4.1	12.1	6.5	5.6	2.6	9.1	7.1

续表

	总体	公共卫生行动、社会或人道主义行动、慈善行动	体育	文化	休闲	权利与共同利益保护	老年人活动	工会、职业群体
人口介于1万与5万之间的城镇	31.7	3.2	14.3	5.2	4.8	1.9	5.5	6.8
人口介于5万与20万之间的城镇	35.2	5.8	14.5	6.9	5.0	2.7	6.4	9.2
人口多于20万的城镇（巴黎除外）	30.0							
巴黎	29.7	3.7	10.7	6.8	2.7	2.4	4.9	6.6
总体	32.6	4.1	12.3	5.9	4.7	2.5	9.6	7.3

数据来源：Institut national de la statistique et des études économiques, *Enquête SRCV-SILC 2008*, http：//www.insee.fr/fr/themes/document.asp?reg_id=0&ref_id=ip1327。

（五）管理干部与中间职业群体参加社团组织者居多

在职和退休人员中参加社团组织者较多，比例分别为35%和34%。失业人员加入社团组织的比例不高，为17%，而留在家中不外出就业的人口（personnes au foyer，以家庭主妇为主）参加社团组织的比例则处于中间位置（23%）。综合各个领域内的社团组织来看，在就业人口中，工人阶层、手工业者和职员加入社团组织的比例较低。[1]

在管理干部（cadres）和中间职业群体中，加入社团组织的比例比较高。他们对体育运动、文化活动、职业性社团组织等表现出较高的热情，在公共卫生、人道主义与慈善领域也比较活跃，参加社团组织的比例也比其他群体高。农业从业人员参加社团组织的比例也比较高，接近35%。

---

[1] 数据来源：Institut national de la statistique et des études économiques, *Enquête SRCV-SILC 2008*, http：//www.insee.fr/fr/themes/document.asp?reg_id=0&ref_id=ip1327，访问时间：2011年8月5日。

相较于其他群体,他们参加休闲、权利与共同利益保护等领域内的社团组织更多(相关数据参见表9—14)。

表9—14　　2008年各社会职业群体参加不同类型社团组织的比例　　(单位:%)

	总体	公共卫生行动、社会或人道主义行动、慈善行动	体育	文化	休闲	权利与共同利益保护	工会、职业群体
农业从业人员	34.8	2.2	5.4	5.2	6.0	5.9	16.5
手工业者	30.4	3.8	11.3	4.1	6.6	1.5	3.4
管理干部	46.9	5.9	19.7	10.9	4.1	5.6	13.0
中间职业群体	42.9	4.2	19.3	7.0	5.0	3.9	13.1
工薪雇员	30.1	3.2	10.7	4.8	2.9	2.2	10.7
工人阶层	26.4	1.6	12.0	2.3	3.6	1.3	9.4
总体	35.1	3.6	14.3	5.6	4.0	3.0	11.0

数据来源:Institut national de la statistique et des études économiques, *Enquête SRCV-SILC 2008*, http://www.insee.fr/fr/themes/document.asp?reg_id=0&ref_id=ip1327。

(六) 高学历群体参加社团组织比例高

统计研究显示,除与老年人活动有关的社团组织外,在其他所有领域的社团组织中,参与群体的比例随着学历的增高而增高:高学历群体中有45%的人参加社团组织,而无学历者中参与比例仅为18%。这一特点,在与老年人活动有关的社团组织中,表现出一定的代际差异——参加此类社团组织比较多的人实际上并不是高学历者,他们那一代人中大学毕业生的数量比起年青一代来说明显偏低。此外,在休闲娱乐领域内的社团组织中,不同学历群体之间的差异不大。个体参加社团组织的数量,随着学历的增高而增高。另外,在无学历者群体中,参加多个社团组织的比例仅占1/5,而有学历者群体的参与比例是前者的两倍。①

（七）加入社团组织的比例与生活水平密切相关

总体来看，生活水平越高的群体加入各类社团组织的个体比例越大。当然，这种情况出现在与老年人活动有关的社团组织之外，在此领域内，各收入群体加入社团组织的比例是与其生活水平相反的。因生活水平不同而呈现出来的参与社团组织的情况差异是非常明显的。在最不富裕的阶层中，仅有20.7%的人加入一个或多个社团组织，而在最富裕的阶层中，则有44.9%的人加入一个或多个社团组织。这种因生活水平差异而显现出来的不相称现象尤其出现在与体育运动有关的社团组织（最不富裕阶层参与比例为5.7%，而富裕阶层则为18%）和职业性社团组织（最不富裕阶层参与比例为3.2%，而富裕阶层则为10.8%）中。②

五　志愿服务在法国

志愿服务是社团组织所凝聚的重要的社会资源之一。在法国，不但众多社团组织的运转主要依赖于志愿服务，而且社会治理实践中所凭借的重要力量也部分来自广大民众的志愿服务。

（一）志愿者

在法国人的结社实践中，所谓志愿者（bénévole），即是那些把自己的一部分时间与精力贡献到社团实践中而不计报酬的人。志愿者与雇用

---

① 资料来源：Institut national de la statistique et des études économiques, *Enquête SRCV-SILC 2008*, http://www.insee.fr/fr/themes/document.asp?reg_id=0&ref_id=ip1327, 访问时间：2011年8月5日。

② 同上。

人员不同，跟法国社会中提供志愿性民事服务（volontariat de service civique）者也不一样，后者有一定的报酬，但其性质与雇用人员所领取的工资或其他薪酬并不一样。

如今，在法国有超过1400万的志愿者活跃在社团领域内。志愿者们所参与的活动范畴非常广泛，比如体育运动、文化活动、休闲娱乐、人道主义、健康与社会行动、权益保护、教育培训等等，在各个领域内都能见到志愿者的身影。志愿者提供志愿服务的动机是让自己成为有用的人，为他人与社会做些力所能及的事情。这种现象不仅发生在法国，甚至整个欧洲都是类似情况。[①]

对社团组织来说，向志愿者寻求帮助，让其为社团组织提供服务，而不是雇用专职工作人员，在实践上是重要的，既有社会性的原因，也有税收方面的原因。社团领域内的志愿服务与雇用工作是有本质上的区别的：一是志愿者不能因其志愿服务而获得报酬（货币或实物），但可以报销因其志愿服务而发生的一些费用，比如出差、住宿、购买相应材料等。二是志愿者与社团组织之间没有法律上的隶属关系（如工作合同）。他们没有义务像雇用的工作人员（有可能地）那样听从社团组织的命令，也不能受到社团组织的惩罚（如开除）。志愿者的服务工作是自愿性的，他们可以自由地结束其志愿服务，不需要任何程序，也没有赔偿。但反过来，他们需要遵守社团组织的章程，以及他们所从事的志愿活动领域中所要求的安全标准等。

鉴于志愿服务的质与量的重要性，法国有诸多法律为社团组织里的志愿者提供了一些制度性保障，比如社会保险、休假、相关费用报销，以及在计算退休、预退休、失业等情况下应得报酬或津贴的金额时，都会对提供志愿服务的情况有所考虑，并给予一定的补偿。在有些情况下，志愿者可以享受到工伤保护；在志愿者的财务报销方面，法国的相关法令有一些具体而明确的规定。在法国社会政策的改革中，这种面向服务的制度保障日益完善。

---

① 为了鼓励志愿服务精神，欧盟还曾将2011年确定为欧洲志愿服务年（Année européenne du bénévolat et du volontariat）。

(二) 志愿者的权益

根据法律规定，按照相应的规章制度创建的社团组织，在由其全体成员大会通过的情况下，可以向其志愿者提供一些特殊的代金券或饭票，以使后者能够在提供志愿服务期间全额或部分支付其餐食费用。但社团组织的负责人不具有这样的权利。这些代金券或饭票的价值受到法律规定的限制。2010年的数额标准是5.7欧元。社团组织为其志愿者提供这样的报酬，于社团组织与志愿者而言，都是可以免税的。

法国于2006年9月29日出台的法令（décret n°2006 – 1206）还就这些代金券或饭票的使用进行了详细的规定，比如：这类饭票只能授权能给发送该饭票的社团组织中经常提供志愿服务的成员使用，每次每人只能使用一张，除特殊情况外这类饭票一般不能在星期日和节假日期间使用，并且通常只能在发放该票的社团组织所在省级行政区划的范围内使用。[①]

对于向政府申报过的社团组织中有固定工作的志愿者来说，在他们代表该组织参加由政府机构召集的相关会议时，可以享受带薪假期，也就是说，在参加会议期间可以离开其工作岗位，并享受其应有的薪资。对其雇主来说，没有义务在这些雇用员工离开工作岗位参加某个社团组织的会议时继续为其发工资，但当事人可以从国家或地方政府那里得到一定的薪资津贴。如果雇主在此期间继续为其员工保留薪资，其额度若超过政府规定的津贴标准，超过部分可以享受税费减免的政策。雇用员工在以志愿者的身份参加其作为成员的某个社团组织的上述会议时，依法可以享受到的带薪假期每年最多为9天。

接收志愿者的社团组织有义务在前者提供志愿服务期间为其提供保险服务。在其志愿服务期间，志愿者如果不幸受到伤害，或其自身利益受到损害，在必要的情况下，志愿者有权利通过法律程序向社团组织伸张其权益。

[①] 参见法国政府网站资料：http://www.associations.gouv.fr/762 – les-cheque-repas.html，访问时间：2011年8月5日。

志愿者如果在提供志愿服务的过程中，出现了由于志愿者的原因而导致的事故或损失，其责任认定须进行辨识，若是因为正常的志愿工作中的某些原因，志愿者本人则可以免责，相关责任由社团组织来承担，但若是由于志愿者个人的原因且不是因为正常的工作而造成事故或损失，则须由其个人承担。

退休人员及预退休人员所提供的志愿服务是法国社团组织能够保持活力的一个相当重要的力量，因为他们拥有相对充足的时间，并具有相对丰富的职业经验。鉴于此，法国的法律也考虑到了这一群体作为（预）退休人员与志愿者两种身份之间的协调性问题。按照法律规定，预退休人员可以以志愿者的身份参加社团组织的活动，但不能在之前雇用他的社团组织中做志愿者，其志愿活动不能影响社团组织招收新的工作人员，否则这些预退休人员将会丢失其享受相关津贴的权利。退休人员可以被返聘继续从事职业工作，领取薪酬，同时还领有退休金，但其志愿服务行为不能为之带来报酬。正在寻找工作的无业人员也可以从事志愿服务，但不能在其之前的雇主那里做志愿者，也不能因此代替有薪酬的工作，否则会丢失掉有可能享受的失业津贴。

（三）提供志愿服务的群体差异

在法国的社团领域内，大部分社团组织的运作主要是依靠其成员的志愿服务来保障的，只有一小部分社团组织的运作依靠的是雇用员工的工作。志愿服务对于法国人的结社实践、社团组织的发展来说，一直发挥着至关重要的作用。

法国研究与互助协会的统计资料显示，有85%以上的社团组织的运作仅靠志愿者来维持。在众多社团组织中，各个年龄段的志愿者都有。在他们之间，不同的是彼此的时间安排不同，在志愿服务中所贡献的时间长短不一。年轻人跟比他们年长的人一样乐意提供志愿服务。[1]

---

[1] Cécile Bazin et Jacques Malet, « Repères sur les associations en 2010 », Recherches & Solidarités, http://www.recherches-solidarites.org/media/library/reperes_surlesassociations_2010_v5.pdf.

根据法国国立统计与经济研究院的统计数据①，社团组织内的志愿服务实践在男女之间有别，有58%的男性提供志愿服务，而女性则为52%。无论是男性，还是女性，40岁到59岁的群体提供志愿服务的比例最大，男性为67%，女性为57%。

基于志愿者的就业状态来看，失业人员中提供志愿服务的比例最大，为67%，在职人员居于其次，为58%，退休人员、大学生、留在家中不外出就业的人口等群体提供的志愿服务较少。基于家庭结构来看，在拥有一个孩子的夫妇群体当中，加入社团组织的比例较小，但加入者中提供志愿服务的比例却很大，甚为活跃，有58%的人曾经做过志愿者。实际上，抚养孩子并不是提供志愿服务的阻碍，甚至是促使了比其他群体更多的志愿服务。单亲家庭在各类社团组织中比较少见，他们提供志愿服务的情况与其他群体成员基本一样，明显低于一般水平。

（四）社会有关志愿服务的认知

法国研究与互助协会的调查显示，在各类志愿者群体当中，认为志愿行为会妨碍其职业活动的并不多。相反，无论是哪个年龄段的人，大部分人认为志愿服务的经历对自己的职业履历有帮助，尤其可以在简历上将之写出来；也有人认为他们在社团组织的志愿服务中获得了某些技能，让自己的才干得以充分发挥，拓展了社会关系。表9—15较为清晰地呈现了不同年龄段群体的态度异同。

表9—15　　　　志愿者对其志愿行为的态度（多项选择）　　　　（单位:%）

您认为您的志愿行为	18—25岁	26—40岁	41—60岁
对您的职业履历有帮助，尤其是体现在个人简历上	82	59	27
对您的职业发展有益，因为在社团组织中获得了某些技能	72	58	26
对您的职业发展有益，因为志愿服务让您的才干得以充分发挥	74	65	36

---

① 资料来源：Institut national de la statistique et des études économiques，*Enquête SRCV-SILC 2008*，http：//www.insee.fr/fr/themes/document.asp? reg_id = 0&ref_id = ip1327，访问时间：2011年8月5日。

续表

您认为您的志愿行为	18—25 岁	26—40 岁	41—60 岁
对您的职业发展有益，因为您在志愿服务中拓展了社会关系	53	43	21
会妨碍您，因为您可以有较少的时间用于您的职业活动	4	6	4
跟您的职业活动没有任何关系	8	18	31

数据来源：Cécile Bazin et Jacques Malet, « Repères sur les associations en 2010 », Recherches & Solidarités, http：//www.recherches-solidarites.org/media/library/reperes_ surlesassociations_ 2010_ v5. pdf。

2008 年开始的经济危机，曾令诸多社团组织负责人担心会影响人们提供志愿服务的积极性，但相关统计（表9—16）显示，这场经济危机并没有对社团领域的志愿服务带来多大负面影响。总体而言，大约有 2/3 的人认为经济危机对他们的志愿行为没有产生影响。另外，对志愿服务满意的情况主要出现在没有雇用员工的社团组织中。[1]

表9—16　　2008 年开始的经济危机对志愿行为的影响　　（单位:%）

多项答案选择	18—25 岁	26—40 岁	41—60 岁	60 岁以上	总体
没有产生影响	67	60	61	69	64
经济危机鼓励我更多地参与	11	12	14	16	13
经济危机促使我参与	8	8	10	10	9
由于经济原因，我曾有所限制	10	11	9	4	8
我把时间和精力更多地用在了周围亲近的人身上	3	3	3	3	3
我把时间和精力更多地用在了工作上	5	10	6	0	6

数据来源：Cécile Bazin et Jacques Malet, « Repères sur les associations en 2010 », Recherches & Solidarités, http：//www.recherches-solidarites.org/media/library/reperes_ surlesassociations_ 2010_ v5. pdf。

---

[1] Cécile Bazin et Jacques Malet, « Repères sur les associations en 2010 », Recherches & Solidarités, http：//www.recherches-solidarites.org/media/library/reperes_ surlesassociations_ 2010_ v5. pdf。

六 社团组织对就业安置的贡献

社团组织在促进法国社会就业安置方面扮演着重要的角色。

依照法国研究与互助协会的研究成果[1],社团组织在2000年至2009年的10年间,大约创造了33万个新的就业岗位,每年在社团领域内新创建就业岗位的数量持续增长。相关数据显示,2009年时,在法国经济遭受经济危机重大影响的背景下,仍有3万人受雇进入社团领域工作。综合来看,2009年法国有超过17.8万个社团组织雇有177.3万名工作人员,它们所提供的薪酬超过330亿欧元;平均每个社团组织拥有11名雇用员工,有77%的社团组织雇员数量在10人以下,10%的社团组织雇员数量超过50名。

在经济危机持续发酵的背景下,2010年在法国社团领域内共有受雇人员依然增长到181.5万人,占整个私有部门雇员数量的1/10(也就是说,在包括社团组织在内的整个私有部门,大约每10个就业人员中就有一个在社团领域工作)。在全国一半以上的省份中,这一比例超过10%,有些省份甚至达到11.6%。与2009年相比,2010年社团领域就业增长1.8%,而整个私有部门就业增长仅为0.3%。[2] 由此可见,社团组织在促进就业安置方面,发挥着十分重要的作用。[3]

社团组织吸纳了各个年龄段的就业人口。尤其值得注意的是,自2000年至2010年的10年间,众多社团组织为40岁以上的人口提供了大量的就业机会。总体来看,在所有就职于社团组织的人口当中,40岁以

---

[1] Cécile Bazin et Jacques Malet, « Repères sur les associations en 2010 », Recherches & Solidarités, http://www.recherches-solidarites.org/media/library/reperes_ surlesassociations_ 2010_ v5. pdf.

[2] Cécile Bazin et Jacques Malet, « La France associative en mouvement » (8ème édition), novembre 2010, http://www.associations.gouv.fr/IMG/pdf/France_ associative_ 2010. pdf.

[3] 在失业问题日益严重的背景下,2010年第四季度,法国社团领域就业人口同比减少0.5%,2011年第一季度同比减少0.4%。尽管就业人口有所减少,但与其他就业部门相比,社团组织在提供就业岗位方面依然具有较强的能力。

上群体占到36%，而在整个私有部门，这一年龄段群体的就业人口比重只占27%（相关数据参见表9—17）。

表9—17 2000—2010年社团领域与私有部门就业人口比较 （单位:%）

年龄段	社团领域就业人口比重	整个私有部门就业人口比重
小于25岁	24	34
25岁至39岁	40	39
40岁至49岁	22	17
50岁及以上	14	10

数据来源：Cécile Bazin et Jacques Malet,《Repères sur les associations en 2010》, Recherches & Solidarités, http://www.recherches-solidarites.org/media/library/reperes_ surlesassociations_ 2010_ v5. pdf。

另外，相关统计显示，在社团领域内就业的人口中，女性数量多于男性，每年她们所签订的劳动合同占到当年社团领域所签合同总量的57%至60%；而与此相对照，在整个私有部门中，女性所获得的工作合同所占比重基本上低于男性。

七 政府与社团组织的关系

从社团组织的社会性介入来看，其活动范畴与领域涉及政府多个部门的工作，比如经济发展、互助与社会团结、教育与科学研究、劳动就业、健康卫生、交通、住房、司法、文化、体育、生态保护与可持续发展等领域，各级政府及其附属公共机构在不同层面上与社团组织建立了各种各样的协作关系。由此，社团组织也成了连接政府与社会/公民之间一个非常重要的关键要素。无论是在中央政府还是地方政府层面的机构设置中，均设有专门机构或建有专门机制与社团组织打交道。

(一) 政府在社团事务方面的机构框架

法国政府向来非常支持公民的结社实践，并在政府框架内设立了很多机构，以便能够加强对社团组织的管理，并为之提供服务，比如在政府总理的主持下设立了社团组织高级理事会（Haut conseil à la vie associative），在青少年事务与社团组织部下设立了社团发展理事会（Conseil du développement de la vie associative），同时还在各省政府内部设立了负责社团组织事务的代表（Délégués départementaux à la vie associative），以及社团组织咨询与信息委员会（Missions d'accueil et d'information des associations）等。另外，在中央政府层面上，还有社团发展理事会（Conseil de développement de la vie associative）负责全国范围内的社团组织事务，尤其是负责面向社团组织的各类公共津贴的发放，同时还为社团组织提供面向志愿者的培训帮助等。

1. 社团组织高级理事会

2009 年在召开第二届全国社团大会之际[1]，在政府总理的提议下，成立了社团组织高级理事会，并于 2011 年 6 月颁布法令（Décret n°2011 - 773 du 28 juin 2011）予以正式确认。该理事会取代了之前存在的国家社团理事会（Conseil national de la vie associative，CNVA）。[2]

---

[1] 法国第一次全国社团大会（Conférence nationale de la vie associative）于 2006 年 1 月 23 日举行。这次大会是在"常设社团协调大会"（CPCA）的要求下举行的。

[2] 国家社团理事会成立于 1983 年 2 月，是一家隶属于法国政府总理的咨询机构，先后经历过多次调整。在这个理事会中，有正式成员，有候补成员，有法国地区级社团组织代表，有法国各省代表大会的代表，以及市镇长协会的代表等。在其运转期间，国家社团理事会一度由 70 个正式委员和 70 个候补委员组成，这些委员由其所代表的社团组织委派，但作为机构成员的各社团组织名单是由总理来确定的，另外还有各地方行政区划的一些代表以顾问的身份参加国家社团理事会的会议。在国家社团理事会中，设有一个常委会，其负责人由国家社团理事会主席担任，主要职责是确保国家社团理事会与政府各部在涉及社团组织的相关工作中保持经常性对话与协调。

国家社团理事会的职责主要包括：一是研究和跟踪所有涉及法国人结社生活的问题；二是对与社团组织有关的立法或管理制度的相关草案提出建议；三是对社团组织的发展提出有用的建议措施；四是在每一届任期内编写法国人结社生活及其发展状况的报告。该理事会成员每届任期为 3 年，可以续任。他们都是以志愿者身份参加的，不计报酬。在政府总理的要求下，国家社团理事会可以针对特别的项目计划，开展工作。相关资料参见：http://www.associations.gouv.fr/112 - le-conseil-national-de-la-vie.html，访问时间：2011 年 8 月 5 日。

社团组织高级理事会是辅佐法国政府总理的一个咨询机构，负责和代表社团领域内的事务，并对社团事务的发展提供建议。该理事会由47名成员组成，其中包括25名不同社团组织的代表，12名与社团组织相关的政府部长级官员，1名国民议会议员和1名参议院议员，3名地方行政机构代表，另有5名被指派的专家代表。其人员结构在社团领域内具有一定的代表性，也反映了社团组织参与社会治理的重要角色得到重视。

社团组织高级理事会由政府总理担任主席。25名来自不同社团组织的代表具有切实的社团组织工作经历，他们在负责社团组织事务的政府部长的提名下，由总理任命，任期为5年；5名专家所擅长的领域分别是法律、税收、经济与管理、社会、人力资源等，他们也是任命的，任期为5年，并不考虑他们是否有社团组织的工作经历。在其成员中，只有社团组织代表、国民议会议员代表和专家代表有决议权。也就是说，政府部长代表和地方行政机关的代表是没有决议权的。列席参加该理事会的12名政府部长级官员，分别负责青少年事务与社团组织、财政、社会团结、文化、经济、国民教育、环境、内政、司法、卫生、体育、城市等相关领域的工作。按照规定，社团组织高级理事会每年至少要举行两次全体会议。[①]

社团组织高级理事会负责一些与社团组织的经费支持、运作与组织等相关的特殊规定的法律与法令的议案工作，其基本职责包括：研究和跟踪与社团事务相关的普遍性问题，为社团事务的发展提出有益的措施与政策建议，为国家涉及社团领域的相关法案的拟订提供建议；努力提升社团组织在社会中的认知程度；对涉及社团组织的相关事务进行质性与量化的数据统计；在社团组织代表与管理机构代表之间搭建相应的工作组；每两年提交一份有关社团事务的报告；等等。

2. 社团发展理事会

社团发展理事会成立于2004年7月（décret n°2004 – 657 du juillet 2004），取代了此前全国社团组织发展基金（Fonds national de développ-

---

[①] 相关资料参见：http://www.associations.gouv.fr/998 – le-haut-conseil-a-la-vie.html，访问时间：2011年8月5日。

ement de la vie associative）管理委员会。该理事会主席由政府负责社团事务的部长担任。其职责包括：向负责社团组织事务的政府部长提出面向社团组织发放公共津贴时优先考虑的领域及其条件；对全国范围内各社团组织提出的公共津贴申请进行审查，以保证在不同领域内各相关计划、方案的顺利实现。①

3. 省级社团组织事务代表

省级社团组织事务代表实际上是国家事务代办，其角色就是在省级区划的层面上作为社团组织的官方对话者。其职责包括：一是促进发展社团组织的多样活动，推进志愿服务，让社团组织负起一定的社会责任，促进其能力建设与职业化发展，并为此目标而努力动员和激发政策与公共资源支持的活力；二是在各省级区划的层面上组织和协调国家面向社团组织的各类服务，以确保政府能够向社团组织提供最好的信息服务，简化相应的办事程序。

4. 省级社团咨询与信息委员会

各省级社团组织事务代表的任务之一，是要在各省建立一个省级社团咨询与信息委员会，借以确保社团组织能够明确地享受到代表国家对之进行各类接待与信息服务的地方机构的帮助，并力争简化它们之间的服务关系。

5. 志愿者资源与信息中心

为能够更好地回应各社团组织不断增长的招募志愿者的信息需求，尤其是那些没有雇用员工、年度经费预算少于1万欧元的社团组织，各级地方政府先后建立了一些志愿者资源与信息中心（Centres de ressources et d'information des bénévoles），其基本职责是：①提供有关志愿者的第一手信息，对其进行引导；②向志愿者提供咨询与建议；③为志愿者提供在司法、税收、经费支持等方面的基础培训与继续培训；④支持志愿者的各类项目方案；⑤帮助志愿者适应社团组织的运作；⑥对各类创新性方案计划进行"一对一"陪伴服务；等等。

---

① 相关资料参见：http://www.associations.gouv.fr/37-le-conseil-du-developpement-de-la.html，访问时间：2011年8月5日。

（二）社团组织与政府的关系

总体来说，法国政府与社团组织的关系基本上可以概括为两大范畴：

一是公民性对话。社团组织与政府部门之间的互动，在更优化的层面上保障了公民的基本权益，并使得公民能够依靠社团组织这样的群体性机构，在国家既有的制度框架下拓展自己的社会关系，并为谋求某些权益主张、推进制度政策的变革等提供了条件。

二是合作。政府与社团组织的合作，为社团组织的发展与公民的结社实践提供了保障，同时社团组织也是政府实施社会治理的友好伙伴，其活动实践是政府行为的有益补充。如同上文所述，就社团组织的经费来源而言，它们与法国各级政府之间的合作非常密切，公共机构为社团组织的发展提供了大量经费支持。

实际上，社团组织在财政方面对政府的依赖性很强。政府对社团组织的经费支持主要是通过各类补助津贴和购买服务两种方式实现的。政府给予社团组织的补助津贴是以后者设计提出的项目计划为主要参照依据来发放的。也就是说，政府通过审查社团组织在某些领域内的项目计划，及其能力资质，来确定是否向其提供补助津贴，以及相应的数额等。政府向社团组织购买服务，主要发生在规模比较大的一些社团组织中，尤其是在养老、教育、就业、培训、社会行动等领域内常见。社团组织对多样性社会需求的敏感反应、在提供相关社会服务过程中所表现出来的与普通民众之间的亲和力，及其实践操作的灵活性、高效率特征等，均使得社团组织日益成为政府从事社会治理的有益助手。

不过，鉴于社团组织的发展在财政方面对政府的依赖性日益明显，尤其是对于那些规模比较大且在提供各类社会服务方面影响大、业务能力强的社团组织而言，这种依赖性表现得更加强烈，这就不得不让人担心，社团组织的发展能否在未来依旧保持其独立性，而不至于沦落为政府的附庸，继续保持法国历史上传承下来的自由、协作、互助的公民与结社精神，这是一个令人担忧的话题。

与此同时，如今有些社团组织的发展也走在某些法律、制度容许范围的边缘上，甚至也潜在地挑战着法国的结社精神。社团组织是非营利部门，但有些社团组织却巧妙地利用了法律、制度上的一些空缺，从事与企业等营利部门实质上一样的营利性活动，既扰乱了法国的经济秩序，也破坏着法国社会的结社实践与社团组织发展的基本精神与原则。这是当代法国社会经济发展中所出现的诸多新问题投射在公民结社实践层面的一个有待深入思考和解决的问题。对于这种现象的讨论，在法国有不同的意见，集中地表现在人们对所谓"社会企业"的讨论中。

（三）市镇政府作为社团组织的第一大合作伙伴

从社团组织所获得的公共经费支持的角度来考察社团组织与公共权力机构之间的联系，可以发现，市镇政府是其第一大合作伙伴。相关统计显示，总体而言，有63%的社团组织与其所在市镇的政府及其机构在经费支持上关系密切，有22%的社团组织的经费支持主要来源于省政府，大区政府在经费支持上涵盖了6%的社团组织，国家/中央政府通过其在各地的分权机构，为10%的社团组织提供经费支持，而欧盟层面的经费支持则仅仅覆盖到1%的社团组织。[①] 如表9—18所示，不同层级政府及其机构在不同领域对社团组织的支持力度有差异。

表9—18　　　公共权力机构对社团组织经费支持情况

（按社团组织的业务领域统计）　　　　　（单位:%）

	市镇政府	省政府	大区地府	国家	总体
人道主义行动	2	6	2	5	4
社会行动/健康	28	63	22	53	48
权益保护	2	2	3	3	3
教育/培训/就业	6	11	27	21	13
体育	21	7	6	5	10
文化	15	5	20	7	9

---

① 资料来源：《Les commues, premier partenaire du monde associatif》, https://www.associatheque.fr/fr/fichiers/etudes/financement-associations-communes-cnrs.pdf。

续表

	市镇政府	省政府	大区地府	国家	总体
休闲与社会生活	16	2	2	3	7
经济利益保护	10	4	18	3	6
总体	100	100	100	100	100

数据来源：《Les commues, premier partenaire du monde associatif》, https://www.associatheque.fr/fr/fichiers/etudes/financement-associations-communes-cnrs.pdf。

在市镇政府层面，有23%的公共经费支持倾向于没有雇用员工的社团组织。可以说，市镇政府是这些社团组织的特惠支持者，甚至在很多情况下，是它们在公共领域内唯一的合作者。其余层级政府的经费支持则大都流向拥有雇用员工的社团组织。

流向社团领域的公共经费支持，越来越呈现专门化、领域化倾向，经费走向直接反映出资助机构的职责范围与工作领域。也就是说，在法国中央集权与地方分权并存的双重行政格局下，国家/中央政府、大区政府、省政府和市镇政府等在资助社团组织方面各有侧重点，且多以各自的工作重心为导向。

国家/中央政府倾向于支持活动范畴涉及社会行动、教育培训等领域的规模较大的社团组织，当然也在一定程度上支持文化领域内的社团组织。大区政府与欧盟层面的经费支持基本上是在教育与培训领域内。省政府将其大部分用于支持社团组织的经费用来资助与社会行动有关的大型社团组织，它对体育运动、文化活动、社会生活领域内的社团组织也有支持，但比较有限。市镇政府作为较多地面向地方性社团组织提供支持的公共机构，也在资助政策上倾斜于跟体育运动、文化活动、休闲娱乐与社会行动有关的社团组织。不过，综合来看，国家/中央政府与市镇政府的领域倾向性最小，它们实际上最大限度地拓展了社团组织经费支持的多样化政策。

根据切尔诺诺格的研究来看，社团组织与公共权力机构之间合作关系的重构与地方分权有关，并跟社团组织数量的不断增加有关，这种变化带来的结果是，诸多社团组织在获取公共资源方面越来越有竞争，如同它们在获取其他方面的资源一样（如志愿者等）。这种竞争还体现在具有不同活动领域范畴、成立时间长短不同的社团组织之间,而且日益激烈。①

(四) 身份特殊的社团组织

就社团组织与政府的合作关系来看,社团组织可以分成两类范畴,即被认定为具有从事公共事业身份的社团组织与不具备这种资质的社团组织。是否具有从事公共事业的资质是由法国政府来审定的,拥有这种身份的社团组织跟政府的合作关系更加密切,可以得到很多公共部门的支持。

1. 公共事业类社团组织

在法国,社团组织可以通过国家最高行政法院法令的形式被赋予具有从事公共事业的资质(reconnaissance d'utilité publique)。对于一个社团组织来说,若要被认定为从事公共事业的社团组织(associations reconnues d'utilité publique),需要满足一定的条件:比如非营利性的公益目标,其活动影响不局限于其所在地方(一般须拓展到全国范围内),拥有200人以上的成员,财务透明,经费独立且来源稳定,同时其章程还须符合国家最高行政法院所要求的相关规定。具有这一资质的社团组织,一般都在相关社会领域内已产生了积极影响,且规模较大,而它们也更容易获得来自公共部门的经费支持。

根据法国政府公布的统计数据,截至2018年4月底,法国共有1885家②社团组织被国家最高行政法院认定为"公共事业类社团组织"。此外,若要获得这一资质,一般要经历至少3年的身份试验期。

2. 被政府"特许"的社团组织

法国还存在一种具有被政府"特许"身份的社团组织(associations agréées),它们通常由法国中央政府的各组成部(委)认定,是伴随着法

---

① 资料来源:http://www.maif.fr/associations/guides-de-fonctionnement/financements-externes-publics/financements-externes-publics-financements-proximite.html,访问时间:2011年8月5日。

② 此类社团组织名单是会有变动的,据此前统计,2011年7月时,"公共事业类社团组织"曾达到1982家。数据来源:https://www.data.gouv.fr/fr/datasets/r/6a58136f-d6c0-4be5-8149-08155acc4af2,访问时间:2019年1月5日。

国在诸多领域内的法律变革逐步出现的。

　　政府认定这样的社团组织，目的是寻找在社会管理与发展方面的合作伙伴。这种身份是法国政府各部着眼于国家与政府工作的开展，赋予它们在相关领域中比较青睐的部分社团组织的。一个社团组织若要获得这种身份，除了其本身的能力建设与资质（比如社团组织的目标、活动能力与社会影响力、民主运作的程序、管理等）外，还需要看其活动实践所属领域是否与政府的某些工作目标相一致等。具有这种"特许"身份的社团组织可以有更多的机会获取公共资源，可以更容易获得公共津贴，可以被授权履行一定的民事行为、代行公共职责，维护公共利益等。

　　具有政府"特许"身份的社团组织，可以优先获取相关公共部门的支持。实际上，具有此种资质的社团组织，在某种意义上是法国政府认定的具有优先资质的合作伙伴，由此他们在提供社会服务、参与社会治理方面可以发挥更大的作用。

八　社团组织与社会发展

　　由于法国的社团组织所涉领域广、社会参与程度高，它们在社会服务、文化传承、社会治理、政治参与、政府与民间合作、社会监督、提供就业等方面发挥着重要的作用，为法国社会的发展贡献了力量，并表现出一定的广泛性、灵活性。因此，社会对社团组织及其介入社会的多元实践总体上是持有积极态度的。

（一）社团组织对社会的介入

　　类型多样、数量众多的社团组织所扮演的社会角色，基本上可以概括为四大范畴：一是促进个人发展，比如体育运动、文化娱乐、业余爱好等领域内的社团组织；二是增进表达与沟通，比如联谊会、国际关系等领域内的社团组织；三是提供社会服务与协助管理，比如医疗卫生、教育科研、社会救助类社团组织；四是保障权益诉求，比如各种权利与权益保护类社团组织。多元的社会功能使社团组织为法国社会中个体、群体与整个社会的发展提供了很好的环境。

很多社团组织所关注和致力解决的是一些社区居民普遍关心的问题，帮助的是一些需要帮助的群体，正是因为如此，它们在社区居民的生活中占据重要的位置，并成为人们思考谋划自己的工作和生活，参与社会、发表意见、践行公民权利的好帮手与组织依靠。这样的社会实践方式在一定程度上体现出法国人的集体主义观念与意识。

社团组织是法国人介入社会生活的一支重要的中介力量，通过它们，个体或群体可以在更广阔的社会范围内参与社会互动。社团组织也成为人们跟国家与政府机构、社会力量等进行对话的依靠，借此争取自己的正当权益。有研究表明，社团组织的社会介入纠正了不少公共政治生活中的低效率问题，以及诸多不公正事件。[1] 也恰恰是这些功能与角色的存在，使得社团组织成为法国推进社会治理的重要帮手。

在法国，社团组织因其宗旨、类型、规模等诸多因素的不同，在不同领域内建构着不同的身份群体。这种身份交织在不同的个体身上，而同一个个体又拥有多个社团组织的身份，因此每一个人都有可能成为连接不同群体的纽带。这样一种网状结构，既凝聚着社区群体的团结，提高了凝聚力，又扩大了社区的边界，为对外交流提供了畅通的渠道，并表现出有韧性的促进互动的能力。

社团组织作为公共权力（政府）的合作伙伴，在法国社会中越来越得到广泛认可。各级政府及其附属机构对社团组织的经费支持不但实现了解决社会问题、提供社会服务、推动社会治理的目标，而且也支持了公民的结社实践。但也有人因为某些社团组织所致力实现的社会目标得不到官方认可，并无法获取公共资源的支持来拓展自己的活动实践，而质疑公共权力是否能够真正地、开放地与社团组织合作。

（二）关于"社团企业"的讨论

在处于不断变化之中的社团领域内也一直存有很具争议性的问题，

---

[1] Martin Hirsch, «Il faut encourger la création d'emplois dans le secteur non lucratif», *Cahier du « Monde »*, 29 novembre 2007, p. 4, numéro 19548.

其中有关"社团企业"（entreprise associative）的讨论即是一个热门话题。自20世纪90年代以来，社团组织经历了很大的变化与转型，很多依照《非营利社团法》创立的社团组织越来越多地从事营利性活动（它们也因此被称为"社团企业"），腐蚀了公/私、非营利/营利之间的界限，因此引发了社会对众多社团组织社会属性及其身份的思考。[1]

在法国社会中，人的结社实践（pratique associative）极大地拓展了众多社团组织的活动领域，它们逐渐地在健康医疗、社会行动、教育培训、体育运动等方面担当起越来越多的社会责任，所介入的社会领域或行动范畴往往是商业部门不想介入，或者是公共部门不想在其职责范围内担当或保留的内容。这也就更加凸显了社团组织在某些方面所发挥的社会功能，也为一些社团组织提供社会服务并从中获取经济利益创造了条件。

《非营利社团法》中相关条款的可延展性，导致了"社团企业"这样一种"临界"身份的出现。很多"社团企业"着眼于实现一定的社会性目标，有机会利用各类公共资源或获得社会捐赠，同时还会通过各类资产运作或提供服务而进行营利性活动。[2]"社团企业"这一新形态的出现，在经济领域内，曾经引发过一些舆论讨伐——社团组织以追求利润为目的从事营利性的经营活动，是对法国结社实践的一种离经叛道。有人认为，受到公共津贴资助的社团组织，在有些情况下，只是拒绝承担其职责的福利国家的延伸而已，或者说是一个掩饰在"非营利的外衣"下的企业，这样的企业实际上导致了不诚实的竞争。

营利部门的企业越来越意识到社团经济的力量，它们眼中的非营利部门要么是一个要征服的市场，要么是一个不诚实的竞争伙伴。如此态度在盎格鲁-撒克逊国家早就存在，但在法国相对而言出现得比较晚，它同时又被这样一种事实不断加强——《非营利社团法》所确立的社团组织的社会身份很容易获得，且能够掩盖很多实际上是营利企业的虚假

---

[1] Jean-Louis Langlais, « Pour un partenariat renouvelé entre l'État et les associations », juin 2008. http：//lesrapports.ladocumentationfrancaise.fr/BRP/084000531/0000.pdf.

[2] 一项调查研究显示，有47%的法国人认为，各类社团组织所提供的服务收费一般比私有企业要低，更容易被民众所接受。《 Les Français et le financement des associations », Institut CSA, n° 0701388, novembre 2007.

的社团组织。① "社团企业" 这一称谓形象地表达了部分社团组织在经济维度上日益明显的属性，而在社团领域内对此称谓的反应却存在很大差别。从表9—19可以看出，对于"社团企业"这一称谓，有一半的拥有雇用员工的社团组织的负责人能够接受，而超过一半（51%）的无雇用员工的社团组织负责人拒绝接受这样的说法。

表9—19　　　　　社团负责人对"社团企业"的看法　　　　　（单位:%)

认为"社团企业"	无雇用员工的社团组织	有雇用员工的社团组织	整体
完全不适合社团领域	21	13	20
有潜在危险，因为它关涉两个不同的部门领域	30	24	29
还算是合适，因为社团组织也有经济方面的设想	28	32	29
完全合适，这与其运作模式相符	9	18	11
难以回答	11	14	12

数据来源：Cécile Bazin et Jacques Malet, « Repères sur les associations en 2010 », Recherches & Solidarités, http: //www. recherches-solidarites. org/media/library/reperes_ surlesassociations_ 2010_ v5. pdf。

综合来看，在法国，社团组织的发展所面临的诸多问题，一方面来自国家的制度设计，另一方面来自社会的参与。其中，有很多问题是迫切需要解决的，比如对社团组织的经费支持、对志愿行为的鼓励、对社团组织"经济"活动的定性（即所谓"社团企业"的问题）等。

虽然法国政府对社团组织给予了很大的经费支持，但在后者的社会实践中，国家与政府的在场是很微弱的，这就保证了公民互动的非官方色彩，使得社团组织的活动更容易取得社会的认可。但在这样一个被大家公认为是民间力量主导社团领域的社会中，毕竟还有不少社团组织所践行的公益事业是得到公共部门资助的，这种情况在有些时候还会成为社团组织及其活动"合法性"受到质疑的原因。

---

① Jean-Louis Langlais, « Pour un partenariat renouvelé entre l'État et les associations », juin 2008. http: //lesrapports. ladocumentationfrancaise. fr/BRP/084000531/0000. pdf.

有些社团组织乐于强调自己作为政府合作伙伴的重要地位，借以扩大其社会影响力；而在有些情况下，宣传自己得到的不是政府背景的资助，则往往会成为某些社团组织"扬名"的途径，它们极力强调自己的"非政府"背景，认定拿了政府的钱就没法完全按照自己的意愿办事。

　　从是否得到公共资源资助这一问题上，可以发现法国社会中对于"民间"与"政府"之间的关系存在至少两种相异的态度。首先，这两种态度的"不同"表现在有人赞成接受来自政府的资助，有人则反对，其核心的诉求便是对所在社团组织及其活动"独立人格"的担忧；其次，二者之间的"共通点"则表现在其观念考量的最终关怀是做好公益事业，实现其应有的社会效益。在笔者看来，这样一种观念对比，以及与之相应的社会制度的配置，保证了社会内部的活力，有利于公民社会的有机团结。

　　在法国人的结社实践中，我们看到了一种自觉的公民行动，那就是以自己的行动参与社会的发展。社团组织对于国家与社会生活的参与，营造了独特的社会领域与社会公共空间，为社会的发展创造了多种源自民间的可能性，成为当代民族国家社会治理的重要途径。

第 十 章

公共津贴作为政府与社会合作的制度平台*

导读

  在法国，面向社团组织发放的公共津贴表现为形式多样的非强制性资助，由政府部门或公共机构颁发，其目标是服务于公益事业，只有具备法人资格的社团组织才能申请。法国政府面向社团组织颁发公共津贴，首先体现的是国家支持社团组织发展的国家责任，而政府借助公共津贴委托社团组织实现的公益目标，则是政府与社团组织之间所搭建的契约关系的产物，实际上也是政府通过公共津贴向社团组织购买服务的实践结果。公共津贴制度是法国政府向社团组织购买服务的重要形式，二者之间形成了非定向性与半定向性两种合作模式。作为法国政府向社团组织购买服务的重要形式之一，公共津贴制度比政府采购更具有鼓励社会创新的意义，它通过对社团组织的公益实践进行资助，用有限的公共资金撬动了更多的社会资源，并通过社团组织去发现潜在的社会需求，提出具有民间智慧的应对方案，扩大了政府面向社会所提供服务的范畴与规模，也为其社会政策的革新提供了新思路。近些年来，在法国政府向社团组织购买服务的实践中，政府采购的比重日益增大，折射出法国政府与社团组织合作机制的变革，但公共津贴制度带动社团组织参与社会服务供给、社会治理实践的积极作用却一如既往。

---

  * 本章核心内容曾以《政府购买服务视角下的法国公共津贴制度研究》为题，发表于黄晓勇主编《中国社会组织报告（2016~2017）》（社会组织蓝皮书），社会科学文献出版社2017年版。

在法国，虽然就政府（包括政府部门与公共机构）向社团组织（或社会力量）购买服务而言，并不存在一个相对固定且具整合性的术语表述，但却在事实上存在大量的政府向社团组织购买服务的实践，它们因其概念化方式的范畴差异而归属于不同的机制。

作为非营利机构的社团组织，虽属于私有部门的范畴，却在法国的社会服务与社会治理中发挥着不可替代的作用，也是政府部门与公共机构向社会提供各类服务所依托的中坚力量。政府部门与公共机构同社团组织间有密切的合作关系，体现为诸多不同的机制，其背后的合作理念亦不相同。在提供社会服务方面，公共津贴（subvention）和政府采购（commande publique）是政府与社团组织合作中最为重要的两种机制，虽然都是公共资助，但这两种机制却在关系本质、实践形式等方面均有不同。公共津贴制度是历史最为悠久、机制相对灵活、管理体系相对复杂、面向社团组织辐射面积最大的一种机制。

一 法国政府向社团组织购买服务的基本形式

在法国，社团组织是公民自由结社的产物，也是公民参与社会的重要平台，还是政府联系和动员社会力量的重要凭借。从另外一个角度讲，社团组织在法国社会发展中扮演着关键角色，尤其表现为公民参与社会公共生活、社会自我治理、政府与社会互动的中坚力量。

社团组织是指在法国《非营利社团法》（1901年颁布）框架下建立的非营利性的社会组织。社团组织作为在两人及多人之间自由建立的一种常设性社会组织，其本质表现为一种社会契约，而且其成员所认可的组织使命及其共同开展的活动均以非营利为目的。在法国，公民成立社团组织有向政府部门申报或不申报的自由，但只有向政府部门申报的社团组织才可以拥有法人地位。在不违反法律的前提下，社团组织可以自由地确定其自身的宗旨与使命。

在法国大量存在的社团组织中,有些是基于结社成员自身的共同兴趣或爱好等而成立的,尤其是一些体育、文化类的社团组织,它们主要致力于维护其自身成员的共同利益,而有些社团组织的成立则超越了其自身成员群体利益的范畴,定位于实现更大的公益目的,它们广泛地活跃在各个领域。对于后一类社团组织,在按照规定向政府部门申报后,有机会被认定为公益类社团组织(association d'intérêt général),甚至还有可能被认定为公共事业类社团组织(association reconnue d'utilité publique),这样的身份使之在获得公共资助、与政府合作等方面拥有更多的优势。

鉴于公民结社的历史传统,法国政府历来重视社团组织的发展,给予公共财政方面的支持,这样既可保证社团组织的正常运转,也能帮助它们实现自己的宗旨性活动,而其中更为重要的是,政府利用数量有限的公共资金,通过社团组织实现了一定的社会服务。从另外一个角度来看,法国政府向社团组织购买服务,其基本理念并非实用主义的逻辑——有了购买服务的需求,才去培养社团组织,以期有社团组织承担这一需求——而是长期注重培养可以帮助政府应对诸多社会问题的社会力量,注重社会环境建设、机制完善与组织培育。这是法国在培育社团组织发展、谋划社会政策中所依据的一个核心理念。

自社团组织在法国兴起之初,就在一定程度上发挥着提供社会服务的功能。近几十年来,随着社会服务需求的增长,有越来越多的社团组织同企业等其他社会力量,在政府购买服务的机制下,主动参与到社会服务中来。

社团组织在法国提供的大量社会服务主要集中在以下诸多领域内:社会行动、人道主义救助、慈善、健康与医疗卫生服务、养老服务、家政服务、儿童看护服务、残疾人服务,以及公共文化服务、青少年教育、培训与再就业服务、体育活动等,而在这些领域内拥有较高资质的专业性社团组织,也成为政府通过公共津贴或政府采购向其购买服务的主要对象。

据法国国立统计与经济研究院发布的统计数据,在2013年时,法国共有130万家社团组织活跃在诸多领域内,其数量相较于人口总数(6800万)的比例不低。在这些社团组织中,有12%的社团组织拥有至少 1 名雇用员工，它们主要集中在社会行动、人道主义救助或慈善领域，以及社会住房、健康与医疗卫生服务领域，它们所提供的就业岗位占到整个社团领域就业总量的 60%。[1]

若以政府购买服务作为一个统筹视角来考察，法国政府与社团组织之间的合作机制基本上可以划归为两大范畴：一是政府向社团组织发放公共津贴，资助其在诸多领域内开展形式多样的公益服务实践；二是政府通过政府采购的形式，面向包括社团组织在内的诸多机构公开招标，由中标者负责向社会提供政府作为责任人的各类服务。

公共津贴制度是法国政府向社团组织购买服务的重要形式，不但实践历史较长，机制成熟，经验丰富，而且还是政府通过公共资助撬动社团组织参与社会治理的重要机制。[2] 不过，近些年来法国政府向社团组织购买服务时，越来越多地采用政府采购的形式。在此机制下，那些具有一定规模的大型社团组织成为获得政府采购合同最多的社团组织。根据法国统计与经济研究院公布的数据，社团组织通过公共津贴或政府采购的形式，从政府部门与公共机构那里获取的公共资助平均占到社团组织总体经费的 45%，其中公共津贴占比为 18%，政府采购占比为 27%。[3] 这些规模较大的社团组织往往拥有一定数量的雇用员工，在提供社会服务方面表现出一定的职业化特征，专业水平高。在流向社团组织的资助中，大约有 90% 集中于拥有雇用员工的社团组织。若考察公共津贴的颁发情况则会发现，在社团领域所获得的公共津贴中，大约有 94% 被拥有

---

[1] Lise Reynaert et Aurélien d'Isanto, « Neuf associations sur dix fonctionnent sans salarié », *Insee Première*, n°1587, Mars 2016.

[2] 在欧洲一体化的背景下，欧盟也以公共津贴的形式向各成员国的相关机构提供大量资助，以支持和促进欧盟层面的公共利益的实现。法国的社团组织在参与社会公共服务的实践中，也经常会申请欧盟层面的公共津贴。欧盟向各国社团组织颁发公共津贴的渠道同样也存在多种形式，既包括欧盟委员会的各总司（局）及其相关组成机构，也包括欧盟设在各成员国各级别的代表机构。另外，法国在政府向社团组织购买服务方面的法律制度的改革（尤其是在政府采购方面）深受欧盟影响，这也使之与其他欧洲国家出现趋同的趋势。本章仅在法国国家框架内介绍和讨论政府向社团组织购买服务的公共津贴制度。

[3] Viviane Tchernonog, « Analyses et mesures de l'activité des associations: de fortes convergences », https://www.associatheque.fr/fr/fichiers/etudes/Avis_dexpert_Viviane_Tchernonog_Comparaison_INSEE_paysage_associatif_13avril2016.pdf; Lise Reynaert et Aurélien d'Isanto, « Neuf associations sur dix fonctionnent sans salarié », *Insee Première*, n° 1587, Mars 2016.

雇用员工的社团组织获得。①

尽管相关统计数据显示，公共津贴在法国政府向社团组织购买服务的诸多机制中所占比重有日见萎缩之势，但目前来看，公共津贴是社团领域内最为常见的一种资金支持形式，大量社团组织受到公共津贴的资助，同时其公益实效与社会影响也是很大的，尤其是就吸引社团组织参与社会治理、鼓励社会创新、回应日新月异的社会需要等方面而言。

二 公共津贴制度的基本框架

公共津贴制度在法国广泛地存在于多个社会领域内，并且基本上由不同政府部门与公共机构在各自的职权范围内统筹管理，具有明显的碎片化特征，但作为一种基本、普遍的社会制度，却也在一定程度上呈现为统一的框架体系。而且，近些年来，法国政府也着手推进相关改革，以期统筹不同领域、不同层级公共津贴发放的管理机制。

（一）什么是公共津贴

通常来说，公共津贴意味着公共资金帮助，由政府部门或公共机构单向颁发，且无代价抵偿（contrepartie），其目的是为公益事业的实现提供公共资金支持。② 尽管法国的公共津贴制度历史悠久，但在很长的一段时间内，在其诸多法律与制度体系中并没有关于公共津贴的官方界定。直到 2014 年 7 月 31 日，法国在颁布《社会经济法》（*loi relative à l'économie sociale et solidaire* [*ESS*] *du 31 juillet 2014*）时才对公共津贴的概念进行了相对正式的定义。

---

① Lise Reynaert et Aurélien d'Isanto, «Neuf associations sur dix fonctionnent sans salarié», *Insee Première*, n°1587, Mars 2016.

② 资料来源：https://www.associatheque.fr/fr/guides/fonctionner/subventions_publiques.html，访问时间：2016 年 9 月 10 日。

这部法律所给出的定义是一种描述性的界定，其核心要素包括：公共津贴来源于多种形式的非强制性资助，由权力机关和负责公共服务的管理机构决定并颁发，其目标必须是服务于公益事业，帮助实现一项行动或一个项目，也可为私有领域内相关机构所实践的各项公益事业的发展或是整体的财政运转提供支持。这些资助不能用于支付颁发公共津贴的权力机关或公共机构所需要的个体酬劳补助。[①]

在法国，很多政府部门或公共机构建有机制化、常态化的公共津贴制度，它们在各自的权能范畴内制定了具体的公共津贴管理制度，拥有专门用于颁发公共津贴的常规预算，并定期发布公共津贴的申请公告，严格审核社团组织提交的材料。但是，对于政府部门与公共机构来说，即便是没有设立常态化的公共津贴制度，依然可以根据实际需求，通过一定的法定程序，临时划款专门财政经费，用于颁发公共津贴，以保证向社会力量购买服务的需求。这实际上也是及时回应社会需求，借助社会力量拓展政府部门与公共机构社会服务能力的一种有效途径。如此一来，就为政府因地制宜地利用社团组织提供社会服务，在制度层面上留出了很大的自由空间。

公共津贴的受益者可以是公共机构，也可以是私立机构，比如企业、社团组织，甚至是公民个人。公共津贴存在很多种类型，也因颁发机构的差异表现为多种层级，其目标多样，其中相当一部分的实际功用就是向社团组织购买服务，由社团组织的公益实践回应社会的服务需求。[②]

一般情况下，规模较大的社团组织容易获得公共津贴，而且往往是数额较大的公共津贴。在这些社团组织中，几乎都是知名的公益类社团组织和公共事业类社团组织。据切尔诺诺格于2012年公布的一项调查结果，在所有获得各级公共津贴资助的社团组织中，大约有93%的社团组织所获公共津贴的额度在1万欧元以下，其中超过一半（58%）的社团

---

① 资料来源：https://www.legifrance.gouv.fr/affichTexte.do?cidTexte=JORFTEXT000029313296&categorieLien=id，访问时间：2016年9月10日。

② 除公共津贴外，在法国，还存在着眼于政府向社团组织购买服务的一些其他类型的公共资助，比如根据提供服务的实际情况每日结算的奖金（prix de journée）或服务统包资助（forfait）等，这些公共资助常见于提供社会救助（医疗健康、社会与法律事务等）服务的社团组织中。在此机制下，接受公共资助的社团组织可以要求服务受益人支付一定的费用。

组织所获公共津贴的额度低于 200 欧元。而公共津贴额度超过 5 万欧元的社团组织占比 3%，其中 1% 的社团组织获得的公共津贴在 30 万欧元以上。鉴于法国社团组织总体规模庞大，1% 的比例已代表数量众多的社团组织，它们在政府通过公共津贴机制撬动的社会服务中，做出了重要贡献（相关数据参见表 10—1）。

表 10—1　　　　　法国社团组织获得公共津贴情况对比　　　　　（单位:%）

公共津贴额度	在所有获得公共津贴的社团组织中的比重
低于 200 欧元	58
200—1000 欧元	18
1000—1 万欧元	17
1 万—5 万欧元	4
5 万—10 万欧元	1
10 万—30 万欧元	1
30 万欧元以上	1

数据来源：Viviane Tchernonog：《Le financement pubLic des associations entre subventions et commandes: État des lieux et grandes évolutions》, http://119.90.25.25/www.associations.gouv.fr/IMG/pdf/27Juin_financement_public.pdf。

尽管公共津贴在法国普遍存在，政府也重视扶持社团组织的发展，而且有为数众多的社团组织定期获得各级政府的公共津贴，但是没有任何一项法律要求政府部门或公共机构必须要向社团组织拨发公共津贴，也没有哪项法律赋予某个社团组织必然享受公共津贴资助的权利。政府部门或公共机构在向社团组织颁发公共津贴时，在程序上有一定的规则，在条件方面也对社团组织及其申请目的有一定的严格要求。

（二）公共津贴的类别

在法国，存在各种各样、名目众多的公共津贴，颁发机构众多，其资金总额也十分巨大。中央政府与各级地方政府部门及其附属的公共机构,均有可能面向社会提供公共津贴,涉及众多领域,诸多社团组织对此都不能够完全掌握。公共津贴作为一种公共资助,呈现为多种形式,有的以货币资金的形式发放,有的以实物(比如提供场地、材料、设备、智力补助等)支持的形式发放。

法国各级政府部门与公共机构提供的公共津贴,流向不同社会领域内社团组织的情况存在较大差异,这也体现出公共津贴在不同社会领域内向社团组织购买服务的规模差异。活跃于社会行动、人道主义救助与健康医疗领域内的社团组织,在其所获取的公共资助中,公共津贴占比36%;在权益维护领域内,公共津贴占社团组织所获公共资助的86%;在教育、培训与再就业领域内,有大约一半的公共资助是以公共津贴的形式发放的;而在体育、文化与休闲领域内,公共津贴占社团组织公共资助的77%;在地方经济发展领域内,公共津贴的比例则高达86%。[1]

(三) 公共津贴的特点

在法国的理念中,公共津贴的发放是由资助部门自由裁定的,但这并不意味着公共津贴的颁发是随意的,必须要以实现一定的公益目标为目的,而且也须遵循一定的行政手续。

从政府购买服务的角度来看,社团组织所获取的公共津贴的最主要特点在于,领取公共津贴时并不要求代价抵偿。[2] 鉴于此,作为公共津贴的管理机构,政府部门与公共机构在向社团组织颁发公共津贴时,具有自由裁定权,这也就意味着,一个社团组织对于公共津贴的发放或延续(即申请延长资助期限或追加资助资金,或者是申请下一周期的资助)没有任何可以要求政府部门或公共机构必须要向自己颁发公共津贴的权利。很明显,公共津贴虽由政府部门或公共机构着眼于一定的公益目标而颁发,但对于社团组织来说,它却表现为一种不稳定的财政来源。

---

[1] Viviane Tchernonog: «Le financement pubLic des associations entre subventions et commandes: État des lieux et grandes évolutions», http://119.90.25.25/www.associations.gouv.fr/IMG/pdf/27Juin_ financement_ public. pdf.

[2] 资料来源: https://www.associatheque.fr/fr/guides/fonctionner/subventions_ publiques. html, 访问时间: 2016 年 9 月 10 日。

颁发给社团组织的公共津贴，一般都有明确的资助对象，要么是一个特定的社会公益项目，要么是一个社团组织各项活动的总体财务支持。无论是具体资助项目，还是支持社团组织的总体财务运转，其内在机制本质上均是政府向社团组织购买服务，只不过，有些服务体现为特定公益项目的实施，而有些则指向于具有特定公益实践的社团组织活动的整体运转。

各级政府向社团组织提供的公共津贴是开放申请的，只要社团组织在申请公共津贴时提出具有吸引力的公益项目，辅以具有可行性的实施方案，便有很大机会获得公共津贴颁发机构的认可，获得资助。虽然所有具有资质的申请者均有同等的获得公共津贴的权利，但在实际操作中，并不是所有申请者都能够有机会获得公共津贴。而且，即便是能够获得公共津贴，颁发机构在裁量公共津贴的金额时，对不同社团组织的倾向性也存在差异。

在申请公共津贴时，申请者必须要证明自己意欲得到资助的理由具有公益性质，且对其必要性进行充分的论证和说明，资助机构也会着重对此进行审核。也就是说，社团组织在申请公共津贴时，需要自己提出明确的公益目标与实施方案。在此机制下，政府可以充分调动活跃在社会服务领域内的诸多社团组织的能动性，通过它们去发现应当照顾到的社会服务领域，更积极地回应社会需求。

公共津贴只能颁发给具有法人身份的社团组织，因此，社团组织要按规定向政府部门进行申报备案，并定期提供审查报告。另外，有些社团组织只有在获得特许权时才能申请公共津贴，比如一些体育类社团组织在申请国家级的公共津贴时，必须要有此资质。

在法国，致力于公共服务的大型社团组织多是得到公共津贴资助的，且有可能同时从市镇、省、大区、中央政府等不同层级的政府部门（包括议会）或公共机构那里获得多项资助。有些社团组织因为历史悠久、经验丰富、资质高强等，成为政府长期稳定的合作伙伴，在申请公共津贴时拥有优先权。

总体而言，大型社团组织（往往是公益类社团组织、公共事业类社团组织）比较容易获得公共津贴，或者说，它们是政府通过公共津贴向社团组织购买服务的主要对象。规模较大的社团组织，往往具有相对固定的公益实践目标,并在多年实践中积累了丰富的经验。这些社团组织往往拥有一定数量的雇员,以保证自身公益服务的实施,由此一来,还在一定程度上解决了就业问题。可以说,政府向社团组织提供公共津贴购买服务的行为,在客观上实现了多重功能。

根据切尔诺诺格的调查,在法国众多的社团组织中,拥有雇用员工者虽然比重不大(据法国国立统计与经济研究院统计数据为12%,而切尔诺诺格的调查数据为14%),但它们所获得的公共津贴却占到整个社团领域内公共津贴总额的91%,以及95%的政府采购金额。另外,大型社团组织(预算资金超过50万欧元)所获得的公共津贴占到总数的70%。①

(四) 公共津贴的管理机制

公共津贴申请、发放与监管等诸多环节中的一些具体要求与制度细节,从不同层面呈现法国政府向社团组织购买服务的机制及其实现过程。

1. 对社团组织申请公共津贴的资质要求

若要获得公共津贴资助,社团组织必须要向颁发公共津贴的政府部门或公共机构提出正式申请。理论上讲,所有社团组织都可以受到公共津贴的资助,但前提是社团组织必须要满足诸多条件:首先,社团组织必须按规定申报备案,并享有法人资格。其次,社团组织必须要向颁发公共津贴的政府部门或公共机构提交以公益为目标的活动计划。而对于地方政府部门或公共机构而言,公益活动计划必须要更加明确,必须要聚焦于地方性公益项目,而且必须要着眼于当地居民的公共利益。同时,社团组织必须能够证明其自身具有实现相关公益目标的能力。另外,按照法律规定,公共津贴是不能颁发给政治组织、开展营利性经济活动的社团组织的。

通常而言,公益类社团组织与公共事业类社团组织往往比较容易获

---

① Yves Blein, «Simplifications pour les associations», http://119.90.25.31/www.associations.gouv.fr/IMG/pdf/Rapport_Simplifications_Y-_Blein.pdf.

得公共津贴资助。这两种身份并不取决于社团组织自身的定位，而是需要经过政府部门的认定才能获得的。

社团组织若要获得公益类社团组织的身份，其宗旨不能仅仅是服务于数量有限的少数人的利益，亦不能维护某些私人利益。被认定为公益类社团组织，可以使得社团组织在获取经费支持方面拥有更多的优势，尤其是在获赠私有部门的经费支持时，可以依法向为社团组织捐赠的相关机构或个人出具合法的可以用于减免税收的收据。按照规定，公益类社团组织的身份由税收部门认定。

若要被认定为公共事业类社团组织，社团组织须向中央政府内政部提交申请材料，通过层层审核后，由国家最高行政法院以政府法令的形式确认其公共事业类社团组织的身份。为此，社团组织必须要满足很多条件，比如首先必须秉持公益性宗旨，其活动实践不局限于特定的地方性区域，一般成立时间至少为3年，且具有一定的规模（至少拥有200名成员），拥有切实、稳定的经费来源，自身拥有的年度经费一般不低于4.6万欧元等等，但法国政府并没有给出明确的认定标准。公共事业类社团组织不但在获取资助方面拥有一些优势，而且在其活动领域内拥有一定的国家认可的合法性身份，同时也在社会上享有广泛的声誉。

2. 公共津贴的申请与发放

（1）基本程序

公共津贴的申请与发放有严格的程序。以中央政府各部颁发的公共津贴为例，其基本程序如下：（一）在公共津贴申请开始后，由社团组织向相关部门提交申请材料，既要证明其自身具有申请公共津贴的资质，又要对其申请原因进行说明，并就公共津贴将要资助的相关项目进行阐述，提供明确的实施方案；（二）公共津贴颁发机构在收到申请材料后，进行材料审查，重点考察社团组织提出的相关行动方案及其目标与公共津贴颁发机构所倡导的政策取向是否一致，并就社团组织提出的项目计划的可行性进行论证和评估；（三）若相关机构决定向社团组织颁发公共津贴，则出具正式文书（法令、决议或决定），予以确认，并通过公报等形式公开发布结果。对于申请公共津贴的社团组织，无论受理机构是否决定要颁发公共津贴，都会答复明确的处理意见。受理申请的政府部门或公共机构若决定不向社团组织颁发公共津贴，在必要的情况，该部门或机构也可以将社团组织引荐给其他相关部门或机构,以便使之能够在适宜的部门或机构那里成功获取公共津贴。按照法国政府规定(l'article 33 du décret n° 62 – 1587 du 29 décembre 1962),在对公共津贴申请进行审核过后,颁发公共津贴的决定是单独行文的,这样的法令文件是向社团组织就公共津贴金额进行转账的依据。

除特殊规定外,宣告颁发公共津贴的法令并非必须要在社团组织的接受资助的项目计划执行之前颁布。这也就意味着,社团组织在项目计划实施过程中任何阶段(比如策划、筹备或执行)均可以向相关机构申请公共津贴。而且,对于已经开始施行的项目计划,管理机构可以在社团组织提交的申请材料中看到已经显现出来的实际成效,如此一来,好的公益项目绝不会被忽视,更容易得到相关机构的认可,社团组织也容易得到公共津贴资助。

基于向社团组织购买服务的需求,法国政府鼓励各社团组织协作,联合围绕一个公益项目申请公共津贴。这样有助于实现优势互补,充分调动和整合各社团组织在不同领域内的能力与经验。

按照规定,在同一个预算周期内,原则上不允许同一个管理机构因为同一项公益计划向同一个社团组织颁发多项公共津贴。但是,这样的原则性规定不适用于多个管理机构共同向同一个社团组织颁发公共津贴的情况。在由多个管理机构的预算官员协调审核的前提下,可以在同一个预算周期内因为同一项公益计划向同一个社团组织,由不同的机构颁发公共津贴。这也就意味着,同一个社团组织不但可以同时向不同的管理机构申请公共津贴,还可以因为同一项公益计划同时向包括已经单独申请公共津贴的机构在内的多个机构联合申请公共津贴。在向多个政府部门与公共机构联合申请公共津贴的情况下,公共津贴的颁发须由诸多受理机构协调商议且经批准后才能颁发。

社团组织在公益项目实践中,公共津贴的资助机构会要求社团组织注意宣传其资助资金的来源,这就成为政府扩大其在社会服务领域内影响力的一种方式。当然,这也会因为让公众知晓社团组织的公益实践受到公共津贴资助而引发普通民众自发产生的社会监督。

(2) 材料组成

社团组织在申请公共津贴时,所要提交的申请材料会根据是不是第一次申请、申请的公共津贴金额等差异，有所变化。

自 2002 年以来，法国政府统筹改革公共津贴的申请，并实现网络化管理。中央政府要求各部门以各自合适的方式，向诸多社团组织提供统一的公共津贴申请表格，这也是针对过去公共津贴管理存在碎片化状态的改革，以统一的材料与格式要求，加强统筹管理。在这项改革中，除可递交书面申请材料外，政府还要求各部门实现通过公共网站自由下载申请表格。统一的申请表格同时也可以在政府设立的简化行政手续的协调网站上下载。

在各政府部门与公共机构有关公共津贴申请材料的说明中，特别注意强调对社团组织应有资质的具体要求，由此折射出他们注重的是社团组织在特定领域内是否具备一定的专业能力与经验。社团组织在申请公共津贴时，按照申请表格所列项目自查，即可知道自身申请要求。综合来看，这些申请材料可划分为几个范畴：一是有关社团组织身份识别方面的材料：包括证明社团组织真实存在的文件，比如宣布社团组织已成立并申报备案的政府公报或相关文件；介绍社团组织人员组成与开展活动情况的材料；说明社团组织领导机构相关事宜的材料，涉及社团组织理事会与办公室（即核心团队）的组成，以及领取薪酬的领导人数量及其报酬金额等情况的资料。二是社团组织初步制定的项目预算，详细说明在受到资助后公共资金的用途，并提供相关财务资料。三是关于所依托的公益项目计划（即政府向社团组织所购买的服务）的材料：重点是项目设计方案；在已获得相关公共资助（包括其他公共津贴或政府采购合同等）的情况下，说明其受资助情况。

如果是首次申请某项公共津贴，社团组织还须提供其章程文本的复印件。同时，在公共津贴金额超过 2.3 万欧元的情况下，社团组织须提交过去几年间财务情况说明、活动报告，以及财务审查报告等材料。有此规定，是为了确认社团组织是否具有良好的财务信誉、资金管理能力等，以确保在受到公共津贴资助的情况下，社团组织能够妥善使用公共资金。

若是涉及申请公共津贴延续，无论公共津贴金额多少，都需要提交以下材料：上一年度同一公益项目计划所获取的所有公共津贴的经费使用报告；最近几份财务审查报告，以及项目活动报告；若社团组织的章程有调整，则须提交新的章程。

在 2002 年的改革中，法国确立了公共津贴申请与管理中"永久档案"（dossier permanent）的概念。社团组织第一次向某个政府部门或公共机构申请公共津贴时提交的申请材料是其永久档案的基础材料。

当申请公共津贴延续时，社团组织可免于再次提交在其永久档案中已经存在的信息与资料。但在须提交的申请材料中，则包括有关已获得公共津贴使用情况的报告，以便对其已经开展的活动进行评估，并对申请公共津贴延续的原因做出解释。为简化公共津贴的申请程序，政府明确提出，任何政府部门或公共机构不得要求社团组织提供在永久档案中已经明确规定的材料之外的其他任何材料。

表面上看，在公共津贴制度下建立社团组织的永久档案，可以避免要求社团组织多次提交长期有效的同样的申请材料，是出于简化行政手续的需要，也有助于公共津贴管理机构持续跟踪社团组织的申请，这同样也折射出法国政府在购买服务实践中，要持续经营与社团组织合作伙伴关系的意愿，为长效机制的建立奠定基础。

3. 公共津贴申请的审核

为实现有效管理，并保护社团组织的合法利益，各政府部门与公共机构在审查社团组织申请公共津贴的卷宗材料时，被要求尽量缩短时间，尽快公布审查结果，尤其是在社团组织同时申请多个机构共同资助一项公益项目的情况下。

从政府的角度来看，在审查公共津贴申请材料时，政府部门与公共机构会注意照顾到公共津贴颁发的覆盖领域，维系平衡。这样的做法有利于均衡地照顾到来自社会领域的各种需求，也给社团组织在提供公共服务方面的创新以很大的支持与鼓励。

颁发公共津贴的政府部门与公共机构在审查各社团组织的材料时，着重审查以下内容：一是对社团组织要求公共津贴来资助的公益项目的总体情况，着重考察该项目是否具有社会公益性质，及其潜在的社会效益，同时也考察社团组织在落实该公益项目方面所具有的资质与能力等。二是社团组织自身拥有的资金情况，包括缴纳会费的成员数量、标准与金额，以及接受捐赠情况、提供服务所得报偿收入与提供服务的收费标准等。同时，还要综合审查社团组织的财务运转状况及其财务变动的相关情况。三是社团组织所要申请的公共津贴金额，及其所占项目整体预算的比例。四是对于拥有雇用员工的社团组织而言，还要审核其雇用员工数量与报酬标准、支付情况等，也要着重考察社团组织相关领导人领取报酬的情况。按照法律规定，社团组织的主席是不能领取报酬的。通常情况下，公共津贴颁发机构特别注意审查社团组织中管理人员的报酬水平，尤其是对于受到大额公共津贴资助的社团组织而言，以免社团组织领导人假借公益之名，申请公共资金，行中饱私囊之实。

4. 公共津贴协议

按照现行法律规定（Circulaire du 18 janvier 2010），当公共津贴金额超过 2.3 万欧元时，公共津贴管理机构必须与申请公共津贴的社团组织签订协议。在有些情况下，比如在社团组织开展表演活动时，无论获得的公共津贴额度多少，均须签订公共津贴协议。公共津贴协议将政府部门或公共机构与社团组织形成的契约关系落实到书面上，以此对双方的权利和义务予以规范，同时也表现为对公共津贴颁发、使用的监督机制。

一般而言，公共津贴协议必须包括以下内容：资助对象、资助金额、使用条件（社团组织要实施的公益项目与行动方案等）。在多数情况下，公共津贴管理机构与接受资助的社团组织还会在公共津贴协议中约定以下内容：社团组织接受公共津贴的时长（通常最长为 4 年）；拨款方式；社团组织在财务方面应履行的义务；对于公共津贴所包括的物质材料的使用规定；对公共津贴所资助的公益项目进行评估的规定；在社团组织未能履行义务时的惩罚措施；社团组织申请延续公共津贴的条件；契约双方解除公共津贴协议的条件；在协议执行期间出现争端的解决方案（一般由行政法庭来解决）等。协议签订后，公共津贴管理机构与接受资助的社团组织可以在双方同意的情况下进行相关条款的调整，并以附加条款的方式予以明确。附加条款的诸多内容不能与协议中已经明确的具体计划与行动的一般性目标相冲突。资助合同到期后，在社团组织再次申请的情况下，政府部门或公共机构可再次为其颁发新的公共津贴。

如今，法国各级政府部门与公共机构在向社团组织颁发公共津贴时，越来越多地采用多年期目标协议（Convention Pluriannuelle d'Objectifs）的机制。在多年期目标协议的框架下获得公共津贴，有助于社团组织在较长时间段内从国家或地方政府部门、公共机构那里获得较为稳定的财政支持，也有助于社团组织更好地、连续地实施公益活动，以提升向社团组织购买服务的社会效益。在多年期目标协议机制下，公共津贴的发放一般施行年度拨款的方式，有关转账的细节问题会在协议中予以明确。

5. 监管机制

作为公共津贴的管理机构，政府部门与公共机构有权监管公共津贴的使用情况，对相关项目进行评估，以确保公共资金用到实处，它们可以通过财务审查、行政监督或法律介入等方式进行监督。

社团组织在接受公共津贴资助期间，会一直受到系统监管，其内容主要涉及两大方面：一是确保公共津贴的使用必须要与其颁发时所明确的使用目标一致，即保证公共资金切实被用于公益项目，为社会提供相应的公益服务；二是公共津贴资金的使用必须有根有据，即资金使用必须符合财务规范，确保社团组织能够合法、合理地使用公共资金。

按照法律规定，获得公共津贴超过一定数额（由政府法令确定）的社团组织每年必须要提交经费使用报告，并在社团组织内部指定至少一名财务专员、一名副主席专门负责财务工作。在同一年度内获得公共津贴总额超过15.3万欧元的社团组织必须要由专门的审计员进行财务稽查，同时必须在财务审查报告完成后的3个月内，向社会公布。[①]

对于社团组织所获得的公共津贴，在公益项目结束后，若有结余资金，或者在财务审查时被发现有实际用途与审定目标不一致的资金，必须要按原有渠道收缴国库。也就是说，对于公益项目结束后的结余资金或违规使用的资金，公共津贴的颁发机构有权收回。

通常情况下，对社团组织公共津贴资金使用情况的审查结果，在社团组织申请公共津贴延续时，会被颁发机构视作基础资料，用于审核是否再给该团组织颁发公共津贴，以及审核公共津贴续期发放的具体金额。

政府部门与公共机构颁发给社团组织的公共津贴可能会用于支持社团组织的整体运转（比如机构建设、雇用人员工资、基础设施建设或设备购买等），也可以被指定用途（用于特定的公益项目）。若被指定用途，公共津贴资金必须被用于资助颁发公共津贴时所指定的公益项目。社团

---

① 资料来源：https://www.service-public.fr/associations/vosdroits/F3180，访问时间：2016年9月10日。

组织的领导人必须要严格监督，并尊重资助部门的要求。若是社团组织的领导人挪用被指定用途的公共津贴，是被视作滥用信任的行为的。在现实实践中，有些被指定用途的公共津贴曾被社团组织领导人用于一些个人用途，比如用作餐补、车补，或者是与被指定项目无关的相关活动，这些行为均是公共津贴监管的重要内容。

在对社团组织使用公共津贴资金的情况进行监管的同时，相关部门还会开展相关评估工作。评估的目的主要是，通过对社团组织公益项目实施情况的考察，探讨如何通过公共津贴向社团组织购买服务能获得更大的社会效益。

（五）来自城市社区的个案

在法国波尔多市的圣米歇尔社区（Saint Michel），一直活跃着一家以促进跨文化对话、保护女性权益为宗旨的社团组织——女性权益促进会（Association Promofemmes）。在历史上，圣米歇尔社区一直是一个外来人口聚居的地方，社会问题相对复杂。早在1994年成立的时候，女性权益促进会所确立的首要宗旨是，为政府负责母亲与儿童保护的部门同外籍母亲之间的交流提供便利。由于有大量外籍母亲不懂法语，在当时，协会的主要工作就是提供翻译服务。

后来，女性权益促进会逐步拓展了其行动领域，尤其重视组织开展教育文化活动，以进一步回应其成员日益增长的社会文化需求。考虑到外籍母亲在语言、文化方面的巨大需求，尤其是参加女性权益促进会的外籍母亲以来自阿拉伯国家和土耳其者居多，自2000年起，该协会开始招聘两名雇用员工，分别为阿拉伯语和土耳其语翻译，专门面向这两大语言群体中的移民母亲提供服务。

如今，在促进跨文化对话这一目标的指引下，女性权益促进会着眼于外来移民女性在社会融入过程中所遭遇的各类社会、文化与职业问题，努力面向她们提供各种陪伴帮助。为此，该协会将社会团结、尊重他者、自治与责任、世俗主义等作为其社会行动中最为重要的价值追求。

该协会自成立之初，就在当地小有名气，如今其影响力远远超出其所在社区与波尔多市，并辐射到周边城镇，成为政府引导外来移民人口融入地方社会、促进社区和谐、加强社会凝聚力的一个重要的社会伙伴。尽管女性权益促进会的规模不断扩大，但目前来看，仍算是一家小型的社团组织，其运转主要依靠仅有的 5 名雇用员工（其中包括一名行政主任）和众多志愿者的无私奉献。虽然工作人员不多，但该协会所提供的服务却辐射到非常广泛的社会群体，据 2015 年的统计数据，接受该协会语言文化培训、参加其文化教育活动的女性多达 600 余人，涉及 68 个国籍。

作为一家得到政府认可的公益类社团组织，女性权益促进会每年都能从多个层级的政府部门或公共机构那里申请到公共津贴，包括阿基坦大区政府青年、体育与社会团结事务办公室（Direction régionale de la jeunesse, des sports et de la cohésion sociale）、吉伦特省政府社会团结事务办公室（Direction départementale de la cohésion sociale）、阿基坦大区议会（Conseil Région Aquitaine）、吉伦特省议会（Conseil Général de la Gironde）、波尔多市政府（Ville de Bordeaux）、家庭补助金管理机构（Caf）、医疗保险管理机构（Assurance Maladie）等。[①] 实际上，女性权益促进会早已成为上述诸多政府部门或公共机构面向圣米歇尔社区、波尔多市及其周边城镇等区域向社团组织购买服务的重要合作伙伴，以帮助外来移民女性更好地融入当地社会。

申请公私各类资助是女性权益促进会领导层每年的重要工作，也占用了其行政主任大量的工作时间与精力。由于无法从一家政府部门或机构那里获得保证其机构有效运转、公益项目有效实施的全部资金，该协会每年必须要向多家部门或机构申请公共津贴或相关资助，其间需要耗费很多精力去准备申请材料、办理各类手续、提供审查文件等。但作为一家知名的社团组织，女性权益促进会与诸多政府部门或公共机构保持着良好的合作关系，并形成了长期的伙伴关系，由此也使之成为受到各类公共津贴管理机构十分重视的社团组织。有些政府部门或公共机构会主动与女性权益促进会沟通，在政府相关政策的框架下，结合其自身的

---

① 与此同时，该协会还获得了一些公私基金或基金会的支持，比如欧洲社会融入基金（Fonds Européens d'Intégration）、苏伊士创新基金（Fond initiatives SUEZ）、法兰西基金会（Fondation de France）、雅高基金会（Fondation ACCOR）等。

宗旨定位与项目规划，共同商定通过公共津贴资助其公益活动的具体办法。从女性权益促进会的角度来说，这种协作机制使之能够长期、稳定地获得各类公共津贴资助，而从政府的角度来看，它又能够保证公共津贴资助获得更有实际意义的社会效应，提升其购买服务的成效。

三　公共津贴制度下政府与社团组织合作的两种模式

尽管政府在向社团组织颁发公共津贴时，要对社团组织的公益实践进行评估，重视其现实效益，但是公共津贴制度最初更多是作为支持社会各领域内社团组织的发展而建立的。在公共津贴制度中，政府向社团组织购买服务的观念是在公私合作、公共机构向私有部门购买服务等理念的影响下才逐步得到加强的。在法国的公共津贴制度中，首先体现的是国家对于社团组织发展、社会自我治理的责任与扶持，而政府借助公共津贴委托社团组织实现的公益目标则是政府与社团组织之间所搭建的契约关系的产物。在公共津贴制度下，法国政府向社团组织购买服务的基本模式可以概括为两种——非定向合作与半定向性合作。

（一）非定向性合作

在法国，公共津贴制度首先是以支持公民结社和社团组织发展而建立的，而这种公共支持背后所依托的则是社团组织多样的社会公益实践。颁发公共津贴的政府部门或公共机构往往并不会指定社团组织要提供什么样的具体服务。在申请公共津贴时，社团组织通常首先要自行确定一项公益项目与行动计划，然后政府部门或公共机构会对其策划的公益项目方案进行评估，根据项目方案是否有益于发展公益事业、其可行性有多大，以及潜在成效是否值得期待等进行评判。在这种情况下，既是社团组织主动发现需要它们参与回应的社会服务需求，又是它们针对现实问题提出解决方案，还是它们具体落实项目计划，由此社团组织在社会治理中所能发挥的主观能动性会被充分地激发出来。

通过公共津贴的评审、发放，在政府部门或公共机构与社团组织之间形成的这种非定向性的合作关系，具有明显的社会契约性质。政府部门或公共机构在发放公共津贴时，虽无明确的定向性目标，但却可以通过社团组织捕捉到需要政府部门或公共机构提供公共资金支持的公益需求，借以委托申请公共津贴的社团组织实施相应的公益行动。这种机制充分调动了社团组织参与社会治理的积极性。

（二）半定向性合作

在有些情况下，政府部门或公共机构在发布公共津贴公告时，会界定公共资助所针对的社会问题的基本范畴，提出希望通过公共津贴资助的公益领域与实践目标，甚至会对申请公共津贴的社团组织的资质进行限制。若此，社团组织在申请公共津贴时，则须针对这些问题、领域与目标，分析被要求参与的公益行动的具体任务与内容，并设计出具体的行动计划。这种模式表现为公共津贴制度下政府与社团组织的半定向性合作。

在半定向性合作机制下，政府部门或公共机构可以以公共津贴为杠杆，调配资源，招募具备相应资质的社团组织来具体落实特定的公益目标。在这种合作模式中，政府部门或公共机构界定公益实践的领域与目标，由申请公共津贴的社团组织提出具体行动方案，公共津贴就实际成为政府撬动民间力量参与特定公益行动的一种具有契约属性的杠杆资源。

以2014年法国文化部公布的公共津贴为例。中央政府文化部在文化事业发展、公共文化服务等范畴内，发布了一系列半定向性的公共津贴招标公告。其中，有一项公共津贴专门用于资助在促进社会凝聚力方面的社会行动，其目标包括：帮助特殊群体（经济状况较差、身体残疾、生病、受到监禁等）能够且更好地参与文化活动；拓展、加强并持续提供多种优秀的文化服务；促进文化多样性的发展，促进不同社会群体之间的跨文化对话；增进不同社会行动者之间的合作，培训社会与文化工作者；尤其注意应对社会碎片化、社会团结断裂、外来人口与受排斥群体的社会融入，以及失业、贫困与不平等等问题。鉴于此，政府发放的公共津贴优先资助面向"问题少年"及其家庭、残障人士、失业人员、少数族裔等群体的文化活动，同时还优先资助有助于提升文化多样性价值与促进文化间对话的项目、旨在消除社会排斥与贫困的项目、有助于增强社会与文化工作者能力的培训项目等。① 在上述领域内具备一定资质与能力的社团组织均是潜在的受资助对象，或者说是政府购买服务的合作者。此项公共津贴虽由中央政府文化部统一发放，但由其各大区文化事务局（DRAC）来具体实施。当然，有资格申请这项公共津贴的并不只是社团组织，同时还包括公民个体、地方政府、公共机构、公益机构、经济机构或私人企业等。

四 公共津贴制度与政府采购机制的比较

通常情况下，政府采购是政府向社会购买服务的主要形式。但是，公共津贴制度却是法国政府向社团组织购买服务的主要形式。尽管目前就所涉资金额度来看，公共津贴制度相较于各种形式的政府采购有式微的趋势，但是从鼓励社会创新、回应社会需求的灵活性与能动性方面来看，公共津贴制度依然是政府向社团组织购买服务的重要机制。作为政府向社团组织购买服务的两种不同形式，公共津贴制度与政府采购机制存在多种差异，这也凸显了其特殊作用。

（一）政府采购及其基本形式

在法国，政府采购是一个通用术语，统指政府部门或公共机构为满足自身需求而签订的所有合同。这些合同可以是按照《公共采购法典》（*Code Des Marchés Publics*）签订的，也可以是在此框架之外签订的。政府采购是一个含义非常宽泛的概念，但基本上涉及两类合同：一是公共采购合同（marché public），二是特许经营合同（contrat de concession）。据

---

① Ministère de la Culture et de la Communication, «Catalogue des subventions 2014», février 2014. http://www.culturecommunication.gouv.fr/content/download/34869/284490/version/4/file/catalogue_subventions20MAI2014.pdf.

法国经济、产业与就业部统计数据，政府采购约占其国民生产总值的9%。① 当然，并不是所有由政府部门或公共机构作为购买方而签订的合同都属于公共采购合同或特许经营合同的范畴。②

法国的政府采购范围十分广泛，不仅包括政府部门所需的设备等物品，还包括了公共工程和公共服务等。纳入政府采购管理的部门，不仅是政府部门，还包括所有的公共机构，如公共交通、公共医疗、公共教育等机构，同时国有制的工商企业，如铁路运输、供水、电力和邮电等，也要执行政府采购制度。综合来看，在法国的政府采购中，服务类比最高。

除公共采购与特许经营外，法国还存在其他多种政府采购形式，比如公共服务委托（délégation de service public）、出租（affermage）③、专营（régie intéressée）④、委托经营（gérance）⑤ 等。但是，无论是从政府管理的角度来看，还是就法律层面而言，这些政府采购形式从来没有出现过在管理或法律意义上的严格定义，对其运作模式的界定与归类也多有变动。比如，在2016年之前，从法律属性上讲，公共服务委托是一个层级

---

① 数据来源：www.marche-public.fr/Commande-publique.htm，访问时间：2016年9月10日。

② 资料来源：http://www.economie.gouv.fr/daj/MP-et-autres-contrats - 2016，访问时间：2016年9月10日。

③ 出租主要涉及工商业领域内公共服务的委托管理。在此情况下，公共服务开发与实施的必要设备由提供经费支持的政府部门提供给承租人。而承租人只需保证服务的开发与经营即可。承租人的收益来自服务受益人缴纳的费用。不过，承租人应当向政府部门缴纳政府最初出资购置设备的折旧费。管理的风险在承租人这一边。出租的机制与特许经营相似，但存在两点不同：必需的设施建设由负责的政府部门承担，而不是承租人；承租人不能保留服务受益人缴纳的全部费用，必须要向委托人缴纳相关税费。

④ 专营是一种混合的公共服务管理模式，它基于来自外部的私有领域的专营方的支持，该专营方以与政府部门签订合同的形式确保公共服务的运转。管理人以收入再分配的方式由政府提供报偿，其报酬由固定的佣金和按照提供服务的结果按比例计算的提成。在此情况下，政府负责公共服务的指导与监管，管理人的自主权限也是有限的。

⑤ 委托经营与专营基于同样的原则。但是，委托经营与专营的区别是政府决定服务价格的定价，这也是公共采购的根本性区别。另外，在委托经营的机制下，政府保留收益，经营人从政府那里收取固定的报酬，在出现赤字的情况下，政府则会拿出一部分收益补偿经营人。因此，风险是由政府来承担的。在必要的情况下，经营人的报酬可由与服务管理相关的资金来补充。委托经营与专营在这一点上相差较大，更接近于公共采购合同。

更大的政府采购范畴，包括特许经营、出租、专营、委托经营等几种形式。但自 2016 年初开始，法国政府颁布相关法令（Ordonnance n° 2016 - 65 du 29 janvier 2016 relative aux contrats de concession；Décret n° 2016 - 86 du 1er février 2016 relatif aux contrats de concession），将公共服务委托认定为特许经营的一种形式。也就是说，原来在法国政府采购的体系内，将公共服务委托视作与公共采购并列的一类范畴，但如今公共服务委托被视为特许经营的一种形式。

1. 公共采购

早在 20 世纪 60 年代，法国就开始了在政府公共采购方面的立法工作（Décret n° 60 - 724 du 25 juillet 1960），后经多次修法，其政府采购方面的法律制度建设已较为完善，相关规定集中体现在《公共采购法典》之中。

公共采购是政府部门或公共机构为满足其自身的某些需求，有偿地同经济机构（包括社团组织）进行经济合作的行为。也就是说，公共采购是在两个法人之间协商签订有偿采购合同而建立的一种机制。公共采购所具有的"有偿"性质表达出采购部门所担负的责任，在多数情况下，这也意味着是一种经费支持的规则。很多社团组织也是在中得公共采购招标的情况下，获得了促进自身机构发展的资金，使其参与社会公共实践的能力进一步增强。

总体来看，法国的公共采购内容基本涉及三类范畴：工程实施、设备购置或提供服务。在公共采购中所签订的合同属于管理类合同（contrat administratif）的范畴。法国在公共采购中确立了准入自由、平等待遇、程序透明等基本原则。在公共采购中，政府部门与公共机构必须要尽可能明确地界定政府采购的需求，并据此确定采购程序、发布招标公告，招标机构必须组织开展招标咨询活动。

按照要求，政府部门与公共机构在发布公共采购招标公告时，必须要界定清楚其需求类型（设备、服务或工程）及其规模。类型不同，规模大小不同，按照《公共采购法典》的规定，须采取的招标程序不同。在政府部门与公共机构对其采购需求进行估算后，需要确认这些需求所对应的采购总额是否达到了启用制式合同手续的界限要求。当合同总额等于或超过相应界限时，政府部门或公共机构必须采取制式合同的方式进行公开招标。法国政府会每两年通过政府法令的形式对制式采购合同的金额界限进行调整。

在有些情况下，公共采购合同可以以非制式的调整手续（procédure adaptée）进行。按现行规定，在合同总额低于 2.5 万欧元时，政府部门与公共机构可以通过调整手续签订合同，并且不必发布招标广告，也不用安排竞标。

还有一些情况，政府部门与公共机构可以通过非制式的调整手续进行招标，但必须要发布招标广告，通过竞标的方式进行，但招标广告与竞争方式可由政府部门或公共机构自行界定。其中包括两种具体情况：（一）在涉及设备与服务招标时，合同总额不超过 20.9 万欧元；在涉及工程招标时，合同总额不超过 522.5 万欧元。（二）另有部分服务招标，不论合同总额多少，均可采取此种方式招标。这些服务类别涉及在《公共采购法典》第 29 条中未明确规定的所有其他服务内容。①

2. 特许经营

作为政府采购的一种形式，特许经营是政府将与公共服务的实施有关的工程施工、设备购买或服务经营等委托给第三方法人的机制。在此机制下，第三方法人资助、实施并开发经营相关的公共服务，同时也承担着市场风险。换句话说，在政府的监管下，第三方法人在赋权的相关服务项目实践中自负盈亏。

按法国现行法律，特许经营合同基本上分为两类：工程特许经营合同（contrats de concession de travaux）与服务特许经营合同（contrats de concession de services）。服务特许经营合同则又分为公共服务特许经营合同或公共服务委托（contrats de concession de service public ou délégation de service public），以及普通服务特许经营合同（contrat de concession de

---

① 《公共采购法典》第 29 条所规定的服务内容共涉及 16 个类别：维修与修复服务、地面交通服务、民用航空与商业航空服务、陆空邮政服务、电子通信服务、金融服务、信息及相关服务、研发服务、会计服务、市场调查服务、管理咨询及相关服务、建筑服务、广告服务、保洁服务、出版与印刷服务、垃圾处理服务。资料来源：https://www.legifrance.gouv.fr/affichCode.do;jsessionid = 037049CCE171759F911F86DF5501F2A7.tpdila15v_2?idSectionTA = LEGISCTA000006145850&cidTexte = LEGITEXT000005627819&dateTexte = 20130617，访问时间：2016 年 9 月 10 日。

services simples）。

在特许经营机制下，作为特许经营权获得者的第三方法人确保自筹资金提供一项公共服务，而政府则赋予他们权力向公共服务的受益者收取相关费用。当然，在特许经营的情况下，包括社团组织在内的服务提供者有时候也会得到政府公共津贴的资助。作为契约方的服务提供者，他们自筹资金提供公共服务，有时候却因市场风险而无法保证自身的经济利益。

公共服务委托（délégation de service public）的概念最早出现于1993年颁布的一项关于预防腐败、促进经济生活与公共程序透明的法律（Loi n° 93 - 122 du 29 janvier 1993）中。公共服务委托就其法律属性而言，属于特许经营（concession）的范畴，是在官方与包括社团组织在内的经营性机构之间签订的一种合同，由此官方将一项公共服务的管理委托给一家或几个经营性机构，同时也将与服务经营相关的风险转移给作为服务提供者的经营性机构。转移给服务提供者的风险基本上是来自服务市场本身的不确定性。[1] 目前来看，公共服务委托更倾向于专门指代由地方政府所做出的公共服务特许经营授权。

公共服务委托具有三个基本特点：一是委托人与受托人之间必须要签订契约合同；二是受托人必须要负责受托公共服务的管理与实施；三是受托人所获报偿基本上取决于其负责的提供公共服务的结果。这一点也是区分公共服务委托与服务类公共采购之间的原则性标准。在公共服务委托中，受托人在履约提供公共服务的过程中，必须要自行应对面临着一些市场风险。相反，如果作为服务提供者的契约方的报偿由政府部门或公共机构提供，且不与实施结果挂钩，那么政府部门或公共机构与服务提供者之间签订的合同本质上应当被视作公共服务采购合同。

在公共服务委托的机制下，政府部门或公共机构将其担负责任的公共服务的管理委托给社团组织，承认其经营权，同时也将与服务经营相关的风险转移给社团组织。对于社团组织而言，公共服务委托被定性为属于特许经营范畴，则使得社团组织若要从政府机构或公共机构那里获

---

[1] 资料来源：https://www.legifrance.gouv.fr/affichTexte.do?cidTexte=JORFTEXT000031939947&categorieLien=id，访问时间：2016年9月10日。

得类似的购买服务合同,必须要跟企业一样履行一定的法律程序,尤其是招投标所要求的诸多手续,这也意味着社团组织在此范畴内面临着与众多企业的竞争。①

3. 服务类公共采购与公共服务特许经营比较

在过去相当长时间内,服务类公共采购与公共服务委托之间存在比较明显的区别,其目标不同、法律机制不同,其报酬模式也不一样。但是近些年来,这些区别变得十分模糊,两种政府采购形式越来越接近。②

综合来看,服务类公共采购与公共服务特许经营(concession de service public)之间的区别主要在于是否存在资金补偿(contrepartie)。服务类公共采购合同包括由作为招标方的政府部门或公共机构直接向服务提供者支付的经济补偿;而在公共服务特许经营的情况下,经济补偿则在于服务经营权,有时候仅仅是服务经营权,有时候也会带有一定的奖金。

在政府向社团组织购买服务时,若采取公共服务委托的机制,则假定作为服务提供者的社团组织要自行担负与服务经营相关的市场风险;而若采取公共采购的机制,社团组织提供服务的报偿与其服务经营的结果没有任何关系,换句话说,官方不会向作为服务提供者的社团组织转移与服务经营有关的风险,而作为社团组织也不会承担在服务过程中可能存在的经济风险。

无论是服务类公共采购,还是公共服务特许经营,在这两种情形下,只有那些规模较大、专业性资质强的社团组织才有机会在竞争中胜出。由此,可以说,社团组织在获取政府公共资助方面面临着越来越大的竞争性压力。

(二) 公共津贴与政府采购的差异

尽管法国政府可以通过公共津贴或政府采购的形式向社团组织购买

---

① 资料来源: https://www.associatheque.fr/fr/guides/collectivites-territoriales/projet-collectivite/obligation-mise-en-concurrence.html, 访问时间: 2016 年 9 月 10 日。

② 资料来源: http://www.vie-publique.fr/decouverte-institutions/institutions/approfondissements/nouvelles-formes-contractuelles.html, 访问时间: 2016 年 9 月 10 日。

服务，而且二者对于社团组织而言均表现为公共资助，但这两种形式却属于不同的类型范畴，或者说，公共津贴并不属于当下非常流行的政府采购的范畴。

政府采购与公共津贴之间最主要的差异并不在于合同内容，而存在于在合同签订之前，是否存在早已被政府部门或公共机构预先界定好的服务需求——为了满足这样的需求，政府部门或公共机构需要求助于包括社团组织在内的相关机构，通过一定的公共资助来要求后者实现一定的服务。换句话说，在公共津贴与政府采购这两类政府向社团组织购买服务的实践中，其差异就在于公益项目的最初创意是否来自提供经费支持的政府部门或公共机构。表10—2呈现了二者之间的差异。

表10—2　　社团组织申请公共津贴与参与政府采购的特点比较

	公共津贴	政府采购	
		采购合同	特许经营
特点	公益项目由社团组织首创，其行动方案与组织实施均由社团组织完成。而且，社团组织独立完成公益项目，基本上不受政府部门或公共机构的约束 社团组织所获得的公共津贴在本质上并不是因其提供公益服务而从政府部门或公共机构那里获得的经济补偿 社团组织没有义务为政府部门或公共机构提供确定的、具体的、可量化的服务	回应由政府部门或公共机构提出的需求。社团组织因提供服务所获得的酬金基本上来自政府部门或公共机构	公益项目由政府部门或公共机构首创，并在其监管下委托给作为第三行动方的社团组织。社团组织面临服务经营的市场风险

在公共津贴的机制下，受到资助的社会公益项目由社团组织首创，并由其具体组织实施。而在政府采购的机制下，社团组织作为服务提供者的任务是，具体实现或管理由政府部门或公共机构所确立的项目或行动目标，而这些项目或行动目标则通常是政府所施行的社会公共政策的有机组成部分。

如今，法国各级政府与社会力量合作的机制日益完善。在应对广泛的社会公益需求时，对于究竟需要采取何种形式与社会力量合作的问题，法国政府也逐渐积累了相对固定的做法。通常来说,在以契约合作由第三方保证公共服务的过程中,若存在可与政府部门或公共机构合作的直接、间接或同等的对应机构,政府向社会力量购买服务往往就会采取政府采购的形式。只有在不存在明确的对应机构的情况下,政府才以公共津贴的形式,鼓励包括社团组织在内的诸多社会力量去落实相应的社会服务。在某种程度上可以这样说,公共津贴制度存在的意义就是,面对某些社会需求,政府在没有明确的合作机构或应对能力时,便求助于广大的社团组织,将问题与需求抛给它们,以期从它们那里能够找到回应这些问题与需求的解决方案。鉴于此,不同领域内的社团组织从政府那里获得公共津贴或政府采购合同的情况存在较大差异。

综合来看,社会行动、人道主义救助与健康医疗类社团组织通过政府采购获得的公共资助要远远大于公共津贴;在权益维护、体育、文化与休闲、地方经济发展等领域内,社团组织获得的公共津贴要比政府采购合同多;而在教育、培训与再就业领域内,社团组织获得的公共津贴与政府采购合同的比例则基本持平(相关数据参见表10—3)。

表10—3　　不同类型社团组织所得公共资助情况比较(2011年)　　(单位:%)

	公共津贴	政府采购	合计
社会行动、人道主义救助与健康医疗	36	64	100
权益维护	86	14	100
教育、培训与再就业	51	49	100
体育、文化与休闲	77	23	100
地方经济发展	86	14	100

数据来源:Viviane Tchernonog:《Le financement pubLic des associations entre subventions et commandes: État des lieux et grandes évolutions》, http://119.90.25.25/www.associations.gouv.fr/IMG/pdf/27Juin_financement_public.pdf。

从另外一个角度来分析,在权益维护、体育、文体与休闲、地方经济发展等领域内,政府向社团组织购买服务时,更注重发挥社团组织的能动性;而在社会行动、人道主义救助与健康医疗领域内,政府部门或公共机构在向社团组织购买服务时,则更倾向于提出明确的目标要求,再由社团组织来具体实施；在教育、培训与再就业领域内，不但政府部门与公共机构有自己的目标要求与项目规划，社团组织也在应对这些领域内诸多问题方面贡献了自己的能动性。

综合来看，获得公共津贴最多的社团领域是社会行动、人道主义救助与健康医疗，以及地方经济发展等，其中在地方经济发展中，社团组织获得的公共津贴较多，而在社会行动、人道主义救助与健康医疗等领域内，社团组织则以政府采购的形式获得了较多的公共资助（相关数据参见表10—4与表10—5）。

表10—4　公共津贴、政府采购在不同类型社团组织经费预算中所占比例（2011年）　　　　　　　　　　（单位:%）

	社会行动、人道主义救助与健康医疗	权益维护	教育、培训与再就业	体育、文化与休闲	地方经济发展	合计
来自私有部门的资助	39	66	53	70	28	51
来自公共部门的资助	61	34	47	30	72	49
公共津贴	23	28	25	21	53	24
政府采购	38	6	22	9	19	25
合计	100	100	100	100	100	100

数据来源：Viviane Tchernonog：《Le financement pubLic des associations entre subventions et commandes: État des lieux et grandes évolutions》, http://119.90.25.25/www.associations.gouv.fr/IMG/pdf/27Juin_financement_public.pdf。

在政府向社团组织购买服务中，社会行动、人道主义救助与健康医疗领域内的社团组织最受青睐，尽管此类社团组织在法国所有社团组织中占比仅为14%，但是它们却在诸多公共津贴中获得了45%的资助，并且拿到了74%的政府采购合同额度。除此以外，公共津贴更多地流向体育、文化与休闲类社团组织，而教育、培训与再就业领域内的社团组织与体育、文化与休闲类社团组织则获得了差不多比例的政府采购合同。

表10—5　　公共津贴、政府采购资金在社团领域内的流向
比较（2011年）　　　　（单位：%）

	公共津贴	政府采购	合计	社团组织的数量比重
社会行动、人道主义救助与健康医疗	45	74	59	14
权益维护	6	1	4	13
教育、培训与再就业	14	11	12	4
体育、文化与休闲	23	10	17	66
地方经济发展	12	4	8	3
合计	100	100	100	100

数据来源：Viviane Tchernonog：《Le financement pubLic des associations entre subventions et commandes：État des lieux et grandes évolutions》，http：//119.90.25.25/www.associations.gouv.fr/IMG/pdf/27Juin_ financement_ public.pdf。

（三）政策变化的趋向

综合考察近些年来法国政府向社团组织购买服务的总体情况，可以发现存在两大明显变化：一是国家与各级政府颁发的公共津贴总量呈现萎缩之势；二是政府向社团组织购买服务时，越来越多地以政府采购的形式进行。[1] 这也意味着，法国公共力量支持社团组织发展的形式发生变化。总体而言，这样的变化在一定程度上限制了社团组织在回应社会需求方面能动性与创新实践的发挥。

受到全球金融危机和欧债危机的影响，2010年后法国各级政府面向社团组织颁发的各类公共津贴大幅减少。总体来看，如今在社团组织的经费来源中，公共津贴所占份额已经低于50%。[2] 与此同时，在法国政府向社团组织购买服务方面，以公开招标的形式采取的政府采购越来越多

---

[1] 资料来源：http：//119.90.25.49/www.franceactive.org/upload/uploads/File/actualites/2014/154045_ resultats_ Enquetes_ regionales-web.pdf。

[2] Haut conseil à la vie associative，《Rapport intermédiaire du HCVA sur le financement privé des associations》，mars 2013，http：//www.associations.gouv.fr/IMG/pdf/Rapport_ intermediaire_ HCVA_ _ financement_ prive_ 21-03-13.pdf。

地代替了颁发公共津贴的制度。这一变化在地方政府层面上体现得更为突出，各地方政府越来越倾向于优先采用政府采购的方式与社团组织合作，其中公共采购的机制日益见多。

据切尔诺诺格的调查研究，从 2005 年至 2011 年，法国面向社团组织提供的公共资助总额增长了 12%，但是公共津贴总量却减少了 17%，与此同时，政府采购总量则迅速增长了 73%。[1] 早在 2005 年时，有 68% 的社团组织获得过各种形式的公共资助，其中获得公共津贴的社团组织占 53%，获得政府采购合同的占 7%；而到了 2011 年，获得公共资助的社团组织所占比例下降至 61%，其中获得公共津贴的社团组织的比例下降为 47%，而获得政府采购合同的社团组织的比例则上升 3 倍，达到 23%。[2]

如此变化给中小规模的社团组织带来一些问题，因为它们很难有能力和举措参与到公共采购的招标中，不具备参与竞争的实力。由此，也就使得仅有那些规模较大的社团组织有机会参与政府采购招标，它们在政府采购招标中获得了资源，也在项目实践中积累了经验，使其自身继续获得公共资源支持的能力不断增强。这样一来，大型社团组织自身的发展，及其与政府部门或公共机构的合作得以形成可持续的良性运转。但是，从微观的社区层面来观察，规模较小的社团组织虽在社区建设中发挥着积极作用，但是它们却在介入公共政策服务方面受到越来越多的限制，其在微观社区层面上的能动性与创新实践难以发挥作用，甚至它们也面临着终将失去公共资助的危险。

从另外一个角度讲，在社团组织所能获得的公共财政支持中，公共津贴所占的比例越来越小。这也说明，就法国国家（政府）与社团组织的关系而言，已经从原先以国家全面支持社团组织发展为主要特征，逐渐地转变为在支持社团组织发展的基础上，着重与社团组织合作，通过

---

[1] Viviane Tchernonog, «Le paysage associatif français», 2ème édition, Juris éditions, Dalloz, 2013; Yves Blein, «Simplifications pour les associations», http://119.90.25.31/www.associations.gouv.fr/IMG/pdf/Rapport_ Simplifications_ Y - _ Blein.pdf.

[2] Viviane Tchernonog: «Le financement pubLic des associations entre subventions et commandes: État des lieux et grandes évolutions», http://119.90.25.25/www.associations.gouv.fr/IMG/pdf/27Juin_ financement_ public.pdf.

购买服务为主导，引导社团组织参与公共服务与社会治理。

而且，在法国政府向社团组织购买服务过程中，政府采购比例日渐提高，也在一定程度上引发了不同社团组织之间的竞争，以及社团组织与私有营利部门之间的竞争。这些变化必然会在社团领域内引发一些重要的调整。

五 公共津贴制度的改革与面临的批评

近些年来，法国政府对公共津贴制度进行了诸多改革，但基本上是在优化与完善其管理机制等方面进行的，在一定程度上提高了公共津贴制度运转的管理效率，而面对社会上存在的针对公共津贴制度的批评，这些改革举措却没有给予明确的回应。

（一）公共津贴制度的改革

公共津贴制度普遍存在于法国行政管理体系中的各个政府部门与相关公共机构，其管理机制长期以来一直相对独立，也就是说，尽管公共津贴的基本宗旨是一样的，但却基本上是分领域发放的，诸多政府部门及其下属机构、相关公共机构分别在各自权能范围内，对公共津贴的审核、发放等设立各自的具体规定。

在这种情况下，社团组织向不同部门或机构申请公共津贴时，面临着较为繁复的手续。为此，早在2000年前后，法国政府就开始在法律规范、财务管理等方面酝酿相关改革。当时，对于首次申请且金额不超过2.3万欧元的公共津贴，相关部门或机构就开始使用便捷的申请与审批手续；而对于金额超过2.3万欧元的公共津贴，出于慎重考虑，则对申请材料的需求相对复杂，比如要求社团组织提供相关财务资料等。

对于公共津贴制度的改革，社团组织希望政府部门与公共机构能够更好地简化公共津贴的申请与发放程序，并加快发放速度；政府部门与公共机构则重视公共津贴审批与发放的公平性与合理性，确保公共资金得到妥善利用的同时，也努力使资金去向与其所倡导的社会政策相协调，回应社会治理的现实需求。

2002年12月24日，法国政府曾发布通报（Circulaire du 24 décembre 2002）[①]，要求协调统一中央政府各部对各自颁发的国家级公共津贴的管理机制，并要求各地方政府参照改革。综合来看，2002年推行的公共津贴制度改革，具有双重目标：一是强化对公共津贴管理的统筹协调，统一申请程序、简化行政手续、加强资金监管；二是简化政府与社团组织之间的合作伙伴关系，调动社团组织参与提供社会服务的积极性。

按照改革要求，对于中央政府颁发的国家级公共津贴，政府各部应建立唯一的集体审查机构，统一管理提交各部的公共津贴申请。该审查机构可统揽全局，有助于协调接受公共津贴资助的诸多公益项目之间的连贯性。也就是说，政府部门可以在各自的权限、政策范畴内统筹以公共津贴形式向社团组织购买服务的总体情况，维持公共津贴在诸多社会领域内平衡发放，并保护和鼓励社团组织在提供社会服务方面的能动性。

在此次改革中，中央政府还要求政府各部在各自权责范围内，分别在国家与地方层面上，考虑到相关社会服务的特殊要求与具体情况，指派至少一名公务员作为代表政府与社团组织进行对话的联络人，其职责既包括审查社团组织的公共津贴申请，又包括负责监督公共津贴的使用。同时，中央政府也要求各部门须委托一家专门机构（比如委员会）对各社团组织的申请做出最终的甄选决定，这家机构要总览全局，以使之能够在保证必要的政策协调的前提下，做出正确的发放建议。如此机制，既有助于保证对各社团组织的公共津贴申请进行专业化的资质审查，有利于甄别出优秀的公益项目，又有益于在更高的层面上统一协调公共津贴发放的范围，使之更加全面、均衡地照顾到社团组织在参与提供社会服务方面的积极性与社会对公共服务需求的倾向性与侧重点。

在2002年的公共津贴制度改革中，法国政府提出建立社团组织的永久档案，这在相当程度上减少了申请公共津贴时材料准备的繁复程序，也减轻了公共津贴颁发机构材料审查的负担。此外，在此次改革中，法

[①] 《Circulaire du 24 décembre 2002 relative aux subventions de l'Etat aux associations》, http://www.legifrance.gouv.fr/affichTexte.do? cidTexte = JORFTEXT000000782598, consulté le 10 septembre 2016.

国政府还要求加强对接受公共津贴资助的社会公益项目的评估,尤其要对签订多年目标协议的公共津贴使用情况进行评估,以求公共资金的使用能够获得切实的社会效益。

(二)针对公共津贴制度的批评

尽管公共津贴制度是法国政府向社团组织购买服务的重要形式,但是长久以来,对于社团组织接受公共津贴资助的批评一直不断,其矛头主要指向于公共津贴审核与颁发中的腐败问题,以及公共津贴资金使用中出现的资金挪用、侵占、贪污等一些不道德、不合法行为。一些政府部门或公共机构将所有纳税人的钱随心所欲地拨给了某些社团组织,并没有真正地实现向社团组织购买服务的公益目标,相反却呈现出在公共津贴制度之下,某些政府部门和公共机构与某些社团组织之间所存在的裙带关系、收买人心的伎俩和公共资源的浪费。

另外,很多观察与批评也指出,一些社团组织打着公益的幌子谋私利,公共津贴变成为社团组织核心人物谋求经济利益的重要来源,而政府向社团组织购买服务的公益目标根本就不能落实。甚至,公共津贴制度还变成为对某些政治力量的经济支持。在舆论批评有些公共津贴未能真正用到实处的同时,有越来越多的人质疑某些社团组织公益行动的社会成效,以及社团组织领导人在社团组织实践中真正赋予其中的诸多动机。

据相关统计[①],2012年时法国社团组织的经济活动总量大约为700亿欧元,占到法国国民生产总值的3.5%,其比重高于宾馆与餐饮业(2.6%),跟农业与食品加工业的比重(3.4%)基本持平。在这700亿欧元中,将近有一半(49%)的资金来自公共津贴。与此同时,值得注意的是,社团组织所提供的就业岗位大约占到法国劳动力市场总量的7%。由此,可以看到,公共津贴制度与社团组织之间存在密切的经济关

---

① 资料来源:http://www.associations.gouv.fr/1182-nouveaux-reperes-2012-sur-les.html; http://www.observatoiredesgaspillages.com/2013/03/enquete-sur-le-scandale-des-subventions-aux-associations/,访问时间:2016年9月10日。

系。纵观法国的公共津贴制度，可以注意到，虽然有众多社团组织得不到任何公共津贴的资助，但却有7%的社团组织获得了70%的公共津贴。这一现状也引发人们对于其中潜在的经济与腐败问题的思考。

法国一家名为《纳税人的呼喊》（*Cri du Contribuable*）的杂志，曾在2013年发表过关于社团组织接受公共津贴资助的丑闻的调查报告，指出一部分知名的社团组织滥用公共津贴的腐败行为。[1]

鉴于公民结社的传统在法国不但历史悠久，而且深深地扎根于其社会与文化之中，公共津贴制度的存在，既是对公民结社与社团组织发展的支持，又是政府通过公共资金撬动社会力量提供服务的重要机制。在某种程度上讲，有相当一部分社团组织的生存主要（通常是仅仅）依靠公共津贴。有些人支持增加公共津贴预算，是因为他们从一些重要的社团组织所践行的公益行动中看到了政府与社会力量合作的成效，而有些人要求减少公共津贴预算，不但是出于对公共津贴制度中所潜伏的诸多腐败问题的担忧，也是从减少公共支出的角度考量的，他们的关注点不是将重点置于缩减政府向社团组织购买服务，而是主张减少国家对于社团组织发展的公共支持。

尽管在公共津贴制度的框架内，有一部分社团组织存在形式各样的腐败行为，但总体而言，公共津贴制度调动了社会的积极性，是法国政府向社团组织购买服务的重要机制，是吸引社会力量参与社会治理，实现社会自我治理的重要途径。

六　总结：公共津贴制度下的国家与社团组织合作

基于国家与社会互动的视角，综合考察在法国普遍存在的公共津贴制度，我们可以发现其中存在四个层面的核心要义：一是鼓励公民结社、支持社团组织发展的国家责任；二是强调国家（政府）与社团组织在社会发展中密切合作的治理协作；三是通过公共津贴制度向社团组织购买

---

[1] « Associations: le scandale des subventions », *Les Dossiers du contribuable*, février/mars 2013.

服务，并倡导和鼓励社团组织创新，以回应社会多样需求，扩大完善社会自治的制度体系；四是作为规范国家与社团组织合作的机制，公共津贴制度彰显了契约精神在当代社会治理中的积极作用。

　　法国政府通过公共津贴向社团组织购买服务，既可支持社团组织的发展，培养公民的契约精神，又能实现满足社会现实需求的目的，落实政府在社会发展中的诸多责任。总体来看，这是推动实现社会自我服务、自我治理的一种机制。

　　公共津贴制度的存在，以及政府在此机制下与社团组织的合作，扩大了政府面向社会所提供服务的范畴与规模，在更大层面上回应了社会对于公共服务的需求，同时也鼓励了社团组织更好地在各自专业领域内去"发现"社会中所存在的对于公共服务的需求。在公共津贴制度下，社团组织面向社会提供的诸多服务，是政府部门与公共机构所提供的社会服务的有力补充，同时社团组织在社会服务领域内的实践也会不断地启发政府部门或公共机构，为其社会政策的改革提供新思路。

　　公共津贴制度为鼓励社会治理中来自民间社会的智慧与创新提供了很大的政策空间。社团组织在回应社会需求方面具有较高的敏感度，不但能够及时"发现"需求，而且往往能够找到合宜的解决方案回应这些需求。由此一来，政府通过有限的公共资源，撬动了更多的社会资源，尤其是智力、人力资源，推动了社会创新，为社会自我治理的完善奠定了基础。综合来看，法国通过社团组织来实现公共服务的目标，在多数情况下，其政策途径并非直接着眼于"购买"本身，而是通过扶持社团组织的发展，鼓励社团组织创新，去发现潜在的社会需求，并找寻到解决方案，再通过社团组织落实应对方案。有时候，政府并不清楚潜在的社会服务需求在哪里，亦不知道该如何去界定和满足这样的需求，而公共津贴制度则可推动社团组织去发挥自身的能动性与创造力，去发现问题，并提出解决方案。因此，与政府采购相比，公共津贴制度更具灵活性，更具鼓励与启发社会创新的意义。

　　鉴于一些社团组织在通过公共津贴制度回应政府倡议、向社会提供服务的过程中存在一些腐败行为，如何有效地避免公共津贴制度中所存在权力与经济腐败、资金滥用等问题，使所有接受公共津贴资助的社团组织能够以最富有成效的方式落实公益实践，让来自政府的公共资助变成为有益、有效的社会服务。这应当是未来法国在公共津贴制度改革、政府向社会力量购买服务实践中需要着重考量的问题。

结　语

法国作为经验

　　法国作为方法，本身也意味着法国作为经验，二者是有机结合在一起的，是一种视角的两个层面。作为探讨人类社会"多元"现实及其治理的一个样本，法国在此领域内所付诸实践的理念关怀、价值诉求与制度框架等，既折射了它在应对方法层面的意义，同时其具体做法又反映了它在实践层面的经验。

　　中国与法国的历史传统不同、社会现实不同、制度建设也不同，但这并不妨碍多元法国及其治理实践可能为中国社会发展带来的经验借鉴。在其现代性发展中，法国如何认知其多元的社会生态，如何在制度层面上予以应对，如何调整其引导社会健康发展的价值导向，都是值得关注与研究的。

　　法国作为方法，我们可以通过对它的透视，去了解其多元现实的基本范畴、多样形态及其历史背景，理解其现代性变迁，借以窥测欧洲乃至整个人类社会的多元现实。法国作为经验，我们可以通过其多元现实的具体表征及其应对性治理实践，理解其价值定位，借以思考欧洲社会与其他国家或民族应对多元趋向的路径可能。

　　法国作为经验，有助于我们更好地了解法国，增进有关法国的知识储备与深刻认知。了解在不同的文化背景下，法国社会是如何成其为我们今年所看到的样子的，它是如何"自我结构而成并持续维系自身存在的"。

　　作为对本书诸多讨论的总结，我们可以从社会与治理、思潮与运动、民族与政治、制度与政策、政府与社会等五个维度来认知法国应对其多元现实的经验。

一 社会与治理

人类社会"多元"现实的聚合，往往是以"社会问题"的面目呈现出来而最为通常，各国治理实践的面向也直接或间接地多以"问题治理"为导向。基于对法国社会的观察与思考，我们可以发现法国在其社会治理领域内所面临的结构性困境，也可以找到它以"服务"为凭借实施与推进治理的方法与经验。

民生问题、移民问题与宗教问题作为当代法国社会问题的三个基本范畴，不但各自呈现为某种结构性困局，而且彼此之间也密切关联，集中折射出当代法国所面临的制度危机的几个维度——既指向于资本主义体系，又关联着民族国家建构，还涉及社会的现代性发展，而当下全球化的持续深入则又使之更加复杂。作为个案，法国的民生问题持续放大了当代资本主义在社会领域内的制度弊端。技术文明的发达并没有赋予人更大的自由与解放，反而被日益恶化的生存困境所束缚，这是其社会制度所内含的价值取向使然。在族裔多元的法国社会中，民生恶化进一步导致移民日益"问题化"，尤其突出了潜藏其中的民族问题，还放大了法国"共和同化"模式的缺陷，及其背后的制度与道德失范——少数族裔不能获得"被承认"的双重民族主体性地位，这既是法国少数族裔诸多认同困境的根本症结，也是全球化背景下法国社会治理的重要障碍，反映出法国在民族国家建构中的某些边界意识。以伊斯兰教为代表的外来宗教实践在法国社会内部对其世俗主义原则的冲击与解构，深刻地影响着法国社会的变革与重构。伊斯兰教与世俗主义原则之间的较量不仅仅是后殖民主义与全球化背景下民族主义的另类表征，更折射出人类社会现代性发展在当代所遭遇的困境。法国社会如何在未来发展中回应上述问题，并走出现有困局，值得持续关注。

公共文化服务向来是理解当代民族国家社会治理的重要维度，蕴含着一个国家投射到社会与文化领域内的价值诉求。法国的公共文化服务实践鲜明地折射出"治理"属性，不但呈现出多层次、多中心的协同供应模式,同时也表现为动员、调配和利用社会资本的治理过程。在法国,公共文化服务与社会治理明显表现为相互同构的两个领域:法国在当代社会治理中所谋求的诸多理念,以不同的方式投射到公共文化服务的制度建设与实践中,以期公共文化服务更好地回应社会的多元需求;公共文化服务实践又作为试验场域,表现为一个多层次治理体系,在满足民众文化需求的同时,也推进了价值观念的社会共享,为社会治理提供了观念、习俗、规则、社团等方面的条件,为更大范围内的社会治理提供了经验。综合来看,法国的公共文化服务强调国家责任和公共介入、开展多维度公民教育、推动行政管理去中心化与地方分权、借助契约管理促进多领域协作、谋求社会的自我治理等,是理解当代法国社会治理、公共文化服务体系建设及其人文关怀的重要窗口。

二 思潮与运动

在当代法国,与其"多元"形态日益复杂的现实相伴相生的,是各种各样的思潮与诉求。近代以来,法国很多制度设计与法律变革都有深厚的社会思潮与社会运动的背景。近几年来,"黑夜站立"运动与"道德立法"事件分别从不同角度呈现了法国社会在多元背景下出现的两种思潮及其对应的社会运动,也折射了法国社会治理的困难所在。

2016年出现的"黑夜站立"运动在某种程度上表现为一场"罢黜运动",起因虽是对劳动法改革的抗议,却在运动兴起之初就迅速拓展为对法国诸多不合理制度的全面抗议,涉及政治、经济与社会等多个领域。这场曾经声势浩大的社会运动虽是自发形成且持续时间不长,却折射出法国民众自觉反思其现行制度的强烈诉求及其背后的社会思潮,亦是我们去观察和理解当代法国社会的"多元困境"及其潜在变革的一个指向标。更为重要的是,"黑夜站立"运动表现出明显的溢出效应,在运动存续期间曾经引发欧洲多国乃至远在加拿大的民众的积极响应,这也反映出"法国问题"在欧洲层面乃至世界范围内的代表性,就审视当代西方国家的制度危机而言,其遗产价值不容忽视。

2017年的"道德立法"是法国民众拷问其民主制度的结果,意在净化和规范法国的政治与公共生活，重塑社会团结的凝聚力。作为一项"反腐"立法，"道德立法"在法国具有广泛的民意支持与政治共识，其规范不仅涉及对各级议员、政府公务员的政治与法律约束，还包括对普通公民在参与政治生活中的诸多行为。就其原因而言，"道德立法"针对的是法国政治生活中越来越多样的腐败问题，尤其指向政治精英群体，可以说是对某些"多元"倾向的"禁止"；而从其目标来看，"道德立法"则又强调"多元"，以保证政治生活在多元性的格局下打破部分政治精英的垄断，还其真正的"民主"面目。同时，我们也应当看到，在"道德立法"草案酝酿的过程中出现的诸多呼声与建议没有被采纳，也充分折射出法国政治生活"多元失范"状态的持续存在，以及法国政治体制在其当下背景中所面临的认同困境。

三　民族与政治

法国社会的"多元"形态在其人口构成与族裔表征方面体现得甚为明显，且关联着一些较为尖锐的社会问题。而这些问题则更为集中地折射出法国社会所面临的身份与认同危机，以及甚为棘手的治理困境。族裔身份、移民与外国人等密切关联的议题关涉到法国社会未来的发展方向，具有强烈的政治属性。

法国不承认其社会内部客观存在的"少数族裔"，引发了很多问题，尤其在政治层面上潜伏着巨大的身份与认同危机。受共和主义的影响，法国强调作为政治共同体的法兰西民族的"公民民族"属性，并在诸多层面上极力淡化甚至拒绝其成员的"族裔"身份，这在某种程度上表现为对其族裔多元之现实的认知偏见，或者说凸显了共和主义原则在整合当代社会现实中的能力缺陷。一方面，共和主义的"民族"理念特别强调民族共同体意识及其成员之间基于政治原则的平等，这对于一个民族的持续建构与发展自然具有重要的积极意义，但法国的现实却让我们看到，若忽视了其内部存在的诸多族裔差异与诉求，同样无益于民族内在团结的维系。另一方面，基于共同建构意愿的"公民民族"本身应是一个开放的框架，但法国社会并没有给其国民中的外来族裔留下参与共同建构的足够空间，而且他们作为法兰西民族成员的主体性地位实质上是缺失的。"共和主义"原则是否依然适合于当代法国，是否有益于法兰西民族面向未来的认同与建构，是我们在当代法国社会中观察到的一种身份与政治危机。

外国人在法国的选举权问题一直是法国政治与社会生活中的重要议题，并且鲜明地折射出法国在"族裔政治"问题上的顾虑，其实质指向于民族国家的主权与政治民主的维系。外国人的选举权问题与移民问题、族裔问题密切相关，在不同层面上相互纠葛。在法国，外来移民群体所带来的经济、社会问题，及其对民族认同所产生的冲击性影响等，使得普通民众对他们的恐惧心理和排斥态度与日俱增，而极右翼政党则抓住这一时机鼓吹排外主义和种族主义，得到了日益见长的拥护和支持，使其政治生态发生了很大改变。在欧洲一体化框架下，欧盟所搭建的政治框架可以缓解法国民众投射在"欧洲公民"群体上的担忧，同时也使得他们在维系国家主权与政治民主问题上的担忧情绪转移到了第三国侨民身上，并引发对整个外来移民群体在政治与身份认同方面的排斥。就法国在此问题上的诸多考量与实践而言，民族国家作为公民身份认同与权利诉求的核心框架的属性在当代是基本不变的。

四 制度与政策

在法国社会持续多元化发展的过程中，始终伴随着相应的制度建构与政策调整，其背后暗含着在不同时代与社会背景下应对"多元"现实的理念定位与价值取向。就业政策与家庭政策的建构与调整，在法国社会治理应对多元现实方面具有较强的代表性。

长期以来，受经济发展、人口结构、社会制度、劳动观念、就业政策等多种因素影响，法国的失业问题早已成为其就业治理中难有根本性转变的沉疴。法国人口的劳动就业在行业分布、职业结构与雇用方式等方面均表现出明显的多元格局，却也有"同质化"的倾向——越来越多的人以雇用劳动作为生计方式，这些劳动者占其人口总量的90%。在此背景下，创造就业岗位即是其就业治理的重要方向。尽管政府一直尝试变革和创新劳动雇用方式,但是并没有在根本上改善其就业问题,究其原因,主要是受制于经济发展的结构性缺陷,法国社会内部创造就业的动力不足。另外,从法国就业治理的困境来看,在多元的现实背景中,其社会制度僵化、民众观念保守等负面影响的力量十分强大。法国如何能够在经济全球化的背景下重塑其经济增长的动力,突破既有社会制度的负面束缚,更好地回应社会的多元需求,是其作为方法与经验的重要表征。

法国家庭政策的持续调整折射出其社会形态的多元变迁,以及法国以制度建构作为治理路径的努力。在不同的时代背景下,法国家庭政策的变革始终着眼于回应现实中多样的家庭与社会问题,其政策目标的核心指向也从最初更多关注人口再生产、维系家庭稳定等,逐步拓展到全面实现人的基本权利、追求社会公正等多重诉求。法国家庭政策的演变基本上呈现出从企业责任到国家责任、从私有领域到公共领域的变革历程,并表现出国家主导、社会参与的制度格局,且实现了广泛的协作机制。以货币补贴为主、制度安排与设施建设为辅的政策体系,体现出法国家庭政策对家庭需求的全面考量与回应需求的灵活特性。家庭收支商数不仅直接体现为法国家庭政策中货币补贴标准的一个重要指导线,也间接成为民众享受更大范围社会福利、参与社会生活的指导线,是其家庭政策最为重要的经济指标。法国的家庭政策既具有普惠性质,又表现出对特定目标人群施行特殊照顾的特性,既兼顾了社会团结与公平正义,又强调了公民在家庭范畴内诸多劳动的价值,将之视为公民对民族和国家有益的社会服务,成为制度对公民与国家之间公正交换的保证。

五 政府与社会

法国的社团组织类型多样、数量众多,充分反映了民众结社及其社会生活的多元形态。无论是从私人领域还是公共领域观察,社团组织在法国所扮演的角色都非常重要,其参与治理的作用更是不容忽视。公共津贴制度的存在也为包括社团组织在内的诸多社会力量参与公共服务、社会治理等提供了制度空间。社团组织和公共津贴制度均体现出法国社会组织与运转实践中所倚重的社会契约精神。

社团组织广泛且大量地存在于法国的各个部门与领域。它们的存在不仅在私人领域满足了公民与他人结社并捍卫其共同利益的需求，渗透进公民的日常生活里，是个体参与社会的重要凭借，也在公共领域内通过提供社会服务、创造就业、参与社会治理等发挥着重要作用，承担着一定的公共使命，是公民与国家、政府之间沟通与交流的重要中介。社团组织具有适应"多元"现实的优势，可以敏锐、及时地发现来自社会的多元需求，并予以积极的回应，为应对"多元"的治理实践提供最能贴近现实的解决方案。此外，社团组织所鼓励和发扬的志愿服务精神与实践，还为法国社会生活的运转及其治理实践等动员了最为经济且高质量的人力资源。

公共津贴制度是法国政府与社会合作的制度性平台。法国政府面向社团组织颁发公共津贴，既是国家鼓励和支持社团组织发展的体现，也是国家、政府与社会合作中契约关系的产物。借助于公共津贴，政府或相关公共机构可以用有限的公共资金撬动更多的社会资源，并通过社团组织去发现潜在的多元的社会需求，探寻具有民间智慧的应对方案，以扩大政府面向社会提供服务的范畴与规模，并为其社会政策的革新提供新思路。公共津贴制度在某种程度上也是法国政府向社会力量购买服务的机制，但在多数情况下，其政策途径并非直接着眼于"购买"本身，而是通过扶持社团组织的发展，鼓励社团组织创新，让它们去发现潜在的社会需求，并找寻到解决方案，再通过社团组织落实应对举措。可以说，公共津贴制度是政府与社会合作中最具动员能力、最具创新意义的一种政策机制。

综合而言，法国作为经验，侧重于关注法国对其多元现实的应对，包括理念、制度及其价值导向等。但是，"经验"强调的是法国的实践本身，而非仅仅是具有借鉴意义的"经验"，可能也包括"教训"在内。法国作为经验，同样不是肯定其实践存在普世性价值。正是它作为多样性的存在，才使其经验显得尤为珍贵。多元现实是具象的，其应对策略也是需要具体分析的，如此才能彰显出个案研究的意义。

参考文献

中文文献

陈丰:《带有失落感的民族主义——由杜阿梅尔的近著〈法国的恐惧〉想到的》,《欧洲》1993年第5期。

端木美、周以光、张丽:《法国现代化进程中的社会问题》,中国社会科学出版社2001年版。

高丙中:《海外民族志与世界性社会》,《世界民族》2014年第1期。

关凯:《基于文化的分析:族群认同从何而来》,《甘肃理论学刊》2013年第1期。

郝时远:《台湾的"族群"与"族群政治"析论》,《中国社会科学》2004年第2期。

江宜桦:《自由主义、民族主义与国家认同》,(台北)扬智文化事业股份有限公司1998年版。

邝杨:《当代欧洲民族问题概观》,《西欧研究》1992年第1期。

乐启良:《近代法国结社观念》,上海社会科学院出版社2009年版。

李玉平:《法国中小型企业发展的政策》,《欧洲》1998年第6期。

刘文秀:《欧盟国家主权让渡的特点、影响及理论思考》,《世界经济与政治》2003年第5期。

马胜利:《"共和同化原则"面临挑战——法国的移民问题》,《欧洲研究》2003年第3期。

马胜利:《欧洲一体化中的"公民欧洲"建设》,《欧洲》1999年第5期。

黄晓武编写：《民族国家与全球化》，《国外理论动态》2003年第2期。

瞿炼：《民族国家的历史命运——西方世界的困惑》，《欧洲》1998年第1期。

宋全成：《从民族国家到现代移民国家：论法国的移民历史进程》，《厦门大学学报》（哲学社会科学版）2006年第3期。

田凯、黄金：《国外治理理论研究：进程与争鸣》，《政治学理论》2015年第6期。

王家宝：《难解的人口难题：论法国的家庭政策》，《社会学研究》1996年第5期。

王锐生：《论弘扬民族主体性》，《马克思主义与现实》1996年第3期。

翁士洪、顾丽梅：《治理理论：一种调适的新制度主义理论》，《南京社会科学》2013年第7期。

晓林：《当代西方多元主义理论和政治现象评析》，《当代世界与社会主义》2001年第3期。

姚枝仲：《世界经济面临四大挑战》，《国际经济评论》2017年第4期。

逸尘：《谁让法国丧失了金融主权》，《新民周刊》2014年第5期。

俞可平：《治理与善治》，社会科学文献出版社2000年版。

张伯伟：《作为方法的汉文化圈》，中华书局2011年版。

张岱年：《文化建设与民族主体性》，《北京社会科学》1987年第2期。

张建军：《民族国家研究综述》，《中南民族大学学报》（人文社会科学版）2005年第2期。

张金岭：《法国"黑夜站立"运动及其社会背景》，《当代世界》2016年第6期。

张金岭：《法国就业政策改革及其治理》，《欧洲研究》2015年第1期。

张金岭：《公民与社会：法国地方社会的田野民族志》，北京大学出版社2012年版。

张新平、荆海涛：《移民对欧盟民族国家主权的影响》，《世界民族》2009年第5期。

张燕楠：《作为方法的历史苦难叙事》，《文艺争鸣》2017年第9期。

周淑景：《法国工业转型地区增加就业的措施》，《外国经济与管理》1999年第2期。

祝念峰：《西式民主神话的破灭——"民主之春""黑夜站立"运动及其分析思考》，《红旗文稿》2016 年第 9 期。

译文文献

[法] 丹尼斯·库什：《社会科学中的文化》，张金岭译，商务印书馆 2016 年版。

[法] 费尔南·布罗代尔：《法兰西的特性》，顾良、张泽乾译，商务印书馆 1994 年版。

[法] 吉尔·德拉诺瓦：《民族与民族主义》，郑文彬、洪晖译，生活·读书·新知三联书店 2005 年版。

[法] 拉罗克著：《法国的家庭体制和家庭政策》，殷世才译，《国外社会科学》1982 年第 8 期。

[法] 让-皮埃尔·戈丹：《何谓治理》，钟震宇译，社会科学文献出版社 2010 年版。

[法] 让-雅克·卢梭：《社会契约论》，何兆武译，商务印书馆 2003 年版。

[法] 热拉尔·诺瓦里埃尔：《国家、民族与移民：迈向权力史》，陈玉瑶译，中国社会科学出版社 2017 年版。

[美] 约翰·斯托辛格：《民族国家剖析》，蔡鹏鸿译，《现代外国哲学社会科学文摘》1983 年第 4 期。

[日] 沟口雄三：《作为方法的中国》，孙军悦译，生活·读书·新知三联书店 2011 年版。

[英] 安东尼·吉登斯：《第三条道路：社会民主主义的复兴》，郑戈、渠敬东、黄平译，北京大学出版社、生活·读书·新知三联书店 2000 年版。

[英] 鲍勃·杰索普：《治理的兴起及其失败的风险：以经济发展为例的论述》，《国际社会科学杂志》1999 年第 1 期。

[英] 格里·斯托克：《作为理论的治理：五个论点》，华夏风译，《国外社会科学》1999 年第 2 期。

[英] 马林诺夫斯基：《文化论》，费孝通译，华夏出版社 2002 年版。

［英］斯蒂芬·韦尔托韦茨：《欧洲城市的多元文化政策与公民权利模式》，张大川译，《国际社会科学杂志》（中文版）1995年第2期。

《欧洲联盟基础条约：经〈里斯本条约〉修订》，程卫东、李靖堃译，社会科学文献出版社2010年版。

外文文献

« Associations: le scandale des subventions », *Les Dossiers du contribuable*, février/mars 2013.

« Conseil des résidents étrangers », *Le magazine des Ulissiens*, octobre 2009.

« Les Français et le financement des associations », Institut CSA, n° 0701388, novembre 2007.

« Les ressources des associations: mesures et évolution », *Partenaire Associations* (la lettre du Service Partenaire Associations du Crédit Mutuel), novembre 2007.

Albano Cordeiro, « Pour une citoyenneté attachée à la personne », *Hommes et Migration*, n° 1229, janvier-février 2001.

Anne Chiffert, Robert Lecat et Philippe Reliquet, « La Rénovation des instruments juridiques des services publics culturels locaux », Ministère de la Culture et de la Communication, février 1999.

Association Culturelle et Historique de Faches-Thumesnil, « La loi de séparation des Eglises et de l'État », *En ce temps là*, Faches-Thumesnil, Numéro 64, Décembre 2005.

Catherine Gouëset, « 30 ans d'atermoiements sur le vote des étrangers », *L'Express*, publié le 13/01/2010.

Cécile Bazin et Jacques Malet, « La France associative en mouvement » (8ème édition), novembre 2010, http: //www. associations. gouv. fr/IMG/pdf/France_ associative_ 2010. pdf.

Cécile Bazin et Jacques Malet, « Repères sur les associations en 2010 », Recherches & Solidarités, 2010.

Charlène Arnaud, « Manager les territoires dans la proximité: approche fonctionnelle des événements culturels », *Revue d'Économie Régionale & Urbaine*, 3/2014 (octobre) .

Claude Picart, « Une rotation de la main-d'œuvre presque quintuplée en 30 ans », *Document de travail*, Insee, n° F1402.

Commission de reflexion sur l'application du principe de laïcite dans la republique, « Rapport au Président de la République », remis le 11 decembre 2003, La documentation française.

Conseil économique et social, « Grande pauvreté et précarité économique et sociale », présenté par Joseph Wresinski, séances des 10 et 11 février 1987.

Denis Clerc et Michel Dollé, *Réduire la pauvreté: défi à notre portée*, Paris: Les Petits Matins, 2016.

Denys Cuche, *La notion de culture dans les sciences sociales*, Paris: Éditions La Découverte, 2010.

Didier Hassoux, « Le vote des étrangers l'emporterait à la majorité », *Libération*, 31 octobre 2005.

Dominique Schnapper, *La Communauté des citoyens*, Paris: Gallimard, 1994.

Éditorial, « Les raisons d'une crise politique? », *Esprit*, 7/2016 (Juillet-Août) .

Elabe, « La moralisation de la vie politique », https: //elabe. fr/moralisation-de-vie-politique/.

Elbaz Mikhaël, « Les héritiers: Générations et identités chez les Juifs sépharades à Montréal », *Revue européenne des migrations internationales*, vol. 9, n°3, 1993.

Ernest Renan, « Qu'est-ce qu'une nation ? », Conférence en Sorbonne, le 11 mars 1882. http: //www. iheal. univ-paris3. fr/sites/www. iheal. univ-paris3. fr/files/Renan_ -_ Qu_ est-ce_ qu_ une_ Nation. pdf.

Étienne Jacob, « La population musulmane largement surestimée en France », *Le Figaro*, le 14 décembre 2016.

Ève Ste-Marie, « Maghrébines montréalaises: Les stratégies identitiires des jeunes filles d'origine marocaine, algérienne et tunisienne à Montréal »,

Département d'anthropologie Faculté des sciences sociales, Université Laval, avril 2000, www. collectionscanada. gc. ca/obj/s4/f2/dsk1/tape2/PQDD_0022/MQ51162. pdf.

F/I/E/ - Kurt Salmon, « Créations et destructions d'emplois en France en 2013 », *Attractivité des territoires*, mai 2014.

Feltin Michel, « Vote des étrangers : les maires divisés », *L'Express*, publié le 23/12/1999.

G. Bouvier et C. Pilarski, « Soixante ans d'économie française : des mutations structurelles profondes », *Insee Première*, n° 1201, juillet 2008.

Geoffroy Clavel, « "Nuit debout" survivra-t-il au défi de la violence? », *Le Huffington Post*, http://www. huffingtonpost. fr/2016/05/02/nuit-debout-defi-violence_ n_ 9819630. html, consulté le 20 septembre 2016.

Gérard Noiriel, *À quoi sert l'identité « nationale »*, Marseille : Agone, 2007.

Haut conseil à la vie associative, « Rapport intermédiaire du HCVA sur le financement privé des associations », mars 2013, http://www. associations. gouv. fr/IMG/pdf/Rapport_ intermediaire_ HCVA_ _ financement_ prive_ 21 -03 -13. pdf.

Henry de Lesquen, « Qu'est-ce que la nation ? », Lettre du Carrefour de l'Horloge, https://henrydelesquen. fr/le-national-liberalisme/quest-ce-que-la-nation/, consulté le 10 juillet, 2017.

Hervé Andres, *Le droit de vote des étrangers : état des lieux et fondements théoriques*, Doctorat de sciences juridiques et politiques, spécialité de philosophie politique, Université Denis Diderot Paris 7, 2007.

Histoire coloniale et postcoloniale, « Un Français sur quatre a un parent ou un grand-parent immigré », http://www. ldh-toulon. net/un-Francais-sur-quatre-a-un-parent. html, consulté le 10 juillet 2017.

Institut Musulmande la Grande Mosquée de Paris, « Proclamation de l'Islam en France », https://www. mosquéedeparis. net/wp-content/uploads/2017/03/Proclamation-IFR-par-la-Mosquée-de-Paris. pdf.

Institut national de la statistique et des études économiques, « Fiches thématiques-Emploi, salaires », *Insee références*, édition 2014.

Institut national de la statistique et des études économiques, *Tableaux de l'économie française*, Édition 2017.

Jacques Bichot, « Histoire et évolution de la politique familiale en France », www.uniondesfamilles.org/histoire-politique-familiale-france.htm, consulté le 10 janvier2017.

Jan Kooiman et al., "Interactive Governance and Governability: An Introduction", *The Journal of Transdisciplinary Environmental Studies*, vol. 7, no. 1, 2008.

Jean-Louis Langlais, « Pour un partenariat renouvelé entre l'Etat et les associations », juin 2008. http://lesrapports.ladocumentationfrancaise.fr/BRP/084000531/0000.pdf.

Jean-Michel Charbonnel, *La pauvreté en France permenences et nouveaux visages*, Paris: La documentation française, 2013.

John A. Hall, "Globalization and Nationalism", *Thesis Eleven*, n° 63, 2000.

Julien Pouget, « Secteur public, secteur privé: quelques éléments de comparaisons salariales », Insee, *Les salaires*, édition 2005.

Karel Leyva, « Multiculturalisme et laïcité en France: les trois républicanismes du Rapport Stasi », *Dialogue*, Volume 54, Issue 4, December 2015.

La Constitution française en vigueur, https://www.legifrance.gouv.fr/Droit-francais/Constitution, consulté le 5 septembre 2018.

La Lettre de la citoyenneté, n° 93, mai-juin 2008, http://www.lettredelacitoyennete.org/menu93.html.

La Lettre de la Citoyenneté, n°104, mars-avril 2010, http://www.lettredelacitoyennete.org/menu104.html.

La lettre du CEE, *Precaires et Citoyens*, Octobre 2013, http://www.sciencespo.fr/recherche/sites/sciencespo.fr.recherche/files/newsletter _ CEE/N1//precaires-citoyens.pdf.

Le Défenseur des droits, « Accès à l'emploi et discriminations liées aux origines », *Études et Résultats*, septembre 2016.

Léon Duguit, *Traité de droit constitutionnel*, Paris: De Boccard, 3e éd., 1928, t. 2.

Lise Reynaert et Aurélien d'Isanto, « Neuf associations sur dix fonctionnent sans salarié », *Insee Première*, n°1587, Mars 2016.

Louis Gallois, « Pacte pour la compétitivité de l'industrie française », le 5 novembre 2012. http://www.ladocumentationfrancaise.fr/docfra/rapport_telechargement/var/storage/rapports-publics/124000591/0000.pdf.

Martin Hirsch, « Ilfaut encourger la création d'emplois dans le secteur non lucratif », *Cahier du « Monde »*, 29 novembre 2007.

Ministère de la Culture et de la Communication, *Chiffres clés, statistiques de la culture et de la communication* 2015, Ministère de la Culture-DEPS, 2015.

Ministère de la Culture et de la Communication, *Les dépenses culturelles des collectivités territoriales en* 2010 [CC – 2014 – 3], 2010.

Ministère de la Culture et de la Communication, *Projet de loi de finances* (2016), Septembre 2015.

Ministère de la Justice, « Moralisation de la vie publique: pour redonner confiance dans la vie démocratique ! », http://www.presse.justice.gouv.fr/art_pix/2017.06.01%20_%20Dossier_Presse_moralisationviepublique_web.pdf, consulté le 5 juin 2017.

Ministère de l'emploi, de la cohésion sociale et du logement, « Le contrat nouvelles embauches un an après », *Premières synthèses*, mars 2007, n° 09.1.

Monique Chemillier-Gendreau, « Quelle citoyenneté universelle adaptée à la pluralité du monde? », in Dayan-Herzbrun, Sonia et Tassin, Etienne (éds.), *Tumultes*, n°24, « citoyennetés cosmopolitiques », Paris: Kimé, 2005.

Nathalie Blanpain, Olivier Chardon, « Projections de population à l'horizon 2060 », *Insee Première*, No. 1320, le 27 octobre 2010.

Nonna Mayer, « Le premier effet de la précarité est de détourner du vote », *La Marseillaise*, le 26 janvier 2014.

Norbert Foulquier et Frédéric Rolin, « Constitution et service public », *Nouveaux Cahiers du Conseil constitutionnel*, n° 37, Dossier: Le Conseil constitutionnel et le droit administratif, octobre 2012.

Norbert Holcoblat, « Les politiques de l'emploi en France depuis 1974 »,

Problème économique, no. 2509, 1997.

Olivier Donnat, *Les inégalités culturelles. Qu'en pensent les Français ?*, Collection « Culture études », Ministère de la Culture et de la Communication-DEPS, n°4, 2015.

Olivier Marchand, « 50 ans de mutations de l'emploi », *Insee Première*, n° 1312, septembre 2010.

Paul Nourrisson, *Histoire de la liberté d'association en France depuis* 1789, Paris: Sirey, 1920.

Paul Oriol, « Le même droit de vote pour tous », *Politis*, 28 janvier 2010.

Pew Research Center, "Religious Composition by Country, 2010 – 2050", April 2, 2015, http: //www. pewforum. org/2015/04/02/religious-projection-table/2020/percent/Europe/.

Pierre Moulinier, *Les politiques publiques de la culture en France*, Paris: Presses Universitaires de France, 2013.

Pierre Tevanian, *La mécanique raciste*, Paris: La découverte, 2017.

Régis Pierret, « Qu'est-ce que la précarité? », *Socio*, 2/2013. Mis en ligne le 15 avril 2014, http: //socio. revues. org/511; DOI: 10. 4000/socio. 511.

Richard Jenkins, "Theorising Social Identity", in *Social Identity*, London: Routledge, 1996.

Sophie Louet, « France-Critiques contre "Nuit debout" après l'éviction de Finkielkraut », http: //www. boursorama. com/actualites/france-critiques-contre-nuit-debout-apres-l-eviction-de-finkielkraut – 485193c6d56c33674520136 4d5df057e, consulté le 20 septembre 2016.

Stéphane Baciocchi et al. , « Qui vient à Nuit debout ? Des sociologues répondent », http: //reporterre. net/Qui-vient-a-Nuit-debout-Des-sociologues-repondent, consulté le 20 septembre 2016.

Stéphane Beaud et Paul Pasquali, « Ascenseur ou descenseur social ? Apports et limites des enquêtes de mobilité sociale », in La Documentation française, *Les transformations de la société française*, série « Cahiers français », n°383, novembre-décembre 2014.

Sylvie Strudel, « Les citoyens européens aux urnes: les usages ambitus de l'article 8b du traité de Maastricht », *Revue internationale de politique comparée*, 2001/1, volume 9.

Tariq Ramadan, « Les Musulmans et la laïcité », in Islam et laïcité, 1905 – 2005：*les enjeux de la laïcité*, Paris：L'Harmattan, 2005.

The Commission on Global Governance, *Our Global Neighborhood*：*The Report of the Commission on Global Governance*, Oxford University Press, 1995.

Thierry Oblet, « La portée symbolique du droit de vote des étrangers aux élections locales », *Hommes et Migrations* n° 1216, Novembre-Décembre 1998.

Tiaray Razafindranovona, « Malgré la progression de l'emploi qualifié, un quart des personnes se sentent socialement déclassées par rapport à leur père », *Insee Première*, n°1659, 12 juillet 2017.

Typhaine Aunay, « 45 ans d'immigration en France », *Infos Migrations*, n°89, juillet 2017.

Viviane Tchernonog, « Le paysage associatif français », 2ème édition, Juris éditions, Dalloz, 2013.

Viviane Tchernonog, « Analyses et mesures de l'activité des associations：de fortes convergences », https：//www.associatheque.fr/fr/fichiers/etudes/Avis_dexpert_Viviane_Tchernonog_Comparaison_INSEE_paysage_associatif_13avril2016.pdf; Lise Reynaert et Aurélien d'Isanto, « Neuf associations sur dix fonctionnent sans salarié », *Insee Première*, n° 1587, Mars 2016.

Viviane Tchernonog, « Le financement pubLic des associations entre subventions et commandes：État des lieux et grandes évolutions », http：//119.90.25.25/www.associations.gouv.fr/IMG/pdf/27Juin_financement_public.pdf.

Xavier Malakine, « La République et l'éthnicité », http：//horizons.typepad.fr/accueil/2011/04/la-rpublique-et-lthnicit.html.

Yves Besançon, « La mobilité sociale est tombée en panne », *Alternatives Economiques*, n°366, mars 2017.

Yves Blein, « Simplifications pour les associations », http：//119.90.25.31/

www. associations. gouv. fr/IMG/pdf/Rapport _ Simplifications _ Y – _ Blein. pdf.

参阅网站

"黑夜站立"运动"官方"网站：https：//nuitdebout. fr
"联合斗争""官方"网站：http：//convergencedesluttes. fr
《赫芬顿邮报》网站：http：//www. huffingtonpost. fr
法国"研究与团结"网站：http：//www. recherches-solidarites. org
法国《观点》杂志官方网站：http：//www. lepoint. fr
法国《解放报》网站：http：//www. liberation. fr
法国保险机构MAIF网站：http：//www. maif. fr
法国不平等观察网站：http：//www. inegalites. fr
法国参议院网站：http：//www. senat. fr
法国法律门户网站：https：//www. legifrance. gouv. fr
法国公共采购门户网站：www. marche-public. fr
法国公共服务门户网站：https：//www. service-public. fr
法国国立经济统计与研究院网站：http：//www. insee. fr
法国国民议会网站：http：//www. assemblee-nationale. fr
法国家庭津贴管理机构CAF网站：http：//www. caf. fr
法国家庭全国联盟网站：http：//www. familles-de-france. org
法国经济与社会理事会网站：http：//www. lecese. fr
法国民调机构Ifop网站：http：//www. ifop. com
法国内政部网站：http：//www. interieur. gouv. fr
法国社会观察网站：http：//www. observationsociete. fr
法国社团组织门户网站：https：//www. associatheque. fr
法国时政季刊*Vacarme*网站：https：//vacarme. org
法国文化部网站：http：//www. culturecommunication. gouv. fr
法国政府社团组织门户网站：http：//www. associations. gouv. fr
法国政府企业服务网站：http：//archives. entreprises. gouv. fr/
经济合作与发展组织（OECD）网站：https：//www. oecd. org

民调机构 Elabe 网站：https://elabe.fr
欧盟官方网站：http://www.europa.eu
欧洲委员会网站：https://www.coe.int
市场与舆情调查机构 CSA 网站：https://www.csa.eu

  在以上网站参阅的相关文献名称及网页地址，详见脚注；书中另有其他部分在线文献资料，在此从略，详见脚注标识。